本书获得国家自然科学基金地区项目“网购平台互动式营销策略对个体购买行为影响的神经及预测机制研究”（项目号：72062008）资助

短时情绪诱发对消费者购买行为影响的神经及预测机制研究

The Neural and Predictive Mechanism of Short-term Emotional Induction on Individual Buying Behavior

章莉南子◎著

中国经济出版社
CHINA ECONOMIC PUBLISHING HOUSE
·北 京·

图书在版编目（CIP）数据

短时情绪诱发对消费者购买行为影响的神经及预测机制研究 / 章莉南子著. --北京：中国经济出版社，2023.6

ISBN 978-7-5136-7371-6

Ⅰ. ①短… Ⅱ. ①章… Ⅲ. ①消费者行为论-研究-中国 Ⅳ. ①F723.55

中国国家版本馆 CIP 数据核字（2023）第 112283 号

策划编辑 姜 静
责任编辑 王西琨
责任印制 马小宾
封面设计 任燕飞设计工作室

出版发行 中国经济出版社
印 刷 者 北京富泰印刷有限责任公司
经 销 者 各地新华书店
开　　本 710mm×1000mm 1/16
印　　张 15.5
字　　数 243 千字
版　　次 2023 年 6 月第 1 版
印　　次 2023 年 6 月第 1 次
定　　价 78.00 元
广告经营许可证 京西工商广字第 8179 号

中国经济出版社 **网址** www.economyph.com **社址** 北京市东城区安定门外大街 58 号 **邮编** 100011
本版图书如存在印装质量问题，请与本社销售中心联系调换（联系电话：010-57512564）

前 言
PREFACE

本书对消费者购买行为及其内在机理展开深入研究，以期帮助企业及营销人员更有效地了解消费者需求，实施营销计划，完成企业目标，实现企业愿景。消费者一般行为的刺激—有机体—反应模型（Stimulus-Organism-Response Framework，简称S-O-R Framework）认为，消费者的购买行为主要通过商品、情境等外部刺激引起，而外部刺激会改变个体的内在心理活动，这种内生变化多源于情绪的改变，继而使得个体产生购买动机，做出购买决策。然而，已有的在刺激—有机体—反应模型理论框架下进行的消费者行为研究，对于内在心理活动的测量，多采用心理学量表进行，这种测量方法不容易准确客观地考察个体真实的心理活动及情绪状态。认知神经科学的研究方法，可以从认知加工的时间维度以及脑功能定位的空间维度等方面，更为准确地揭示消费者行为过程及内在机理，将刺激—有机体—反应的动态过程中消费者的大脑活动情况全面客观地记录下来，为企业和营销人员打开购买决策过程的“黑箱”提供神经科学层面的证据。

本书关注的网购平台推出的基于用户参与的双人轻度对战游戏的互动式营销策略，与传统的诸如平面广告、代言人、折扣等营销策略相比，更强调用户的参与感。作为外部刺激，这种形式新颖的营销策略是否仍然符合刺激—有机体—反应模型的理论框架，其中的输赢效应是否会诱发个体的短时情绪，从而影响个体的购买行为，其内在神经机理如何，可否利用神经科学实验获得的大脑信号等数据对购买行为进行有效预测是本书研究的主要问题。

基于此，本书在消费者行为的刺激—有机体—反应模型的理论框架下，以网购平台推出的互动式营销策略作为外部刺激，考察其中的输赢效应诱发的短时情绪对消费行为影响的有效性，同时，主要通过神经科学实验，对个体购买行为的认知神经过程进行研究。为了符合认知神经科学实验的基本要求，本书将个体购买行为具体解构为以加入购物车任务为表征的购买意愿和以实际购买任务（SHOP Task）为代表的购买决策两个阶段，设计规则简单的猜拳游戏表征互动式营销策略中的双人轻度对战游戏，分别从价格感知和产品偏好两个方面，考察短时情绪诱发对个体购买行为过程影响的大脑认知活动情况；同时，考察利用基于短时情绪诱发的脑电成分有效预测个体购买行为的可行性。通过对三项子研究行为层面和神经层面的数据分析和讨论，本书主要获得了以下研究结论：

（1）互动式营销策略中的输赢效应能有效诱发个体的短时情绪，该范式可以作为短时情绪启动的研究范式推广至其他相关的研究中。

（2）基于互动式营销策略中输赢效应诱发的短时情绪，会改变个体对价格的感知，影响其购买意愿。

（3）基于互动式营销策略中输赢效应诱发的短时情绪，会弱化个体对产品偏好的感知，影响其购买决策行为。

（4）通过逻辑回归法的运算，证实短时情绪诱发下，相关脑电成分可以作为个体购买行为预测的有效指标。

总的来说，互动式营销策略中的输赢效应可以有效诱发个体的短时情绪，短时情绪的变化进一步使得个体对产品价格和偏好的感知发生变化，最后影响其购买意愿和购买决策等行为反应。同时，表征短时情绪变化的脑电成分能有效预测个体的购买行为。

本书对于消费者行为学领域的研究贡献主要体现在以下方面：首先，本书从大脑活动信号层面直观地获得了个体购买行为过程中的全部认知加工数据，这使得消费者行为 S-O-R 模式的科学性在神经层面得到了进一步论证；其次，本书利用脑电成分对购买行为的成功预测丰富了消费者行为预测学的相关理论；最后，证实了互动式营销策略中的输赢效应对个体的内在心理活动的影响来源于短时情绪的诱发，丰富了情绪与消费者决策相关的研究成果。在营销实践方面，我们也为企业和营销人员更加深入地了解消费者提供了神经科学视角上新的思路。本书获得国家自然科学基金地区项目“网购平台互动式营销策略对个体购买行为影响的神经及预测机制研究”（项目号：72062008）资助。

目 录
CONTENTS

绪 论 1

“消费者行为”（consumer behaviour）历来是市场营销研究的核心模块，其中，消费个体购买行为过程及其影响因素作为消费者行为研究的重要组成部分，亦成为学者们关注和研究的热点。深入了解消费者购买行为及其内在机理，能有效帮助企业及营销人员了解消费者需求，实施营销计划，完成企业目标，实现企业愿景。

自 Russell W. Belk 1975 年在 Mehrabian 和 Russell 的理论基础上提出消费行为中的刺激—有机体—反应模型（S-O-R Framework）（Mehrabian & Russell，1974；Belk，1975）以来，已有的很多关于消费者购买行为的研究都以此模式作为理论基础。S-O-R 模型表明消费者的购买行为主要通过外部刺激（商品、情境等）引起，刺激使得个体的内在心理活动发生变化，从而产生消费动机，做出购买决策，实施购买行为。因此，可以将 S-O-R 模型视为对个体购买行为过程的一种动态表达。在这一动态过程中，很多学者认为有机体（organism）的内在变化是由于个体对外部刺激（stimulus）产生了认知和情绪，这种内在变化继而在后续行为反应中体现（Bitner，1992；Russell & Mehrabian，1999；Chebat & Michon，2003；Mattila & Wirtz，2001）。情绪（emotion）作为个体心理层面最重要的内生因素，在决策中扮演着非常重要的角色。越来越多的研究发现，人的决策显著地受到情绪的影响，这一观点也与学者们对于 S-O-R 模型中“有机体”（organism）这一阶段的解释不谋而合。Hirschman 和 Holbrook（1982）两名学者是最早将情绪研究应用于消费者行为研究领域的，他们提出消费者不总是“理性的”，强调了情绪在购买行为中的重要性。然而，已有的研究关于S-O-R模式中内在心理活动（如情绪等）的测量主要还是利用心理学量表（如情绪效价和唤醒度量表等）进行，这种测量方法虽然在一定程度上能反映个体的心理状态，但由于获取数据的途径多为研究对象的自我报告和主观评价，因此，会存在一定偏差，不容易准确客观地考察个体真实的心理活动或情绪状态。此外，传统的对市场营销及消费者行为所使用的研究方法（如问卷调查、访谈、观察法等），也很难全面客观地了解消费者购买行为的内在认知过程。将认知神经科学融入市场营销领域，可以帮助研究人员在传统研究方法的基础上，从认知加工时间和脑功能定位等维度，对消费者行为及其内在机制进行更为准确、更加多样化与个性化的研究（苏淞和唐红红，2017）。应用科学、准确的方法预测消费者行为同样是市场营销及消费者行为研究领域中研究人员最感兴趣的研究问题之一。随着神经营销学（Lancet Neurology）的不断发展，基于神经科学的预测方法，在一定程度上实现了对消费者行为准确、科学的预测。S-O-R模型中的刺激和个体反应（response）是外显的，个体反应可以通过行为和观察进行了解，而中间阶段的有机体（organism）是将外部刺激和后续行为联结起来的桥梁，是个体内生的心理状态，神经科学能将这种内生状态通过大脑活动信号测量出来。因此，理论上，可以将表征个体内在心理状态的大脑信号作为刺激后行为的预测指标，以此对消费者行为进行更为深入的研究。

进入“互联网+”时代以来，网络在线购买平台层出不穷，在线购买规模也进入高速增长阶段，网络购物成为人们日常生活中不可或缺的一个部分。互联网环境下衍生的各种营销策略，与传统线下的营销策略相比，形式上更加多样化，内容也更为丰富。其中，淘宝网（Taobao. com）在其购买平台中嵌入淘金币系统，通过一系列双人轻度对战游戏实现用户线上实时互动，参与互动的用户根据游戏输赢结果获得一定金额的优惠券用于平台上的消费，以此激发用户的购买欲望，实现营销目的。这种全新的、适用于互联网环境的营销策略从根本上说也是一种外部刺激，而这种外部刺激是否会促进购买，互动式游戏中的输赢效应对个体内在心理活动变化的影响及神经机制如何，是否也如S-O-R模型中阐述的是源于外部刺激对个体带来的情绪变化引起的，是否符合S-O-R模型的理论框架；同时，这一过程中的大脑活动信号是否能有效预测个体后续的购买行为是本书研究的主要问题。

本书以消费个体为研究对象，以消费者行为的 S-O-R 模型为理论背景，聚焦网购平台推出的用户互动式营销策略对购买行为的影响问题，主要从认知层面运用神经科学的技术和方法对个体购买行为过程及其神经机制进行探讨，并利用大脑活动信号作为预测指标，考察内在心理状态对后续购买行为预测的有效性和可行性，期望打开购买决策“黑箱”的一部分，为企业和营销人员深入了解消费者提供新的思路和方法。本章主要讨论研究的背景、研究问题的范围与对象、研究目的和意义、研究采用的方法和技术路线及本书的框架等内容。

1.1 研究背景

1.1.1 研究的现实背景

消费者行为学是市场营销学、营销管理、战略管理等学科的基础（卢泰宏，2017）。进入 21 世纪以来，随着互联网技术的不断进步和发展，数字化浪潮给市场、消费方式乃至商业模式均带来了颠覆式的改变。但归根结底，这种变化还是来自“人”的改变，因此，对消费者进行进一步深入的了解和洞察，仍然是当今营销学和管理学领域的研究重点。消费者购买行为作为消费者行为研究中的重要组成部分，其研究主要是从微观层面考察消费个体在购买过程中的认知、态度和意愿等内容（杨晓燕，2003）。学界和企业一直致力于研究消费者行为及其内在认知过程，从不同维度、不同视角帮助营销人员深入了解消费者的需求、动机及心理过程，为企业制定更为有效的营销策略提供科学依据，帮助企业实现目标和愿景。

数字经济时代的到来，使得市场变得更加多元化，营销方式、市场战略和商业模式等都发生了较大的改变，消费者的行为模式也越发多样化。因此，对消费者行为的考察，进入了一个新的时代，对企业、营销人员和学界来说，也提出了新的课题（冯琪芳，2018；刘武强，2017）。然而，无论市场如何变化，归根结底是源于“人”的改变，只要对消费者本身内生或外显的认知和行为过程进行深入了解，就能解答很多营销问题，提高营销效率。传统的诸如问卷、访谈、观察法等市场调查方法获得的消费者数据，由于人们不能或者不愿意完全真实地表达自身观点，相对来说比较主观，很难全面客观地反映消费者购买行为过程中真实的心理状态（如产品偏好或品牌态度等），从而导致企业制订的营销计划和策略可能存在偏差，不能完全符合消费者需求。将认知神经科学融入消费者行为研究中，利用功能性磁共振成像、事件相关电位（脑电图）等电生理测量技术对消费者购买行为进行测量，能更为准确地解释消费个体的动机、行为规律和影响因素，无论从理论上还是实践上，均能为营销领域的研究带来新的突破，为企业检验营销策略的有效性、提高个体消费行为预测的准确性提供客观科学的证据（艾春娣等，2013；苏凇和唐红红，2017）。因此，神经营销学的发展成为现代营销学领域的重要分支，同时也满足了时代和企业的需求，帮助企业更好、更全面、更深入地了解消费者，从而制订出更符合消费者需求的营销计划和营销策略。

随着互联网技术的不断进步，与传统线下营销策略相比，网络环境下的营销策略更加多样化，内容也更丰富。其中，淘宝网内嵌的淘金币体系，可以说开了中国网络购买平台基于用户互动的营销策略的先河，它将实时互动这一方式融入营销策略中，通过一系列轻度双人对战游戏，为参与互动的用户派发不同数量的淘金币（淘金币数量取决于对战游戏的输赢结果），用户可以在后续购买中将淘金币兑换成一定金额的优惠券。这种策略颠覆了传统的利用广告、页面设计、名人效应、折扣、口碑效应等人们较为熟悉的、被广泛应用的网络营销模式。对于消费者来说，这是一种全新的营销体验。对于平台来说，这种利用趣味性游戏增加用户卷入感的互动式策略是否能有效激发消费者的购买欲望、它如何影响消费个体的购买行为、如何有效检验策略的效率等均是值得研究的问题。同时，这种新颖的互动式营销策略是否具有可借鉴性和可推广性也是值得考量和讨论的问题。对这类问题的探讨，主要在于考察受众对这类营销刺激的认知过程是否符合企业的期望以及此类营销策略是否能有效影响消费者购买行为，无论是沿用问卷、访谈、观察等传统调查方法，还是采用大数据建模运算等方法，可能都不能直接获得真实反映个体内在认知过程的数据，而神经科学方法和工具的应用，能通过大脑活动信号真实还原个体购买行为过程中的认知情况，从认知神经科学的角度为企业提供科学证据。

1.1.2 研究的理论背景

1.1.2.1 输赢效应与情绪、情绪与消费者行为

本书关注的网购平台推出的互动式营销策略，是利用双人轻度对战游戏吸引用户参与，并通过游戏输赢结果产生的淘金币数量激励用户在平台进行购买。互动游戏对于用户来说是一次轻度竞争，已有的很多关于竞争的研究指出，输赢结果会在很多方面影响人类的社会性行为（Sacré et al., 2016；Dugatkin & Reeve, 2014；Smith et al., 2009；Doron & Gaudreau, 2014；Xu & Harvey, 2014；Zysberg & Kimhi, 2013；Elliot & Covington, 2001）。还有一些研究指出，竞争结果可能对个体的注意力（Sun et al., 2015a）、感知力（Yu et al., 2017）、控制力（Burger, 1989）及情绪（Aviezer et al., 2012, 2015）等方面造成影响。从心理学的角度来看，人们总是喜欢“赢”，而厌恶“输”，将“赢”视作一种奖励，将“输”视作惩罚（Salamone et al., 2007；Robbins & Everitt, 2007；Tomer et al., 2014），喜欢和厌恶也可以视作一种情绪的表达。

情绪作为一种复杂的心理现象，无时无刻不伴随在人类的一切行为活动中。新古典经济学基于“理性人”的假设，认为情绪是思维的杀手，不利于人们做出正确的决策。然而，随着人类学和社会学的发展，越来越多的行为实证研究发现，人的决策显著受到情绪的影响，情绪因素在人们的选择和决策中发挥着重要的作用（王钰，2012）。对于情绪的分类，目前没有一个统一的标准，从情绪差异的角度来看，大致可以分为正面情绪、负面情绪和中性情绪三类（Izard, 1992）。从情绪发生的时间点来看，Lerner 等（2004）将其分为决策过程中产生的即时情绪和决策后产生的预期情绪。从情绪对人们心理状态影响的时长来看，可以分为延续时间相对较长的心情、情感等（如幸福、悲伤、沮丧等），及由外部刺激诱发的，延续时间相对较短的短时情绪（Fox, 2008）。

市场营销中关于情绪的研究，更多的是基于“消费情绪”的概念。Hirschman 和 Holbrook（1982）认为消费情绪超越了传统营销研究的偏好和态度，它是一种激励的现象，包含生理特性、情感表达和体验等要素。Westbrook 和 Oliver（1991）提出消费情绪是消费者在消费经历或产品使用

中所引发的一系列特定的情绪反应。与心情相比，消费情绪具有潜在的动机及更大的情境性，在心理上也呈现更急迫的状态。随着研究的不断丰富和深入，学者们对于情绪在消费者决策中的普及性和重要性也有着更深刻的理解。Rucker 和 Petty（2006）以在校大学生为被试，考察了特定情绪对消费者选择和劝说的影响。结果表明，消费者的情绪状态（消极的或积极的）与营销组合的活动水平（被动结构或主动结构）之间存在配对效应，而消费者情绪的状态影响了其购买决策行为。在营销实践，尤其是广告设计中，营销人员也越来越多地利用各种情绪体验来影响消费者行为和决策。例如，汽车广告更多地放在动作片或激烈的体育赛事之后播放；药品广告通常被植入一部温情的电视剧中等。情绪贯穿了整个消费行为的过程，从搜寻和处理信息开始（Aaker & Williams，1998），到产品选择（Abendroth & Diehl，2006），再到购买后行为（耿黎辉，2008）等都与消费者的情绪状态息息相关。因此，将情绪因素纳入消费者购买行为认知过程的研究非常重要。

本书讨论的互动式营销策略，是基于用户参与的轻度双人对战游戏，游戏结果有输有赢，根据前文所述，竞争的输赢会对人们的社会性行为造成影响。购买行为作为人类经常发生的社会性行为之一，从理论上来说也会受到影响。竞争的输赢会使人们的情绪发生变化，赢了会高兴，输了会沮丧，本书研究的互动式营销策略采用的是轻度对战形式，同样给用户带来了输、赢两种不同结果，因此，也可以将这一策略看作一种情绪启动范式，通过调动情绪，影响个体的认知和行为。此外，与涉及大额金钱得失的竞争和大型的体育竞技不同，这种轻度竞争对人们情绪的影响持续时间相对较短，而这种情绪状态是发生在购买决策过程中的，因此，我们将这种可能的情绪变化界定为决策过程中的短时情绪。基于此，考察互动式营销策略是否能作为一种短时情绪的启动范式，其对个体心理状态影响的内在机制是否来自短时情绪的诱发成为本书探讨的首要问题。

1.1.2.2 消费者行为的刺激—有机体—反应模型

对于消费者行为的研究，从消费者心理学和行为经济学角度出发的实证研究占据了重要的位置（卢泰宏，2017）。利用实证方法探讨消费者行为模式的研究中，很多是以消费者行为的刺激—有机体—反应模型作为理论基础展开的（Vieira，2013）。S-O-R 模型的前身是行为心理学创始人 John B. Watson 提出的刺激（stimulus）—反应（response）模型（S-R Framework），该模型将人的行为主要分解为刺激和反应两个部分，将人的内心活动视为“黑箱”，对人的行为的解释不考虑其真实的内心活动过程（Watson，1914）。随着心理学的不断发展，新行为主义逐渐成为主流学说，认为 S-R 模型忽略内心活动对人的行为进行解释是不完备的，也是不科学的。基于此，Belk 对传统的 S-R 模型进行了修正，在中间增加了一个变量“有机体”，将个体的生理、心理活动视为刺激和反应的中介变量，将二者联结起来。自 1975 年被应用到市场营销研究中后，S-O-R 模型就被视为消费者购买决策的一般模式。该模型将购买决策动态地描述为“刺激—有机体—反应”的过程，表明消费者行为主要由外部刺激（商品、情境、策略等）引起，外部刺激使得个体内在心理活动发生变化，从而产生动机，做出购买决策，实施购买行为（Belk，1975）（如图 1.1 所示）。之后，Bitner（1992）以服务环境为背景，进一步解释了消费者内在的心理活动的变化，源于外部刺激令消费者产生的认知、情感及身体的反应，这些反应综合影响了消费者的实际行为。

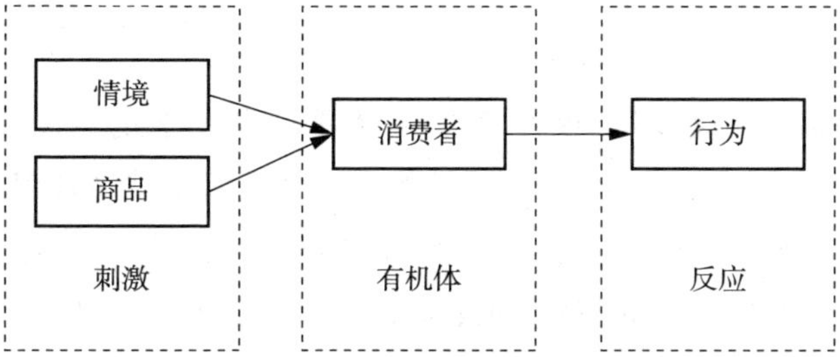

图 1.1 S-O-R 模型

资料来源：BELK R W. Situational variables and consumer behavior [J]. Journal of Consumer Research，1975，2 (3)：157-164。

S-O-R 模型能很好地解释大多数情境下的消费者行为，在已有的研究中，大多将该模型的中间阶段作为行为研究的中介变量，通过结构方程等数学模型建模运算，寻找外部刺激和行为反应之间的关联性，用反应解释刺激的有效性。这些研究中关于内在心理活动（如态度、情绪等）的测量大多还是利用心理学量表（如情绪效价和唤醒度量表等），这种测量方法虽然在一定程度上能反映个体的心理状态，但由于获取数据的途径多为研究对象的自我报告和主观评价，因此，会存在一定偏差，不容易准确客观地考察个体真实的心理活动状态。

本书关注的互动式营销策略，从根本上说，也是一种外部刺激，理论上应该也符合S-O-R模型的框架。这种刺激对于消费者来说，不仅仅是一种被动的接受，消费者本身也融入其中，其行为结果构成了刺激的一部分（如游戏输赢是用户参与的结果），更具有代入感。这种刺激方式与传统的营销策略对个体心理状态影响的内在机制是否一致？是否会影响购买行为？这种影响是否也来自情绪的变化？对于以上问题的讨论，同样需要从个体认知层面展开研究，寻找论据。

1.1.2.3 认知神经科学与营销学、消费者行为学及行为预测学的交叉融合

20世纪70年代以来，在神经科学与认知科学发展的基础上，认知神经科学应运而生。随着该学科的不断进步以及脑成像技术和脑电测量技术的日益成熟，认知神经科学在经济学与管理学等领域的应用也取得了重要进展。神经管理学、神经营销学、消费者神经科学等交叉学科逐渐形成，使得大脑活动的“黑箱”得以打开。

马庆国和王小毅2006年发表在《管理世界》上的论文中首次提出“神经管理学”（neuromanagement）的概念，并分析了神经管理学的主要分支学科和研究领域，指出神经科学的研究能介入人直接介入的各种情境中。Lauterbur和Mansfield早在1991年就开始从事关于神经营销学的研究。2004年，《柳叶刀—神经病学》（*The Lancet Neurology*）杂志针对美国贝勒医学院的Montague及其团队发表在《神经元》（*Neuron*）上的一项针对百事可乐和可口可乐的研究成果发表了社论，提出了“神经营销学”的概念（Lancet Neurology，2004；McClure et al.，2004）。马庆国等（2007）具体提出了神经营销学的定义，指出神经营销学是运用神经科学的工具和方法来研究消费者行为，考察消费者决策的内在神经机制，寻找消费者行为背后真正的驱动力，从而制定更为科学和有效的营销策略的学科。

Zurawicki（2010）撰写的《神经营销学：探索消费者的大脑》（*Neuromarketing：Exploring the Brain of the Consumer*）一书中指出神经营销学的功

能在于考察大脑活动和神经信号在营销实践中的作用。该书以“消费者行为”为主题，突出了可观察行为的神经因素和情感因素，从消费情感、风险处理的神经基础、偏好与决策、细分的神经基础以及神经科学和生物识别技术在市场营销实践中的定位及应用方面，介绍了对“神经营销学”这一领域的研究。

Hubert 和 Kenning 于 2008 年提出了“消费者神经科学”（consumer neuroscience）的概念，该领域更多地关注消费者的偏好（preference）、价值评估（value evaluation）及支付意愿（purchase intention）等内容，目的是更好地理解消费者及购买决策的过程。

营销学领域的顶级学术期刊《市场营销研究》（*Journal of Marketing Research*，JMR）2015 年特设增刊（Special Issue），收录了 10 篇利用神经科学方法研究营销相关问题的论文。

由此可见，将认知神经科学方法和工具融入消费者行为学的研究中，已经成为近几年市场营销研究领域的趋势和热点。如前文所述，传统的市场调查和消费者心理学的研究范式多采用问卷、访谈等自我报告的方法获取数据，这些方法很多情况下会因为调查对象不能完全真实地表明自己的态度和观点而无法获得反映个体真实内在心理状态的证据，相比之下，神经科学中事件相关电位、功能性磁共振成像等技术，能将个体从接收刺激信号到完成购买行为过程中的全部大脑活动信号记录下来，通过数据分析，可以较为全面客观地了解到被试的偏好、态度等心理认知过程，对于检验营销策略、产品属性、价格差异等因素的有效性及对购买行为的影响，这种方法也更为适用（艾春娣等，2013）。本书将网购平台推出的基于用户参与的互动式营销策略作为外部刺激进行研究，主要考察其对个体购买行为的影响，并期望了解其中的认知过程和内在机理，因此，采用认知神经科学的方法是合适的、科学的。

能否找到一种科学、准确的方法来预测消费者行为，是营销人员一直追寻的目标，同时也是消费者行为研究领域的学者们最感兴趣的问题之一。对于消费者行为的科学分析可以使企业更好地了解消费者购买特征和购买趋势，对于购买行为的准确预测，可以帮助企业制定更有效的营销策略，满足消费者需求的同时也能实现更大的盈利。现有的预测科学研究大多以电子商务为背景，应用数据挖掘和机器学习等技术来分析客户行为。

这些数据挖掘技术都是基于已有的历史数据进行分析和预测，这使得预测结果没有充分考虑消费者的个性特征，也没有考虑购买行为发生时的心理活动过程，从而不能实现对消费者行为较为精准的预测。

消费者神经科学研究借助认知神经科学手段，了解消费者大脑对于商品信息加工和购买意愿、购买行为的内部加工机制及过程，以此打开消费者行为“黑箱”，并对行为动机、影响因素进行解释，对营销效果和效率进行检验，并用于预测消费者行为（苏淞和唐红红，2017）。神经科学预测方法的提出，在一定程度上实现了对消费者行为科学、准确的预测。Knutson 等（2007）通过功能性磁共振（fMRI）实验，发现被试对产品的偏好与伏隔核（Nucleus Accumbens，NAcc）的激活正相关，价格差异带来的消费者购买意愿的差别与内侧前额叶皮质（Medial Prefrontal Cortex，MPFC）的激活正相关，而双侧脑岛（insula）的负激活与购买行为正相关。同时，该研究还利用逻辑回归法构建了被试购买行为的预测模型，从结果得知，产品呈现阶段伏隔核的激活、价格呈现阶段内侧前额叶皮质以及脑岛的激活程度能成功预测被试最后是否购买了该商品。Boksem 和 Smidts（2015）通过测量被试观看电影宣传片时的脑电波信号（electroencephalography，EEG）来对消费者偏好进行预测。结果显示，β 和 γ 频段的振荡能成功预测被试对所看宣传片的偏好。这也是第一个使用脑电波信号来预测具体营销实践问题的团队。Telpaz 等（2015）同样使用 EEG 技术预测被试的选择，在被试观看产品图片时记录他们的脑电波，然后利用 Fz 电极点上 N200 成分的振幅大小来预测被试之后的选择行为。Venkatraman 等（2015）使用六种方法（自我报告、内隐测量、眼动、生物测定技术、脑电波、功能性磁共振扫描等）联合对被试观看 30 秒电视广告后的反应进行预测。结果显示，功能性磁共振技术的预测结果相较于其他技术更能解释广告弹性的差异性对被试的影响。

时至今日，利用神经科学技术来预测消费者行为已经在学术研究领域发端，利用大脑活动释放的各种信号作为预测指标，分析消费者行为的方法更加科学客观、准确可靠，能更有效地帮助企业和营销人员打开购买者“黑箱”，更深入地了解消费者行为背后的神经机制。已有的利用神经科学数据对消费者行为进行预测的研究中，大多是依赖 fMRI 实验获得的脑激活信号作为预测指标，本书期望从另一个角度，通过事件相关电位实验获得的脑电信号对购买行为进行预测，考察应用脑电成分进行预测的科学性和可行性。

综上所述，本书将主要以消费者行为的S-O-R模型及情绪理论为依托，在将基于用户参与的互动式营销策略中的输赢效应作为外部刺激的同时，也将这种营销策略视作一种短时情绪的启动范式，通过认知神经科学的研究方法，首先验证互动式营销策略对个体内在心理活动产生的影响，且该影响源自输赢效应带来的个体短时情绪的变化；其次分别从价格感知和产品偏好两个角度考察短时情绪诱发对个体购买行为影响的神经和预测机制。

1.2 研究问题的提出

1.2.1 本书拟解决的关键问题

在本节中，我们将根据研究的现实背景和理论背景，提炼出本书拟解决的关键问题，具体阐述如下：

由于我们将消费者行为的S-O-R模型作为理论背景，在此模型的框架下，本书关注的基于用户参与的互动式营销策略从根本上说是一种外部刺激，不同于传统的营销策略，它更加强调用户自身的融入感；用户参与平台推出的实时互动式游戏产生的结果也构成刺激的一部分，因此，该策略是否如S-O-R模型所阐释的，会造成个体内在心理状态的变化，这种变化是否源于短时情绪的诱发和改变，是本书首先要检验的问题。基于此，提出本书的第一个研究问题。

研究问题一：利用认知神经科学工具，考察用户参与的互动式营销策略对个体心理状态影响的认知机制，验证这一影响源于短时情绪诱发的假设。

在厘清互动式营销策略对个体心理状态影响的认知机制之后，需要进一步考察其对个体购买行为构成何种影响。由于认知神经科学方法在设计实验时需要对研究问题进行高度抽象并尽量简化真实的管理实践情景，因此，我们将购买行为具体解构为购买意愿和购买决策两个阶段，分别进行讨论。此外，将价格感知和产品偏好两大影响消费者行为的因素分开研究，提出本书的第二个研究问题。

研究问题二：分别从价格感知和产品偏好两个角度，考察来自互动式营销策略的短时情绪诱发对个体购买意愿和购买决策影响的神经机制。

鉴于对消费行为的预测已经逐渐成为现代营销学及消费者行为学研究的热点和重点，同时，已有的行为预测学研究领域，有很多利用神经科学证据作为预测指标的成果，在前人研究成果的基础上，我们也将讨论在短时情绪诱发的情境下，脑电信号作为预测指标，对个体购买决策行为预测的可行性及科学性。基于此，提出本书的第三个研究问题。

研究问题三：考察互动式营销策略作为外部刺激诱发的表征短时情绪的脑电信号对个体购买决策行为进行预测的可行性及优势。

1.2.2 本书的研究范围与对象的界定

本书拟从个体层面讨论消费者对影响购买行为的因素的认知加工过程及内在神经机制，因此，本书将研究对象界定为消费个体，而不是消费者群体。此外，本书以S-O-R模型为理论背景，以用户参与的互动式营销策略作为外部刺激因素，主要研究以下三大部分：首先，检验营销刺激对个体心理状态的影响是否来自短时情绪的变化；其次，考察短时情绪诱发对个体购买意愿及购买决策行为的影响及其内在神经机制；最后，利用有效的脑电成分对个体购买行为进行有效预测。由于认知神经科学实验需要对研究问题进行高度抽象并尽量简化真实的管理实践情景，加之消费者购买决策是一个受诸多因素影响且复杂的过程，因此，根据本书的研究目的，我们将购买行为具体分为购买意愿和购买决策两个阶段进行研究，同时，考虑到影响消费者购买行为的因素主要来自产品偏好和价格差异，我们将在三个子研究中分别从价格感知和产品偏好的角度，具体研究短时情绪诱发对个体购买意愿和购买决策的影响过程及内在机理。

本书的研究对象如前文所说，主要定位在个体层面，考虑到成本和样本的可获得性，主要将在校大学生（包括本科生及研究生）列为研究对象，选择此群体作为研究被试，主要考虑以下三个原因：

第一，常规的认知神经科学研究一般要求被试群体年龄介于18~40岁，参考已发表的国际和国内采用认知神经科学实验开展研究的论文，大多将在校大学生作为被试群体（Picton et al.，2000）。

第二，在校大学生群体在年龄、受教育程度、收入水平等方面都具有相似性，一定程度上能帮助我们更好地控制个体差异因素。出于有效数据的可得性和实验经费预算等实际情况考虑，本书也将从在校大学生群体中招募被试，同时，在招募过程中对性别、专业、年级进行一定的平衡。

第三，已有的有关消费者行为的神经科学研究中，大多选用了在校大学生作为被试群体（Kuntson et al.，2007；Pozharliev et al.，2015；Schaefer et al.，2016；Shang et al.，2017）。本书核心问题在于研究短时情绪诱发对个体购买行为影响的过程，这要求被试具有一定的消费经验，在校大学生本身也是消费者，在完成实验任务的同时，也是对自身购买行为的再现，契合研究主题。

1.3 研究目的与研究意义

1.3.1 研究目的

本书的研究目的概括来说是在消费者行为 S-O-R 模型的理论背景下，利用认知神经科学方法，以用户参与的互动式营销策略为外部刺激，从个体认知层面研究短时情绪诱发对个体购买行为影响的神经及预测机制。下面具体从理论方面和实践方面分别阐述。

（1）理论方面：本书以消费者一般决策模型 S-O-R 模型及情绪理论为基础，通过事件相关电位及功能性磁共振实验等神经科学方法，研究营销刺激（互动式营销策略）对个体内在心理活动（特别是短时情绪状态）的影响，然后利用大脑活动层面的证据（脑电成分和磁共振激活脑区）解释产生购买意愿和购买决策行为的内在机理和原因。同时，期望能利用有效的脑电成分对个体购买行为进行科学、准确的预测，丰富消费者行为领域的研究。

（2）实践方面：应用神经科学的测量方法，从个体认知层面考察基于双人轻度对战游戏的互动式营销策略是否能有效地刺激消费者，同时测量诱发购买的真正影响因素，帮助企业更好地实现营销目标。

1.3.2 研究意义

（1）理论意义：本书以消费者行为 S-O-R 模型及情绪对决策影响的相关成果作为理论基础，将网购平台推出的基于用户参与的互动式营销策略作为外部刺激因素，主要利用认知神经科学方法，从个体认知层面检验此种刺激方式对个体内在心理状态的影响源于短时情绪诱发的假设，考察该营销策略对个体购买行为影响的内在神经机制，同时探讨有效脑电信号对个体购买行为进行预测的可行性。这是从认知神经科学角度丰富 S-O-R 模型框架下的个体购买行为的实证研究，也是为消费者行为预测领域提供新的研究思路。

（2）实践意义：利用神经科学方法，从个体认知层面研究购买行为，使得企业和营销人员能更好地检验营销策略的有效性，基于神经预测学讨论脑电信号对个体购买行为预测的可行性，能在一定程度上帮助企业打开购买者"黑箱"，了解消费者行为中的认知过程，从而使得企业制定更合理的营销战略，设计更优化的营销策略组合，实现企业目标，完成企业愿景。

1.4 研究相关术语的界定

为了使读者更好地理解本书，本节将对研究涉及的相关专业术语进行界定和阐述。主要包括：

（1）购买意愿（purchase intention）：消费者愿意采取特定的购买行为的概率高低，是消费者选择购买适合自己需要的产品的心理倾向。

（2）购买决策（purchase decision）：消费者对某一产品、品牌或服务的属性进行评价并选择购买的过程，这一评价基于该商品能满足其某一特定需要。

（3）情绪（emotion）：个体对刺激的情感反应，通常用效价（积极或消极、正性或负性）和唤醒度（高涨或平静等）来进行描述。在本书的研究中，我们主要关注的是行为过程中，由外部刺激引发的、作用于个体内在心理状态的且延续时间相对较短的短时情绪（short-term emotion）。

（4）价格感知（price perception）：消费个体对产品价格的认知。一般来说，对于同质性的产品，消费者会选择购买价格更低的产品，而避免购买价格更高的产品。

（5）产品偏好（product preference）：消费个体对某一产品的喜好程度，消费者的购买行为很大程度上受到偏好的影响。

（6）事件相关电位（Event-Related Potential，ERP）：为实验刺激材料赋予特殊的心理认知含义，并通过该材料来诱发脑电位，通过脑电信号的波动反映大脑在认知加工过程中的神经电生理变化。

（7）功能性磁共振成像（functional Magnetic Resonance Imaging，fMRI）：利用磁共振成像技术测量神经元活动所引发的大脑中血液动力的改变。

（8）脑电信号（electroencephalogram signal）：一种毫伏或微伏级的微弱、低频的电生理信号，一般通过专业设备在个体头皮表面进行信号采集。

（9）脑区正激活与负激活（brain activation & deactivation）：神经元本身没有储存能量所需的葡萄糖和氧气，神经活动所消耗的能量需要经过血液获得快速的补充，血液中含氧血红素与脱氧血红素之间磁导率不同，由于重复进行某种思考、动作或任务，当大脑局部神经元兴奋时，可以通过磁共振造影来测量血液中含氧血红蛋白和脱氧血红蛋白的比例变化，进而判断哪些脑区在这个过程中有信号变化，参与思考和决策。这种变化称为脑区激活，其中，含氧血红素比例的升高称为正激活，其比例的降低称为负激活。

（10）神经预测（neuroforecasting）：应用神经科学方法，结合数学统计知识，构建个体行为决策预测模型的过程。

1.5 研究方法与技术路线

1.5.1 研究方法

本书综合采用文献研究、认知神经科学实验等方法来解决研究的关键问题。具体遵循“文献阅读—提出研究问题—形成研究假设—设计实验—实施实验—分析实验数据—讨论实验结果—形成研究结论”的基本流程开展研究。

1.5.1.1 文献研究

对已有文献的搜索和整理，可以帮助我们了解研究主题的国内外研究现状；对相关理论的总结，可以帮助我们提炼研究主题；对研究方法的梳理，可以指导我们的研究过程。由于本书研究方法的特殊性，在以研究主题为导向搜索文献资料时，我们还将根据研究方法来进行文献整理。

根据本书拟解决的关键问题，我们选取“消费者行为 S-O-R 模型”“情绪”“价格感知”“产品偏好”“购买意愿”“购买决策”“输赢效应”等关键词；根据研究方法，我们选取“神经管理学”“神经营销学”“消费者神经科学”“神经预测”“事件相关电位”“功能性磁共振”“情绪相关的电生理指标”等作为关键词，利用浙江大学图书馆的数据库资源（例如：ISI Web of Science、Pudmed、Springer、Elsevier-SDOL、CNKI 等）及谷歌学术、必应搜索等互联网搜索引擎进行文献资料检索和收集。对文献资料进行阅读、归纳、总结，厘清国内外有关该研究主题的主要内容、研究方法、研究进展等，为下一步研究框架的搭建和具体设计实施打下基础。

1.5.1.2 认知神经科学实验研究

随着研究的不断深入，认知神经科学方法已经在消费者行为研究中得到了广泛的应用，常用的技术手段包括功能性磁共振成像（fMRI）和事件相关电位（ERP）等。

fMRI 是通过测量大脑中的血氧水平依赖（Blood Oxygenation Level Dependent，BOLD）来观察大脑认知活动情况，该技术一经提出（Ogawa et al.，1990），就迅速在认知神经科学领域得到广泛应用。由于大脑单次活动采集到的 EPI 信号较弱，无法进行数据分析，因此，研究需要通过多次重复刺激来获得稳定的脑区激活结果。fMRI 是目前国际上应用最为广泛的脑功能定位研究手段，其优势在于具有极高的空间分辨率，但与 ERP 技术相比，BOLD 信号的时间分辨率仅为秒级，同时，它也不是对神经活动进行直接测量。

ERP 是以记录脑电波为基础的一种电生理技术，现有的脑电位主要分为以下两种：一种是脑电图（electroencephalogram，EEG），即大脑皮层连续的节律性的电位变化；另一种是皮层诱发电位（cortical evoked potential），即当感觉传入系统或大脑的某一部分受到刺激时，大脑皮层某一局限部位引出的电位变化，事件相关电位即属于后者。被试在完成实验任务的同时记录其脑电波，之后通过降噪处理和移动平均叠加技术从头颅表面记录的脑电波中提取对应的诱发电位，该电位即可反映人脑对刺激或任务的神经电生理改变。对于这两种方法区别的阐释详见表 1.1（马庆国和王小毅，2006b）。

表 1.1　事件相关电位与功能性磁共振成像特点比较

内容	事件相关电位	功能性磁共振成像
基本原理	头皮表面神经元放电，时间精确度高（毫秒级），但是只能记录大脑表面的电信号，空间精度低	血液中氧合血红蛋白的磁场变化，空间精确度高，但时间精度低（秒级）
实验环境	安静环境，实验重复次数多，如果仅测量 EEG，可在任何现场环境下	幽闭空间，高磁场中，需平躺，实验重复次数相对较少
普及性	价格几十万元，便于普及；体积小，可便携	价格上千万元，不便普及；体积大，固定不可携带

资料来源：马庆国，王小毅．认知神经科学、神经经济学与神经管理学［J］．管理世界，2006b（10）：139-149。

通过表 1.1 可知，以上两种方法各有利弊，结合本书的研究主题，我们主要采用事件相关电位技术进行实验（见图 1.2），同时采用功能性磁共振技术定位任务刺激的脑区激活情况，以此实现实验结果的相互验证。

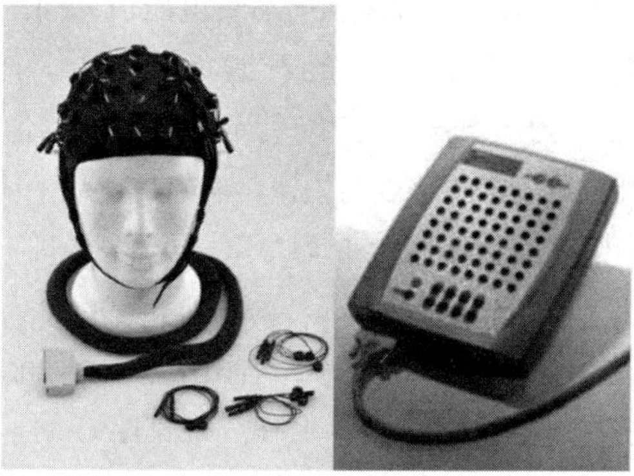

图 1.2　事件相关电位设备

本书中，fMRI 实验采用西门子 3.0 T Trio 磁共振扫描仪进行数据采集，正式实验开始前采集被试静息状态下的 T1 结构像，实验任务开始后采集 T2 功能像。将采集到的原始 BOLD 信号作为因变量与实验任务因素的一般线性模型进行拟合计算，得到不同条件下大脑的激活情况。磁共振数据以体素（voxel）为视角，主要从脑区定位、激活范围、激活程度等方面描述大脑的活动情况。

ERP 实验采用国际 10-20 系统的 64 导电极帽采集数据，采样率一般为 500~1000Hz，然后通过图 1.2 所示的放大器将脑电信号转化为数字信号，并通过计算机进行记录保存，实验结束后对脑电信号进行降噪处理，提取相应的 ERP 成分。由于 ERP 原始信号相对较弱（2~10μV），通常淹没在信号相对更强的自发脑电信号中（几微伏到数十微伏的范围无规律波动），因此，为了提取与任务相关的、有效的脑电信号，需要对其进行降噪处理。降噪的原理在于自发脑电位通常是无规律的，而诱发电位具有一定的节律性，在时间上与实验任务有严格的对应关系，因此通过信号叠加的方法，将脑电信号进行多次叠加以消除自发脑电位引起的噪声，从而分离获得与任务决策相关的 ERP 成分。对于 ERP 成分的分析主要从头皮分布（scalp distribution）、极性（polarity）、潜伏期（latency）及振幅（amplitude）四个方面进行。头皮分布是指某种 ERP 成分在大脑头皮表面出现的主要区域。一般来说，每一种 ERP 成分都有特定的头皮分布区域，例如 P2 成分一般分布在大脑的前额区域，P300、LPP 等成分一般分布在中央顶区和大脑后部。极性代表的是 ERP 成分的朝向，波峰朝向为正电压值方向的为正极性，一般用 P 表示，波峰朝向为负电压值方向的为负极性，一般用 N 表示，在绘制脑波形图时一般习惯负波向上、正波向下（Luck，2005）。潜伏期是指刺激出现开始到某一特定 ERP 成分峰值出现的时间间隔，其长短能用来估计该成分加工速度的快慢。振幅是反映个体对不同刺激的认知和响应程度，ERP 成分振幅的大小反映了不同任务条件下反应的强弱。

1.5.2 技术路线

本书的技术路线主要包含以下 4 个环节（见图 1.3）。

环节 1：对消费者行为学的理论及研究成果进行文献整理，结合本书涉及的相关实践情境，概括本书的现实背景和理论背景。

环节 2：根据研究的现实背景和理论背景，提炼研究拟解决的关键问题，明确研究目的和意义，并选取认知神经科学实验作为具体的研究方法，得到本书的基本思路和研究框架。

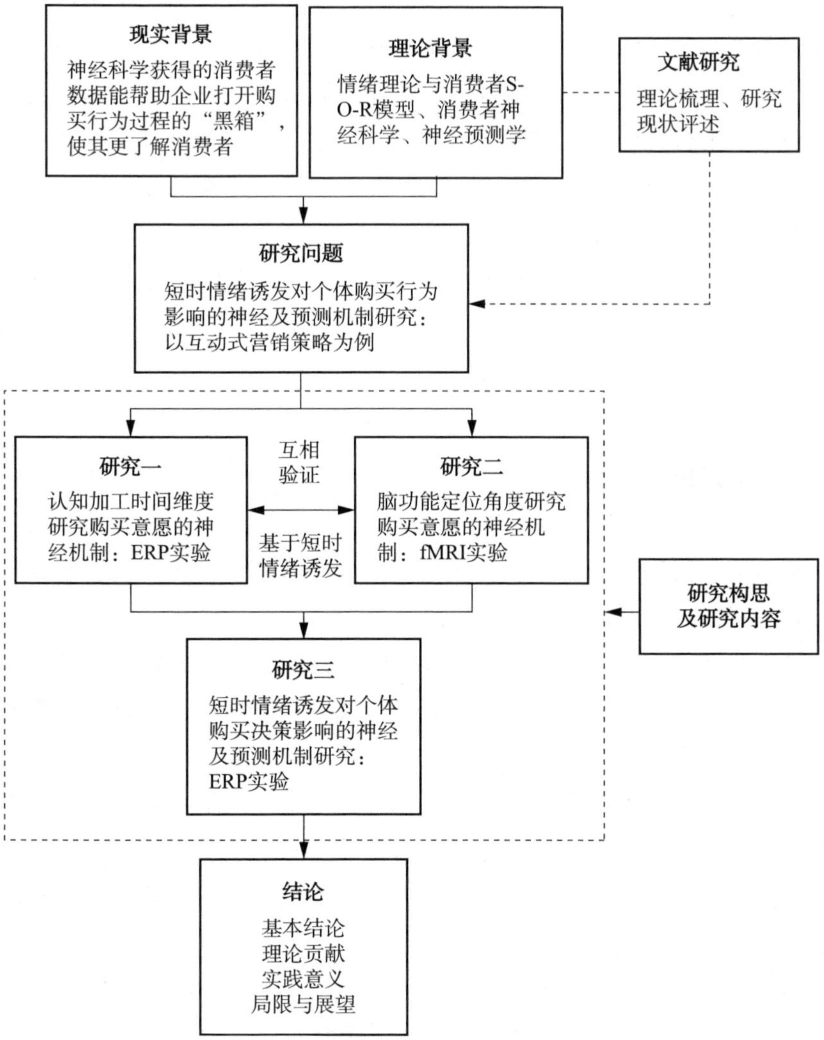

图 1.3　本书的技术路线

环节 3：将本书拟解决的关键问题进行解构，设置本书的三个子问题（研究一：从价格感知的角度考察基于用户对战的互动式营销策略对个体购买意愿影响的神经机制研究，寻找外部刺激对个体心理状态的影响源于短时情绪诱发的神经科学证据：一项事件相关电位实验；研究二：采用与研究一相同的实验范式，利用功能性磁共振实验验证研究一的结论，通过脑区激活情况证明研究一中发现的有效脑电成分来自情绪脑区激活的结果，验证该策略通过诱发个体的短时情绪影响其购买行为的结论：一项功能性磁共振实验；研究三：从产品偏好的角度考察互动式营销策略诱发的短时情绪对个体实际购买决策影响的神经机制，并利用相关的脑电成分对个体购买决策行为进行预测，探讨脑电成分作为行为预测指标的可行性：两项事件相关电位实验），提出具体的实验目的、实验设计，进行数据采集并对实验结果进行分析及阐释。

环节 4：整合三项子研究的结论，总结本书的总体结论、对现有理论的贡献及对营销实践的建议等；并对研究的局限性及不足之处进行归纳和阐述，提出未来研究的方向和展望。

1.6 本书框架

本书共分为 7 章，第 4 章至第 6 章分别对本书涉及的三项子研究进行了具体的阐述。每一章的内容安排如下：

第 1 章绪论，提出了研究的整体框架，具体包括本书的现实背景和理论背景、拟解决的关键问题、研究范围与对象的界定、研究目的与研究意义、使用的研究方法、技术路线及全书的内容安排。

第 2 章文献综述，整理了与本书相关的国内外文献，重点介绍了基于消费者 S-O-R 模型以及情绪与消费者决策相关理论研究的现状和成果，同时介绍了消费者神经科学、神经预测学等相关研究的理论体系和研究现状。

第 3 章理论框架与研究设计，在对相关研究现状进行梳理的基础上，提出本书的理论框架，并据此提出三项子研究的具体构思。

第 4 章至第 6 章，分别进行本书研究一、研究二及研究三的实证研究。研究一的目的在于确定互动式营销策略对个体购买意愿影响的内在神经机制，通过一项事件相关电位实验判断其是否能真正影响被试的认知和行为，影响因素是否源于短时情绪诱发。研究二通过一项功能性磁共振实验验证研究一脑电实验的结论，为后续研究奠定基础。研究三进一步考察短时情绪诱发对个体实际购买决策行为的影响及其内在神经机制，同时，利用脑电实验结果确定可用于购买行为预测的脑电指标，利用逻辑回归法探讨脑电信号对个体购买行为预测的可行性。这三项研究分别从价格感知和产品偏好的角度切入，从个体购买意愿到购买决策的不同阶段逐步深入，考察短时情绪诱发对个体购买行为影响的神经和预测机制，丰富消费者行为学中关于购买行为认知过程的研究。

第7章研究结论与讨论，对三项子研究进行回顾和总结，整合三项子研究的研究结果，形成全书的整体结论，对研究假设进行论证，提出研究结果对营销实践的指导建议，并结合实际情况讨论研究的局限性及未来可能的研究方向和展望。

1.7 本章小结

本章是全书的开篇，主要对本书的研究背景、研究目的和意义、研究问题、研究方法和技术路线及本书框架等内容进行了阐述。

本书以情绪理论与消费者行为的S-O-R模型为理论依托，以“用户参与的互动式营销策略”为切入点，利用事件相关电位和功能性磁共振实验等认知神经科学方法，首先验证互动式营销策略中输赢效应对个体的影响源于短时情绪诱发这一论点，在此基础上，分别从价格感知和产品偏好的角度考察短时情绪诱发对个体购买行为影响的神经机制，并探讨利用有效的脑电信号对个体购买行为进行预测的可行性。本书创立的机理模型是以动态的视角解释营销策略影响购买行为的作用过程，分析互动式营销策略作用的内在原因，揭示短时情绪诱发在消费者购买行为过程中的重要作用。

文献综述 2

2.1 刺激—有机体—反应模型框架下的消费者购买行为研究综述

2.1.1 模型的演化过程及拓展

消费者刺激—有机体—反应（S-O-R）模型的前身来自行为心理学创始人 John B. Watson 提出的刺激（Stimulus）—反应（Response）模型（S-R Framework），S-R 模型将人的行为分解为刺激和反应两部分，将人的内心活动视为“黑箱”，对人的行为的解释不考虑其真实的内心活动过程（Watson，1914）。S-R 模型被视为简单的因果关系，该模型仅表达了外在刺激和反应结果，没有展示个体内部的心理活动（见图 2.1）。

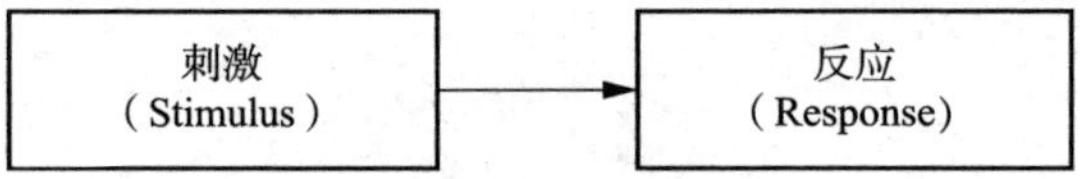

图 2.1　S-R 模型

资料来源：WATSON J B. Behavior：A textbook of comparative psychology [M]. New York：Henry Holt & Co.，1914。

随着心理学的不断发展，新行为主义逐渐成为主流学说，认为 S-R 模型无视内心活动对人的行为进行解释不完备，也不科学。基于此，Belk（1975）对传统的 S-R 模型进行了修正，在中间增加了一个变量有机体（organism），将个体的生理、心理活动视为刺激和反应的中介变量。自

1975 年被应用到市场营销研究中后，S-O-R 模型就被视为消费者购买决策的一般模式。该模型将购买决策描述为“刺激—个体心理活动—反应”的过程，表明消费者的购买行为由外部刺激引起，然后使得个体心理活动发生变化，从而产生动机，在动机的驱使下，做出购买决策，实施购买行为等。之后，Bitner（1992）以服务环境为背景，具体解释了消费者内在的心理活动，即外部刺激会令消费者产生认知、情感甚至身体的反应，而这些反应综合影响了消费者的实际行为。

菲利普·科特勒（2009）也在 S-O-R 模型的理论基础上，在消费者行为研究领域，提出消费者行为模型，认为营销策略和其他外部环境等刺激首先影响的是消费者的意识，然后消费者的个性特征会促使其做出特定的购买决策（见图 2.2）。

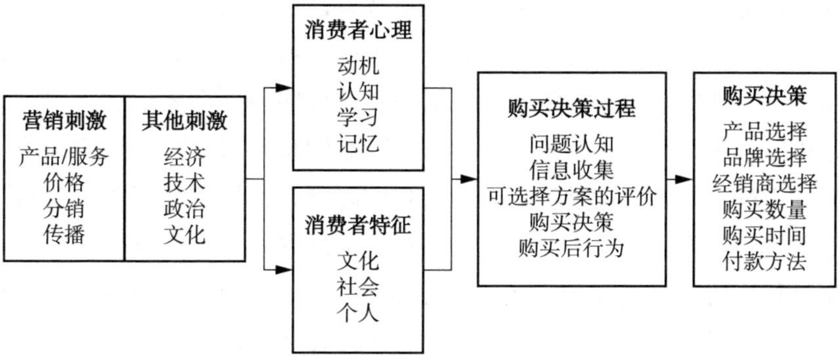

图 2.2　菲利普·科特勒的消费者行为模型

资料来源：菲利普·科特勒. 营销管理（第 13 版·中国版）[M]. 北京：中国人民大学出版社，2009。

S-O-R 模型作为消费者行为的解释模型，概括地阐述了消费者从接收刺激信息到刺激影响其内在心理活动，继而影响其行为反应的动态过程，该模型适用于很多营销情境。很多与消费者行为相关的研究都在 S-O-R 模型的理论框架下，针对不同的营销情境展开研究。

2.1.2　基于 S-O-R 模型的消费者购买行为研究

S-O-R 模型是从消费心理学的角度，综合考察消费者行为以及外部刺激对消费者心理层面的影响。购买行为作为消费者行为研究领域中重要的组成部分，其过程理论上也应符合 S-O-R 模型的框架。

很多应用S-O-R模型研究消费者购买行为的发表论文发现，中间阶段个体心理活动的变化很多情况下是受到情绪或情感因素的作用，而对于个体购买过程中心理活动的测量主要依靠心理学量表进行（Vieira，2012）。另外，在S-O-R模型框架下研究消费者购买行为的发表论文中，大多是从购买意愿的角度来考察外部刺激对个体行为影响的认知过程（Keller，2010；Schmitt & Zarantonello，2013；Pantano & Timmermans，2014）。

Hsu和Tsou（2011）利用S-O-R模型，从网站质量对消费者再次购买意愿的影响出发，通过情绪量表测量被试的情感状态，并选取其作为中介变量，发现网站质量能带来个体积极情感的反馈，而积极情感有助于消费者再次进行购买，提高重复购买意愿，反之亦然。Eroglu等（2001）将网络购买环境设定为高相关任务环境和低相关任务环境两类，并将这两类因素作为外部刺激开展研究。同时，将消费者性格特征和情感状态作为中介变量进行建模，利用问卷量表等获得的数据将消费者分为投入型消费者和环境影响型消费者两类，发现如果消费者目标明确，需要依靠真实商品信息来进行购买即为投入型消费者，而环境影响型消费者更看重愉快的购物氛围，当网络购物环境过于严肃和乏味的时候，他们将放弃购买，购买或放弃的行为就是反应行为，而消费者对于信息的处理过程就是其内在心理状态过程，在这一过程中，情感因素起到了重要的作用。Lee等（2011）通过问卷，以产品属性为外部刺激，从产品态度和情绪状态（效价和唤醒度）等方面考察了消费者对高技术产品的购买意愿，结果显示，愉悦的情绪状态直接影响了受访者的接近—回避（approach-avoidance）行为，但是情绪唤醒度是通过情绪效价间接地影响消费者的购买意愿过程。Wang和Chang（2013）通过在社交平台Facebook上的一项实证调查，以搜索信息为外部刺激，探讨了网络社会关系强度和产品风险感知等因素对消费者购买意愿的影响。他们发现对于高风险感知的产品，与自己社会关联强的朋友的推荐能有效影响其购买意愿。Pantano和Viassone（2015）则从零售商整合渠道的角度，讨论了多渠道整合策略对消费者购买意愿的影响，问卷结果显示，受访者对多渠道整合策略展现了更为积极的情绪反应，并且更愿意选择采用多渠道整合策略的零售商进行购买。艾黎（2017）以网购环境下的促销和推荐对消费者购买意愿的影响为研究对象，在S-O-R模型的框架下，从认知和情绪两个方面发现，促销与推荐对消费者购买意愿的影响存在差异。促销情境下，主要是情绪中的唤醒因素影响购买意愿，从而促进冲动性购物的产生。在推荐情境下，消费者则相对更加理性，更加注重购物过程中的体验，愉悦的购物体验可以增强其购买意愿。赖胜强（2010）以口碑传播作为外部刺激，分别从口碑效应的微观层面和宏观层面，结合消费者对口碑信息的信任感和情绪性感知，主要利用问卷调查和结构方程建模的方法，考察了口碑效应对消费者购买行为的影响。

总的来说，现有的基于消费者行为 S-O-R 模型理论框架的消费者行为研究，采用的研究方法主要还是依托于问卷调查，以情绪、风险感知、满意度等心理层面的自我评价为中介变量，通过结构方程模型等算法，考察各种营销情境作为外部刺激，对消费者心理认知和行为模式的影响。而将此模型应用到消费者购买行为研究中的学者，则更多地以购买意愿为反应的表征，以此分析外部刺激对行为反应影响的认知过程。

2.2 认知神经科学与消费者行为学、行为预测学的交叉融合

2.2.1 营销学中的神经科学研究

早在 1991 年，Lauterbur 和 Mansfield 就开始从事关于神经营销学的机密研究。2004 年，《柳叶刀—神经病学》杂志针对美国贝勒医学院 McClure 和 Montague 等在《神经元》上发表的一项针对百事可乐和可口可乐的研究成果——《对大众熟悉的饮料的行为偏好的神经关联》（*Neural Correlates of Behavioral Preference for Culturally Familiar Drinks*）发表了社论，提出了“神经营销学”这一概念。马庆国等（2006a）具体给出了神经营销学定义，即运用神经科学的工具和方法来研究消费者行为，考察消费者决策的内在神经机制，寻找消费者行为背后真正的驱动力，从而制定更为科学有效的营销策略。

Zurawicki（2010）撰写的《神经营销学：探索消费者的大脑》（*Neuromarketing：Exploring the Brain of the Consumer*）一书中指出神经营销学的功能在于考察大脑活动和神经信号在营销实践中的作用。该书以“消费者行

为”为主题，突出了可观察行为的神经因素和情感因素，从消费情感、风险处理的神经基础、偏好与决策、细分的神经基础以及神经科学和生物识别技术在市场营销实践中的定位及应用方面介绍了“神经营销学”这一领域的研究。

Hubert 和 Kenning 于 2008 年提出了“消费者神经科学”（consumer neuroscience）的概念，该领域更多地关注消费者的偏好（preference）、支付意愿（purchase intention）、价值评估（value evaluation）等内容，其目标是更好地理解消费者偏好、各种评估因素及购买决策的过程。

Colin Camerer 和 Carolyn Yoon（2015）在为《市场营销研究》特别收录的 10 篇与神经科学相关的论文撰写的导引文章中提到：“过去十年，对于理解人类行为如何从大脑活动中产生的研究取得了非凡的成就。这些成就推动了神经科学方法在消费者行为及市场营销中的应用，并使其稳步增长。应用神经科学方法来阐释消费者决策过程（consumer decision process），特别是评价（valuation）和选择（choice）两方面的研究已经取得丰硕成果。”

2.2.2 决策神经科学与消费者购买行为

决策是管理科学研究的核心问题，大到企业战略方向的制定，小到个体购买一件商品，都与决策相关。企业层面的决策研究主要站在管理经济学的角度，考虑成本最小化和收益最大化；个体层面的决策过程研究主要依靠行为经济学理论，同时，与心理学、社会学、认知神经科学等学科不断交叉融合，从大脑层面研究个体的决策认知过程，包括投资决策、风险决策、消费者决策等。本书所探讨的消费者决策概念属于后者。

传统的消费者决策研究的前提假设是基于“理性决策”模型，认为消费者是能做出理性决策的“经济人”。然而，现实生活中，并不是每一个个体都能完全根据价格效用和边际效用等经济问题来做出完全理性的决策，即使同一个消费者，在不同的购物情境下，面对不同属性的商品，也不会遵循同一个标准。消费者有时会受到营销策略或其他消费者的影响而做出非理性的购买行为，即使是消费者主动搜寻备选产品的相关信息以满足自身需求，有时也会因为其中某一个或某几个因素的影响，做出冲动性购买决策。另外，消费者在特定情境下进行购买时，会受到情感的影响，在做出情绪性购买决策时，他们也许会减少信息搜寻，而更多地关注当下的心情和感受。因此，完全依靠“理性决策”模型来解释消费者行为就不适用了。

Daniel Kahneman 和 Amos Tversky 于 1979 年提出的前景理论（prospect theory），被广泛认为是传统“理性决策”模型的替代。前景理论假设决策过程由编辑和评价两个过程组成。在编辑阶段，个体利用框架和参照点等搜寻和处理信息；在评价阶段，依靠价值函数和主观概率的权重函数对上述信息进行判断。前景理论还认为，人们参照过去决策的损益得到当前决策的价值，并以此价值替代传统决策模型中的效用，而偏好则决定了框架和参照点。

不同的学科对于决策行为的研究常选用不同的方法。管理学倾向于用统一的数学表达式描述决策行为；心理学侧重用心理模块来解释不同情境下个体的决策认知过程；神经科学则着眼于神经回路，以此来衡量决策行为。决策神经科学（decision neuroscience）的发端，将不同学科对于决策行为研究的方法糅杂，理论上交叉融合，以一个全新的角度更深入更全面地探讨人类决策。决策神经科学的概念最初由 Baba Shiv 等（2005）提出，该学科交叉融合了经济学、管理学、心理学和神经科学等学科的理论背景和研究方法，研究个体面对各种决策问题时的认知过程，通过神经测量方法，集中观察大脑在决策过程中的神经机制，最终解释人类的决策行为（王小毅，2008）。

同时，消费者神经科学也是一门日益发展的学科，受到了越来越多市场营销和消费者研究领域的学者和研究人员的关注。从研究方法上来看，传统的消费者行为研究常被诟病的一个问题——使用问卷、访谈等形式询问消费者的偏好及选择时，消费者不愿意或不能完全地表明自身观点。营销领域的研究人员也逐渐认识到问卷、定性研究等方法获得的自我报告类数据存在许多缺点，他们也在寻求替代的研究工具，而神经科学的相关研究方法就为营销和消费者行为领域的研究提供了这样的替代方法，这种方法能帮助研究者深入理解消费者行为的认知过程，并有助于解释行为背后的潜在机制，使得消费者对于支出与收益之间的有效权衡得以量化，由此帮助研究者更好地理解消费者偏好（Ariely & Berns，2010；Babiloni，2012；Calvert，2012；Lee et al.，2010；Plassmann et al.，2007；Yoon et al.，2012；Lin et al.，2018）。

Kenning 和 Plassmann 等（2007）曾指出，消费者神经科学的目的在于“运用神经科学的视角和方法来增强对消费者行为的理解”。以消费者为研究对象的决策神经科学和消费者神经科学的发展是现代市场经济高度发达的结果，对市场营销学及消费者行为学来说，具有重要的理论拓展意义和实践指导意义。

2.2.2.1 消费者购买行为的相关脑区研究

对于消费者神经科学（又被称为神经消费者行为学），不同学者有不同的界定，但基本上都涵盖了以下观点，即消费者神经科学集合了心理学、社会学、行为决策学、市场营销学和神经科学等多门学科，利用神经生理技术，包括皮肤电传导技术、眼动技术、脑电技术及功能性磁共振成像技术等方法来探究消费者在行为中的神经过程、心理意义以及行为结果（Babiloni，2012；Fugate，2007；Hubert & Kenning，2008；Koller，2008；Lee et al.，2007；Moore，2005；Reimann et al.，2011）。

神经营销学更多地关注品牌效应和广告效应，通常为特定的产品服务（Fisher et al.，2010），同时从神经层面探查营销刺激对消费者态度、认知和情绪反应所产生的效应；消费者神经科学更关注消费者偏好、支付意愿、价值评估等内容，目的是更好地理解消费者行为（艾春娣等，2013），同时将神经科学理论和行为理论模型相结合，发展出理解消费者行为和心理活动的神经心理理论（Hubert & Kenning，2008；Plassmann et al.，2012）。二者相较，神经营销学广泛应用于商业实践中，目的是检验营销策略的有效性并帮助企业提高营销策略的效率；消费者神经科学则更多地从消费者的角度出发，并且与神经经济学以及决策神经科学相联系（Ramsøy，2015）。然而，两者研究内容大体相同，研究方法基本一致，因此很多文献并不将这两个概念进行详细的区分，认为二者属于同一研究领域（苏淞和唐红红，2017）。

对于消费者购买决策神经层面的探索，起步相对要晚于神经广告学和神经品牌学，其研究策略在于拆分复杂的行为现象并在实验室环境进行重构（Knutson & Bossaerts，2007）。不同的研究范式能满足不同的研究需求，实现不同的研究目的。总的来说，主要包括竞价范式和购物任务刺激范式两大类。

竞价范式由 Plassmann 等（2007）提出，广泛应用于与消费者支付意愿相关的研究中。该范式包括两个阶段：自由竞价阶段和被动竞价阶段。两个阶段的实验流程大体一致：首先呈现产品图片（刺激），然后呈现空屏以供被试思考，之后被试出价，出价后呈现反馈，最后空屏完成一个实验试次。两个阶段的区别在于被试出价环节，自由竞价阶段被试根据自己的判断进行出价，被动竞价阶段被试没有自己的选择权，竞价金额在0 美元。另外，这是一个被试内的实验范式，即自由竞价试次和被动竞价试次在一个实验任务内随机呈现（见图 2.3）。该范式的竞价规则参考了 Becker-DeGroot-Marschak 范式，因此也被称为BDM 范式（艾春娣等，2013）。

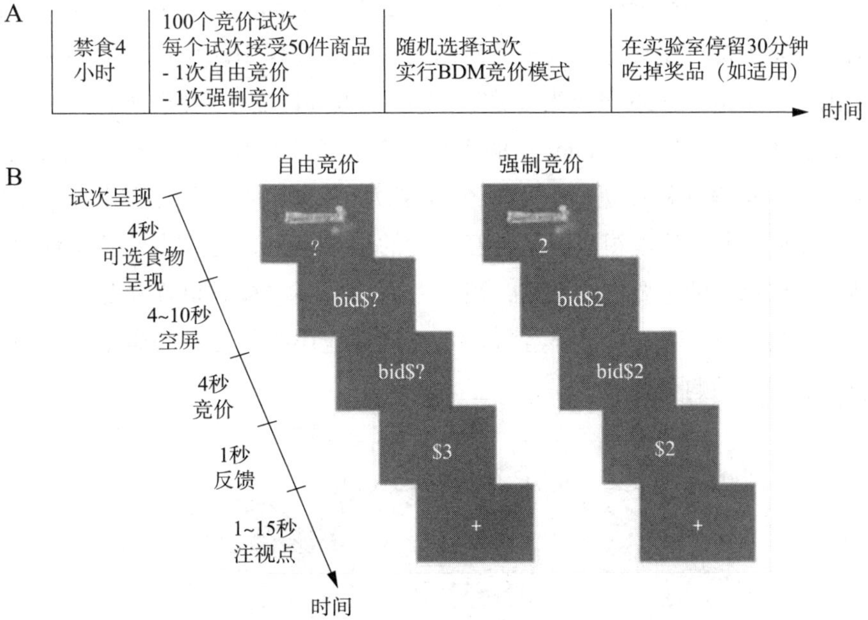

图 2.3　竞价（BDM）范式

资料来源：PLASSMANN H，O'DOHERTY J，RANGEL A. Orbitofrontal cortex encodes willingness to pay in everyday economic transactions [J]. The Journal of Neuroscience，2007，27（37）：9984-9988。

购物任务刺激范式最早由 Knutson 等（2007）提出，将此范式应用于一项功能性磁共振实验中，以探索消费者购买决策的大脑活动及神经预测机制，该范式主要包括四个实验步骤。首先呈现有品牌标识的产品图片，然后呈现产品价格，之后被试按键选择是否购买所看到的产品，按键后呈现空屏（见图 2.4）。为了激励被试认真实验并尽可能真实还原购物体验，实验完成后，实验程序从被试选择购买的产品中随机抽取一件，作为其真实交易的产品。该范式的优势在于将偏好、价格评估和选择三个重要的购买决策中的影响因素进行分离，此范式提出后，在消费者神经科学领域得到广泛应用（Hare et al.，2009；Tusche et al.，2010；Raabet et al.，2011）。Hare 等（2009）应用此范式结合食品消费任务来研究自我控制在决策过程中的作用及其神经机制，发现以目标为导向的决策对于共同认知价值的编码过程是在腹内侧前额叶皮质（ventromedial Prefrontal Cortex，vmPFC）中完成的，而自我控制训练下的价值信号则由背外侧前额叶皮质（dorsolateral Prefrontal Cortex，dlPFC）处理。Tusche 等（2010）设计了被试间实验来探讨注意力在汽车类商品购买决策过程中的作用，他们将被试随机分为两组，一组完成高注意力（high attention）的实验任务，另一组完成低注意力（low attention）的实验任务。高注意力组要求被试观看汽车图片后对其偏好程度进行评分，低注意力组不特别要求被试关注汽车图片，而要求其关注注视点。从神经层面的结果来看，注意力并不是评价商品和做出选择的主要影响因素，消费者做出购买决策时也许和是否特别关注该产品关系不大。Raabet 等（2011）同样应用购物任务刺激范式研究了消费者的冲动购买行为。

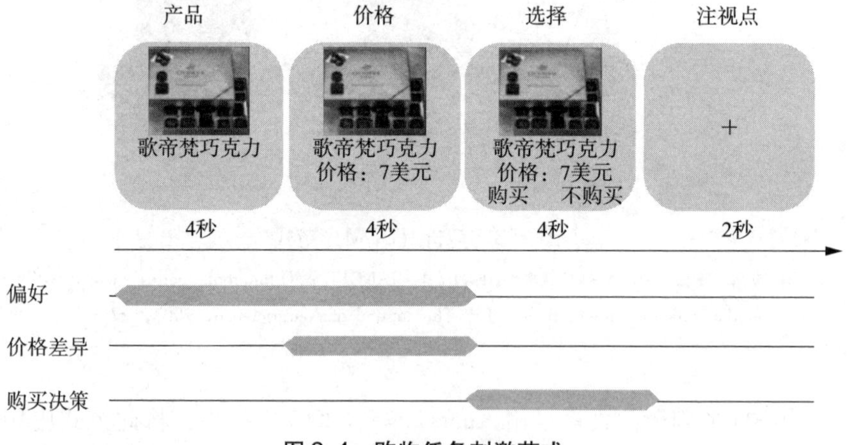

图 2.4 购物任务刺激范式

资料来源：KNUTSON B，RICK S，WIMMER G E，et al. Neural predictors of purchases［J］. Neuron，2007，53（1）：147-156。

fMRI 技术是消费者神经科学及神经营销学经常使用的神经科学技术手段之一，下文将着重介绍不同的脑区在消费者购买决策中的不同表征。

（1）内侧前额叶皮质。

MPFC 在很多消费者神经科学研究中被证实参与购买决策过程，并大多与偏好及价格差异相关。例如，青少年听到喜欢的音乐（Berns & Moore，2012）、女性消费者看到自己喜欢的咖啡品牌、男性消费者看到喜欢的啤酒品牌（Deppe et al.，2005）时，MPFC 都显著激活。在 Knutson 等（2007）的购物任务刺激实验中，MPFC 的激活与价格差异呈显著正相关关系，说明这一脑区参与了价格评估过程。随着研究的深入，对 MPFC 的空间分辨更加精细。根据现有研究成果，腹内侧前额叶皮质（vmPFC）与产品偏好（Plassmann et al.，2008）、编码决策价值（Chib et al.，2009）及规划和监控任务（Hare et al.，2011）等都有关。消费者对选择产品的目标价值评估需要 vmPFC 参与，但如果这一评估过程涉及其他诸如健康、口味等相关因素时，背内侧前额叶皮质（dlPFC）亦会参与其中（Hare et al.，2009）。

（2）眶额叶皮层（Orbital Frontal Cortex，OFC）。

OFC 常与情感相关，参与体验任务中愉悦体验的编码。Plassmann 等（2008）将三种不同价格的标签贴在同一种红酒上，并让被试进行品尝，实验结果显示，价格越高时，被试的愉悦感越强，OFC 的激活也越明显。此外，OFC 的激活也与价值评估相关。De Martino 等（2009）发现独立买卖交易阶段与参考点买卖交易相比，OFC 的激活与被试的支付意愿和最低卖价都相关。Plassmann 等（2007）和 Hare 等（2008）的研究也发现，OFC 参与支付意愿的编码的激活状态与支付意愿正相关。

（3）脑岛。

脑岛表征了人类对于恐惧、痛苦等负性情绪或预期情感的编码（Carlson et al.，2011；Goldin et al.，2011）。神经经济学的相关研究也表明，脑岛与预期损失的脑机制相关（Kuhnen & Knutson，2005；Preuschoff et al.，2006），消费者进行购买时，一方面体验获得产品时的愉悦情感，另一方面可能感受着货币损失等带来的负性情绪。Knutson 等（2007）的研究发现，冲动消费者的脑岛在价格阶段与非冲动消费者相比，激活水平降低。Tusche 等（2010）的研究也指出，脑岛可能参与了价格自主性加工的过程，即便是对没有购买计划的商品而言，一旦看到价格，脑岛就会参与预知金钱损失的编码过程。

除了以上提到的三个脑区，其他脑区也在决策过程中参与加工和信息编码。顶叶皮层（parietal cortex）、颞叶皮层（temporal cortex）、枕叶皮层（occipital cortex）等参与颜色和形状的加工，形成视觉工作记忆（Parra et al.，2014）。额下皮层（inferior frontolateral cortex）、颞上回（Superior Temporal Gyrus，STG）及腹外侧运动前皮质（ventrolateral Premotor Cortex，vlPMC）等脑区与音乐加工有关，将感知到的音乐与情绪、注意和记忆加工连接起来（Koelsch & Siebel，2005）。外侧颞叶（lateral parietal cortex）和外侧额叶（lateral prefrontal cortex）是注意调控的重要脑区，外侧颞叶负责根据已有知识对当前刺激所引起的注意进行调控，外侧额叶主要参与当前刺激本身引起注意的加工（Buschman & Miller，2007）。杏仁核（amygdala）是调节情绪记忆加工的脑区，而海马（hippocampus）则是长时记忆存储的主要脑区（Hamann，2001；McGaugh，2000）。

“追寻奖赏，规避惩罚”是人类生存的本能，研究大脑中负责奖赏认知加工的区域的激活情况，可以有效估计消费者的购买意愿和购买动机，也有助于探查和预测消费者行为（苏淞和唐红红，2017）。纹状体（striatum）和中脑腹侧盖区（Ventral Tegmental Area，VTA）是大脑中主要的奖赏区域。纹状体常与眶额皮层、杏仁核、脑岛等脑区共同作用。例如，纹状体与眶额皮层和杏仁核共同参与令人产生愉悦感受的温觉加工（O’Doherty et al.，2002）；当食物和其他奖赏与享乐体验相结合的时候，眶额皮层参与“喜欢”的信息编码，而纹状体参与“想要”的信息编码（Kringelbach，2005；Berridge et al.，2009）；同时，纹状体还负责加工对奖赏的预期，强化学习和动机的产生（Pagnoni et al.，2002）。VTA 是进行多巴胺传递的主要区域，多巴胺是产生愉悦情绪和增强行为动机的神经递质，该区域参与积极的强化学习（Fields et al.，2007；D’Ardenne et al.，2008）。

在消费者态度与偏好的研究中，Khushaba 等（2013）发现，当被试尝试喜欢口味的饼干时，额叶、颞叶和枕叶的部分区域发生了显著的激活。对品牌偏好的研究发现，前额叶、枕叶、前扣带回、眶额皮层、海马和纹状体都参与品牌偏好、品牌熟悉度和品牌忠诚度的加工（Santos et al.，2012）。其中，当被试选择偏好的品牌时，腹内侧前额叶和枕叶的视觉加工区域激活，当腹内侧前额叶受损后，品牌信息就难以对人们产生影响（Koenigs & Tranel，2008）。汽车、奢侈品等这类表征社会地位的品牌会激发腹内侧前额叶、眶额叶、前扣带回和纹状体的活动（Schaefer & Rotte，2007）；背外侧前额叶和海马参与熟悉品牌的认知加工，而脑岛的激活更多地与不熟悉品牌的信息处理相关联（Esch et al.，2012；Reimann et al.，2012）。如果消费者观看有吸引力的广告，其大脑中负责决策的前额叶腹中皮层以及负责奖赏的伏隔核将会被激活（Kenning，2008）。而眶额叶、前扣带回、杏仁核和海马在逻辑劝说型广告的加工程度要高于非理性的广告刺激（Cook et al.，2011）。此外，楔前叶（precuneus）、颞上回和颞顶联合区均在广告信息的可信度甄别上参与加工（Craig et al.，2012）。

综上所述，参与消费者购买行为认知加工的脑区主要包括决策脑区、奖赏脑区以及情绪脑区，各脑区间协同工作，互相联结，在不同的购买情境和决策任务中共同对信息进行编码和解码，通过磁共振成像技术，能清楚地探查消费者决策过程的脑机制，也能更准确地解释消费者的购买行为过程。

2.2.2.2 消费者购买行为的相关 ERP 研究

与功能性磁共振技术一样，事件相关电位也是一种常用于消费者神经科学及神经营销学研究的方法和工具，本节将对现有的应用 ERP 实验研究消费者行为的文献进行梳理和评述。

近年来，在营销类期刊发表的 EEG/ERP 基础工具类的学术论文，大多将这一技术应用到品牌和广告刺激等相关研究中。还有一些研究采用与 EEG 类似的另一种神经科学方法——MEG 技术来进行市场营销和消费者行为的相关研究（Ambler et al.，2004；Braeutigam et al.，2001，2004）。Plassmann 等（2015）归纳了神经科学技术应用到营销学理论研究和消费者行为研究领域可涵盖的五个方面，包括确认认知机制、测量内隐过程、将心理过程进行分离、理解个体差异、改进行为预测方法。大多数已发表的神经营销的 EEG 论文，至少涉及以上五个方面中的一个，而其中应用最多的是预测消费行为的相关研究（Lin et al.，2018）。

通过事件相关电位方法诱发的 ERP 成分通常都具有一定的认知意义，例如错误相关负波（Error-Related Negativity，ERN）这一 ERP 成分一般在受试者意识到错误之后200毫秒内在前额头皮诱发（Luck，2005），而晚期正成分（LPP）则被认为与记忆力和情绪认知过程相关（Polich，1997）。结合消费者行为相关的ERP研究，常被诱发的成分包括SPN、P1（P100）/N1（N100）、P2（P200）、N2（N200）家族、P3（P300）家族、N400、LPP等。

刺激前负波（Stimulus Preceding Negativity，SPN）与情感预期相关（Böcker et al.，2001），另有研究发现大脑左半球区域诱发的SPN成分在奖赏条件下的振幅更大，这也可能与奖赏使得个体正性情绪的诱发有关（Ohgami et al.，2006）。P1和N1成分是两个早期诱发的ERP成分，通常把刺激呈现后诱发的第一个早期正成分（或刺激呈现后100毫秒左右诱发的正成分）命名为P1（P100），而把第一个早期负成分（或刺激呈现后100毫秒左右诱发的负成分）命名为N1（N100）。这两个成分对感官刺激敏感，反映了感觉相关的认知过程（Näätänen & Picton，1986），常通过动机、注意力及关联事物进行调节（Luck，2005；Ibanez et al.，2012）。P2（P200）成分与P1和N1成分一样，都是早期感官敏感成分，常被发现在与语言、工作记忆、选择性注意（如威胁）等有关的电位刺激的实验范式中（Kotchoubey，2006），同时P2成分也被认为是反映情绪效价最早的ERP成分（Delphanque et al.，2004）。此外，Jones等（2012）的研究发现，当马斯洛需求层次较高的消费者做出"购买"决策时，没有促销的价格诱发的P2幅值更大。N2（N200）成分一般在oddball和Go/No-Go联想任务中被诱发，N2家族还包含一些亚成分（subcomponent），如N2b和N2c成分常与分类任务和注意力相关（Folstein & Van Petten，2008；Näätänen & Picton，1986）。Ma和Wang等（2010）一系列关于品牌延伸的研究发现，当出现受试者不熟悉的品牌时，其诱发的N2成分振幅会随之增强。P3（P300）家族和LPP均是晚期正成分。P3是一个内生性成分，一般在任务阶段诱发，与内在决策过程相关。前额头皮诱发的P3或P3a成分有时与顶区头皮诱发的P3b成分代表的含义不同（Polich，2007）。P3（P300）成分可能是最多出现神经营销和消费者神经科学的ERP研究中的脑电成分。P3成分的诱发可能反映出被试的购买倾向（Guo et al.，2016a；Jones et al.，2012），另有研究发现当被试观看互动式广告时，出现品牌标识后诱发的P3a成分的潜伏期相较于非互动式广告缩短（Treleaven-Hassard et al.，2010）。LPP 成分的属性与 P3 成分类似，通常在情绪感知相关的任务中被发现（如利用国际情绪图片库的图片作为刺激材料的研究范式）。Hajcak 等（2010）认为 LPP 成分的振幅由主动的情绪调节、对指令的再评价、预先描述、刺激启动的方式、注意力操控等因素决定，此外，其时间进程可以用来量化情绪的反应和调节。Pozharliev 等（2015）关于奢侈品购买行为的研究发现，情绪在购买决策时起到了重要的影响作用，尤其在有同伴陪同购买时，主要反映在 LPP 成分的诱发。N400 成分作为一个晚期负成分，通常在语义差异的实验范式中诱发，被认为是语义相关的 ERP 成分（Kutas & Federmeier，2011）。当被试认为品牌名称与产品不一致时（如百事鞋，Pepsi-shoes），会诱发显著的 N400 成分（Wang et al.，2012）。

总结与营销相关的已发表的消费者行为的 ERP 研究，无论其研究载体是品牌、产品还是价格，其本质都是以理解消费者相关的认知加工过程为目的，涵盖的内容主要包括注意力和记忆（attention and memory）、态度和偏好（attitudes and preferences）、信息加工和决策（information process and decision making）、情感和情绪（emotion and affect）四大方面。

与注意力和记忆相关的成分主要集中在 P100 和 N400 上（Lin et al.，2018）。P100 成分常被诱发于枕部的相关电极点上，主要与视觉注意的加工过程相关（Woodman，2010）。N400 成分常伴随有意义的信息处理过程而被诱发，反映了语义记忆的过程（Kutas & Federmeier，2000，2011）。另有研究发现当被试熟悉的信号出现时，其诱发的 N400 成分振幅反而会下降。例如，当被试熟悉的或知名的品牌名称呈现时，以 N400 为表征的分类认知过程被触发，从而诱发对该品牌的偏好（Jin et al.，2015；Wang et al.，2012）。

与态度和偏好以及信息加工与决策等相关的成分，主要包括 N2 家族和 P3 家族成分。前文已提到，Ma 和 Wang 等（2010）关于品牌延伸的相关研究均发现了 N200 成分在被试认知过程中的作用，其中一项研究表明，新的服装品牌会诱发被试更大振幅的 N200 成分，这种情况在负性情绪刺激下更为明显。P300 成分也被认为是产品属性偏好的一个预测指标，当被试看到偏好的产品图片时，会诱发幅值更高的 P300 成分（Wang & Han，2014）。对于信息的搜寻和加工处理，Guo 等（2016）以在线评价线索的熟悉度为实验条件，发现不熟悉的评价线索会诱发更大的 N200 成分，熟悉的评价线索则会诱发更大的P300成分，而这种熟悉度最终会演化为信任感。分析预期定价（pricing expectation）的研究人员发现，增强的P300成分使得发生购买行为的可能性增大（Schaefer et al.，2016），同时它也可作为品牌延伸策略是否成功的预测指标之一（Ma et al.，2007，2008）。

总的来说，与其他研究方法相比，ERP这种非侵入式、价格便宜的研究工具能更科学和直观地获取大脑活动的信号，尤其能帮助研究人员理解信息处理和决策过程中涉及的认知和情感过程，在市场营销研究领域中也日益受到重视。

2.2.3 神经科学与行为预测的交叉融合

早期的认知神经科学领域的磁共振成像研究主要目的在于对脑区的定位，这也是目前神经消费者行为学及决策神经科学研究的主流。随着技术的不断进步，加之研究的不断深入，认知神经科学领域发展出另一个研究分支，即算法与神经科学方法的联结应用。功能联结（functional connectivity）算法对脑功能网络进行建模，更系统地了解不同脑区之间的联系与交互，Camara等（2008）就利用该算法进一步观察大脑对金钱奖励与惩罚系统的动态联结的异同。Knutson和Cooper（2005）的研究表明，眶额叶皮层、腹侧纹状体（尤其是伏隔核）、内侧前额叶皮质以及背侧尾状叶（dorsal caudate）等脑区都与奖励系统相关，可以用来预测个体对奖赏及预期结果反应的行为表现。

在消费者神经科学领域，越来越多的学者利用神经科学采集的数据，通过构建相应的模型，预测偏好、购买决策等消费者行为。Tusche等（2010）基于机器学习算法（machine learning algorithms），进一步区分不同脑区对认知加工过程的表征，用以预测消费者决策偏好的选择。Knutson等（2007）通过事件相关磁共振实验，研究了消费者进行购买时大脑的活动情况，发现通过逻辑回归法，可以利用上述脑区的激活与负激活情况构建消费者购买决策的预测模型，伏隔核的正激活与产品偏好呈正相关关系；内侧前额叶皮质的激活与价格差异呈正相关关系；而双侧脑岛的激活与决定购买的行为呈负相关关系。Genevsky等（2017）也通过fMRI实验，利用脑区激活强度等大脑活动信号成功预测了被试对于众筹项目的选择行为，他们发现前额叶皮层、伏隔核、脑岛和杏仁核等脑区与被试是否选择该众筹项目的行为直接相关，且预测效果优于自我报告数据。

除了fMRI，也有学者利用脑电图（EEG）等方法对消费者行为进行预测。Boksem等（2015）采集了被试观看电影预告片时的脑电信号，同时询问被试对预告片的偏好情况，结果显示，当观看的预告片受到观众喜爱时，其β和γ频段相较于不喜欢的预告片振幅更大，利用振幅数据构建的偏好预测模型的准确度和可信度都高于仅依赖口头报告构建的预测模型。Telpaz等（2007）则利用单电极点（Fz点）的N200成分以及θ频段的信号变化成功预测了被试对看到的物品的偏好程度。Venkatraman等（2015）着眼于电视广告宣传效果的预测，联合六种方法，包括传统的自我报告、内隐测量、眼动追踪、生物统计学、脑电图和功能性磁共振成像等测量被试观看广告后的反应，并测量他们对观看广告的偏好程度，结果显示，功能性磁共振扫描的腹侧纹状体是预测模型中最重要的预测因子，同时，相较于传统的依靠自我报告数据构建模型的方法，利用神经科学相关数据对行为进行预测，无论准确度还是可信度都有大幅提升。

以来自神经科学实验的大脑活动信号作为指标，对个体行为进行预测，已经有很多优秀的成果，同时，大脑活动信号对行为预测的准确性也在一些研究领域被证实优于自我报告等行为数据的预测结果。然而，已有的神经预测学领域的研究很多还是依赖fMRI实验的结果进行行为预测，在消费者行为学领域，采用事件相关电位实验发现的ERP成分进行购买行为预测的研究成果还不多，这也为本书的研究提供了一个契机。

2.3 短时情绪诱发与消费者购买行为

2.3.1 行为学层面研究情绪与购买行为

情绪作为一种复杂的心理现象，伴随在人类的一切行为活动中。新古典经济学基于“理性人”的假设，认为情绪是思维的杀手，不利于人们做出正确的决策。然而，随着人类学和社会学的发展，越来越多的行为实证研究发现，人的决策显著受到情绪的影响，情绪因素在人们的选择和决策中发挥着重要的作用。对于情绪的分类，目前没有一个统一的标准，研究人员通常使用情绪（emotion）、情感（affect）、心情（moods）等术语来展开研究。这些情绪状态在对个体影响的时间长度上存在一定差异。心情是人类相对持久的情感状态，通常持续几个小时到几天，心情的好坏有时没有具体清晰的原因；情感可以说囊括了人类可以被评估的所有的情绪状态，如高兴、悲伤、愤怒等状态；情绪可以采用效价（愉悦—不愉悦）和唤醒度（强烈—平静）两个维度评价发生在特定目标上的状态（舒良超，2009）。如果仅从情绪差异的角度来看，可以将情绪状态大致分为正面情绪、负面情绪和中性情绪三类（Izard，1992）。S-O-R 模型框架下的个体的情绪状态，通常受到特定的外部刺激影响，在营销情境中，这种基于营销策略的外部刺激消费者的影响持续的时间通常不像心情和情感那么长，很多时候是一种即时情绪，在较短时间内影响消费者的行为反应。因此，我们将本书涉及的情绪研究界定为可以评价的短时情绪。

市场营销中关于情绪的研究，更多的是基于“消费情绪”的概念。Hirschman 等（1982）认为消费情绪超越了传统营销研究的偏好和态度，它是一种激励的现象，包含了生理特性、情感表达和体验等要素。Westbrook 和 Oliver（1991）提出消费情绪是消费者在消费经历或产品使用中所引发的一系列特定的情绪反应。与心情相比，消费情绪具有潜在的动机及更大的情境性，在心理上也呈现更急迫的状态。随着研究的不断丰富和深入，学者们对于情绪在消费者决策中的普及性和重要性也有了更深刻的理解。Rucker 和 Petty（2006）以在校大学生为被试，考察了特定情绪对消费者选择和劝说行为的影响。实验通过向被试提供阅读材料来引发其愤怒情绪和悲伤情绪，然后让被试基于偏好，为展示宁静特点的度假广告和展示活力特点的度假广告打分。研究结果显示，被引发愤怒情绪的被试更偏好于具有活力特点的度假广告；而被引发悲伤情绪的被试更偏好于具有宁静特点的度假广告。这一研究表明，消费者的情绪状态（消极的或积极的）与营销组合的活动水平（被动结构或主动结构）之间存在配对效应，而消费者情绪的状态影响了其购买决策行为。在营销实践，尤其是广告设计中，营销人员也越来越多地利用各种情绪体验来影响消费者行为和决策。例如，汽车广告更多地放在动作片或激烈的体育赛事之后播放；药品广告通常被植入在一部温情的电视剧中，等等。

在有关情绪与消费者购买行为的研究中，正性情绪（如愉悦情绪、积极情绪等）对购买行为的影响也成为很多学者关注的研究问题。有些学者发现购物过程中产生的正性情绪能使消费者更为满意从而更愿意进行社会性互动行为（Wirtz et al.，2007；Sherman et al.，1997）。还有一些研究发现愉悦感会增加购物的花费（Babin & Darden，1995；Sherman et al.，1997；Menon & Kahn，2002）。Akram 等（2018）以中国网络消费者为研究对象，考察了网站质量、促销方式等因素对在线冲动性购买的影响。结果显示，网站质量、购买动机、积极情绪的调动对促使冲动购买行为的产生均具有正向调节作用。Petruzzellis 等（2018）研究了零售店铺播放经典音乐，与非主流音乐相比，能更有效地调动消费者的积极情绪，从而正向影响其购买行为。张曦等（2018）通过问卷调查和结构方程建模，发现消费者在线购买意愿受到购前愉悦情绪和唤醒情绪的正向调节，正性情绪对消费者在线购买意愿起到了重要的作用。姚琦和王佳丽（2016）则从内部购物环境中的员工制服颜色对消费者购买意愿影响的角度出发，发现制服颜色会使消费者产生积极或消极的情绪，而产生的积极情绪正向调节对其购买意愿的影响。李淼和赵平（2014）研究快时尚类的品牌商店对消费者冲动购买行为的影响，并收集分析受访者对商店形象和对自身购物情绪的测量数据，研究结果表明，在快时尚类品牌商店的情境下，商店的形象会影响消费者的情绪，愉悦情绪的产生与冲动性购买行为呈正相关关系。

总的来说，情绪贯穿了整个消费行为的过程，从搜寻和处理信息开始（Aaker & Williams，1998），到产品选择（Abendroth & Diehl，2006），再到购买后行为（耿黎辉，2008）等都与情绪息息相关。

2.3.2 神经科学层面研究情绪与购买行为

行为学层面对情绪与购买行为相关关系的研究受限于自我报告方法的局限性，而不能全面客观地揭示个体内在情绪状态的真实情况。借助于认知神经科学的相关工具，则可以帮助研究人员更为直观地获得个体认知层面和神经层面的数据。本小节将从认知神经科学，主要是功能性磁共振实验和事件相关脑电位实验的角度对情绪与购买行为的相关研究进行整理和归纳。

2.3.2.1 fMRI 研究

情绪因素在营销中无处不在，它对消费者行为产生影响，可以成为衡量营销组合策略的效果以及消费者福利的因素（Baogozzi，1999）。参与情绪加工的脑区很多，与神经营销学和消费者神经科学相关的主要区域有杏仁核、眶额叶皮质、脑岛以及前扣带回（Anterior Cingulated Cortex，ACC）等（苏淞和唐红红，2017）。其中，杏仁核会参与到情绪体验与商品之间建立联系的正性情绪和负性情绪的加工之中（Wicker et al.，2003；Phelps & Ledoux，2005）。Yokoyama 等（2014）利用 fMRI 实验探讨了社会风险感知对购买决策影响的神经机制。研究发现，被试对社会风险的感知激活了与情绪信息处理相关的前脑岛，而前脑岛的激活程度与被试自我评价风险高低的感知呈正相关关系，而前脑的激活也抑制了被试的购买意愿和购买行为，因此得出当感知到较高社会风险时，消费者尽量避免购买行为发生的结论。Hubert 等（2013）对不同冲动购买倾向的被试对产品包装感知的神经反应进行了测量，发现具有吸引力包装的产品有效激活了被试奖励信息处理的脑区，而无吸引力的产品包装也激活了与负性情绪信息处理相关的脑区，因此，提出产品包装可能诱发了消费者的情绪，从而对其冲动购买行为产生影响的论点。Hsu 和 Cheng（2018）两名学者则从性别差异的角度，讨论了口碑效应对消费者购买意愿影响在脑功能定位角度的神经机制。他们发现，被试对产品质量的感知、口碑效应带来的负性情绪相关的杏仁核脑区的激活，对被试购买意向产生了显著的影响。

2.3.2.2 ERP 研究

很多关于情绪的 ERP 研究发现，情绪性事件相较于中性事件，更容易被记住。Dolcos 等（2002）发现，相对于中性的图片，表征快乐或者不快乐的图片刺激，会在被试随后的回忆中具有更好的记忆效果。情绪效应在前额及顶区的唤醒度均很敏感。Bello 和 Hilimire（2014）采用情绪图片库中积极、消极和中性的图片作为启动刺激，通过脑电实验研究了当品牌和价格存在差异时，情绪诱发对购买决策的影响程度。他们发现无论品牌类型和价格如何，与积极和中性情绪的诱发相比，消极情绪诱发使得被试购买的产品较少，揭示了早期情绪诱发对购买决策行为的影响。Xie 等（2018）从产品评价中原产国形象的刻板印象出发，通过事件相关电位实验，记录了被试进行手表购买意愿实验的脑电信号。结果显示，具有刻板印象的手表组诱发了振幅更大的 P200 成分，作者认为 P200 成分的诱发与被试无意识的内隐情绪诱发相关。还有研究发现食品上的环境友好型生态标签可能唤起消费者的积极情绪（P2 成分诱发），减少对购买决策的认知冲突（N2 成分诱发），从而使得消费者产生更强的购买意愿（Jin et al.，2018）。Chen 等（2010）同样通过 ERP 实验，探讨了关于网络图书采购中逆向一致性选择冲突问题的神经机制，被试根据对某本图书正面或负面的评价数量决定是否购买该图书。结果显示，被试在持续正面的评价情况下购买该书的概率高于持续负面的评价情况，而 N500 成分的诱发从神经层面给出了解释。Pozharliev 等（2015）的一项 ERP 研究发现，在有同伴陪同购买奢侈品品牌的商品时，与非奢侈品品牌相比，诱发了 LPP 成分，这反映了情绪参与了购买过程，同时也反映了社会关系对购买行为的影响。Lin 等（2016）在一项检测和识别任务中利用气味输入等嗅觉刺激来测量 LPP 成分的幅值大小，从而理解相关的情绪处理过程。他们发现不仅情绪效价在认知过程中起作用，个体对气味敏感度的差异也会影响认知过程，得出自我抑制情绪对消费行为产生影响的结论。Shen 等（2018）考察了网购环境中，个人评分和综合评分对消费者购买行为影响的神经机制。结果显示，一星和五星评价比三星评价能诱发被试更大振幅的 LPP 成分，认为评价使得被试的情绪分类产生了变化，从而影响了其后续行为。Zhao 等（2015）的研究也在产品服务系统决策过程中发现了 LPP 成分的诱发，揭示 LPP 可能是衡量消费者对服务评价的一个情感指标，可以用来测量积极情绪。

情绪对消费者及其态度、行为的影响已经成为消费者神经科学和神经营销学中日益增长的一个研究分支。很多相关研究证实，情绪在消费者行为中扮演着重要的角色，是研究人员越来越关注的研究重点。相比于传统的情绪测量量表，利用认知神经科学工具对情绪进行研究，能更全面、更直观地揭示个体行为中的大脑认知活动过程，为打开“购买者黑箱”以及更深入地了解消费者心理提供神经科学的相关证据。

2.4 情绪启动范式与竞争中的输赢效应

2.4.1 情绪启动范式研究

从心理认知层面来看，情绪是一种快速变化的心理和生理现象，它反映了人们对不断变化的环境和情境的适应情况（罗跃嘉等，2006）。关于任务诱导情感、整体情感和预期情感的研究已经取得了很大的进展（Nowlis，2005；Luce，1998；Shiv，2004）。目前存在的评价情绪的标准主要包含两类：基本情绪论和维度情绪论。基本情绪论认为情绪具有原型形式，数种泛人类的基本情绪类型存在于个体之中，而每种类型的情绪均有其独特的体验特性、生理唤醒度和外显模式；维度情绪论则从效价和唤醒度等两个维度来研究情绪。关于情绪的研究主要从三个方面展开：情绪的效价（负性情绪—正性情绪）、情绪唤醒度（弱—强）以及情绪启动的方式（罗跃嘉和吴建辉，2005）。神经影像学的研究进一步发现了情绪的不同属性，将正性情绪和负性情绪进行分离，两类情绪具有各自特定的大脑加工系统（Grodd et al.，1995；Schneider et al.，1997）。综观已有的关于情绪启动范式的研究，主要包括通过情绪性材料诱发以及情绪相关情境诱发等两个方面（郑璞等，2012）。

通过情绪性材料来诱发被试的情绪，主要包括图片、声音、气味等几类，其中，利用情绪图片库和情绪性文字来诱发情绪，是现在情绪研究领域最为常见的启动方式（Sweeny et al.，2009；Axelrod et al.，2015；Zhang et al.，2015；Chanes et al.，2018）。很多研究采用国际情绪图片库（International Affective Picture System，IAPS）中的情绪图片来诱发被试的情绪。IAPS 中包含不同效价（愉悦—不愉悦）及不同唤醒度（强—弱）两个维度的情绪图片，所有图片都采用 9 分量表对两个维度的表征进行评分（Olofsson et al.，2008；Lang et al.，1999）。我国学者罗跃嘉等（2006）也在 IAPS 的基础上，结合中国国情，编制了中国情感图片系统（Chinese Affective Picture System，CAPS）及中国人情感面孔图片系统（Chinese Affective Face Picture System，CAFPS），同时，还编制了中国情感数码声音系统（Chinese Affective Digital Sound System，CADS）和汉语情感词汇系统（Chinese Affective Words System，CAWS）。利用功能性磁共振扫描被试观看正性和负性情绪图片时的大脑活动情况，发现情绪图片激活了双侧额叶、前扣带回、杏仁核、前额叶以及小脑；正性情绪图片的脑激活区主要集中在左半球，负性情绪图片激活的区域则主要分布在右半球（Huang & Luo，2004）。Lifshitz 等（1966）利用事件相关电位实验发现，无论是愉悦图片还是不愉悦图片，与中性图片相比，在刺激呈现后 350~450 毫秒，均会诱发一个正向的波幅。Schupp 等（2000）也指出，当被试观看愉悦图片和不愉悦图片时，诱发的晚期正成分（Late Positive Potentials，LPP）比中性图片诱发的振幅更大。此外，LPP 也表征较高的情绪唤醒程度（Cuthbert et al.，2000）。当用人脸表情作为图片刺激呈现时（快乐的或愤怒的），早期的脑电成分诸如 N170 和 P1 会被诱发（Dieguez-Risco et al.，2015；Lin et al.，2015；Moulson et al.，2009）。同时，还有一些研究发现情绪人脸图片也会诱发晚期正成分（Late Positive Components，LPC），如 P300 成分和 LPP 成分（Choi，2014；Flaisch et al.，2008；Morita et al.，2001；Van Strien et al.，2010；Zhang et al.，2012）。此外，早期的 P2 成分也被发现与愉悦情绪的唤醒相关（Amrhein et al.，2004；Carretié et al.，2001a，2001b；Olofsson & Polich，2007；Olofsson et al.，2008）。

还有一些研究者利用声音（包括音乐、录音、非言语音节等）及气味等材料来刺激被试的听觉和嗅觉系统，从而使他们产生愉悦或不快的情绪。Menon 和 Levitin（2005）利用愉快的音乐成功激活了被试与奖赏信息处理相关的脑区，例如脑岛、伏隔核、下丘脑等，从而诱发了被试愉悦的正性情绪。Chapin 等（2010）的研究也发现与情绪直接相关的边缘系统以及旁缘结构在被试欣赏音乐时也得到了激活。Bensafi 等（2002）则利用气味材料，促使被试心跳、皮电反应等生理参数产生变化，而这些变化也被证实与个体情绪变化存在直接关系。Herz 等（2004）以及 Mennella 等（2005）的研究也从多种研究视角证实特殊气味与被试闻到该气味时所处的情绪情境存在联结，之后再次使用该气味作为刺激时，会诱发被试与之前相同的情绪体验。

通过情绪情境来诱发情绪主要包括博弈、回忆/想象情境等方面。博弈常涉及公平、信任、背叛、利己、利他等社会行为，因此，研究人员通常利用操纵博弈对象的行为来启动被试的情绪（郑璞等，2012；刘志远，2018；舒良超，2009）。在消费者行为研究领域，很多研究者采用创建情境的方法来诱发被试的内在情绪，被试在完成任务的过程中常被要求通过回忆或想象来产生某种特定的情绪状态（Kross et al.，2009；Wright & Mischel，1982）。

此外，还有学者利用线上虚拟游戏作为情绪启动的材料。Merkx 等（2007）在被试进行一款射击游戏时监测其电生理信号，发现这一游戏诱发了被试多种效价和唤醒度状态的情绪，并指出，在游戏中被试的注意力更加集中，而更能产生一种相对自然的情绪状态。

2.4.2 竞争中的输赢效应

现代社会中，两个或多个有机体之间的竞争无处不在，大到国家之间的政治和经济博弈，小到同学、同事之间的比拼，竞争随处可见。“胜利”“失败”“赢”“输”通常伴随着每一场竞争的结束而出现。同时，竞争的结果可能对个体诸多方面产生或多或少的影响，包括注意力（Sun et al.，2015）、感知力（Yu et al.，2017）、自信心（Hsu & Wolf，2001）、控制力（Burger，1989）以及情绪（Aviezer et al.，2012，2015）。这将进一步导致个体随后一系列的行为改变，例如参赛热情等（Rutte et al.，2006）。

本书的研究目的之一是考察基于用户参与的互动式营销策略中的输赢效应对个体购买行为的影响。这一策略主要依靠双人轻度对战游戏吸引用户，轻度对战，其实也是一种人与人的竞争形式。一般来说，大多数个体喜欢“赢”，而厌恶“输”。心理学和认知科学的研究成果指出，人们心理上通常将“赢”视作一种奖励，而将“输”视作惩罚，故此，可以用来解释人们偏好“赢”的现象（Salamone et al.，2007；Robbins & Everitt，2007；Tomer et al.，2014）。此外，Tomer 等（2014）还提到，人类总是在“渴望快乐”和“规避惩罚”中寻求平衡并据此采取行动。对于人类有关输赢、胜负感等的认知过程及作用的研究主要集中在赌博情境和体育竞技比赛情境下。很多学者指出，竞争中的输赢会在很多方面影响人类的社会性行为（Sacré et al.，2016；Dugatkin & Reeve，2014；Smith et al.，2009；Doron & Graudreau，2014；Xu & Harvey，2014；Zysberg & Kimihi，2013；Elliot & Covington，2001）。

神经科学研究发现，输赢结果在前脑岛的激活情况存在显著的差异，而当赢的结果呈现后大约 500 毫秒，伽马带区（gamma-band）会有显著的激活发生（Sacré et al.，2016）。Yeung 等（2004）利用一个简单的赌博游戏，检验了 P300 成分和负性反馈成分（Feedback Related Negativity，FRN）的性质，发现这些成分与金钱的损益得失相关。P300 成分还被认为与奖励价值相关，同时，情绪双因素理论解释了人类情绪唤醒的过程（Schachter & Singer，1962；Burns & Corpus，2004），认为体育比赛中的连胜、连负等结果具有调节人类情绪状态或选择行为的潜力（Attali，2013；Ayton & Fischer，2004）。还有一些学者认为，赌博情境下以及体育竞技比赛情境下的输赢结果对个体心理层面的影响可能也是由于情绪的变化所导致（Tomer et al.，2014；Lole et al.，2013；Kamei et al.，2017；Sacré et al.，2016；Doron & Graudreau，2014）。

正是由于竞争对人的心理和行为都构成一定的影响，消费者行为学的一些研究也将关注点放在竞争结果对消费心理及决策过程的影响上来（Dalton，2008；Sivanathan & Pettit，2010）。Dalton（2008）的研究发现，在IQ测试中得到低分和负面评价的被试更倾向于"自我表现"（self-expression）的消费者行为，比如选择更加昂贵的产品或店铺。Sivanathan和Pettit（2010）的研究也发现负面的测试反馈结果会使得消费者购买价格更高的限量版摄影作品。因此，从马斯洛的需求层次理论出发，消费者的失败经验使得他们更加需要提高自尊心，继而在消费行为上通过补偿性消费来实现这一目的（Yu et al.，2018）。Yu等（2018）利用停表任务，从产品偏好的角度，发现胜、负使得被试对产品的偏好感知产生了差异。

目前关于竞争中的输赢效应与消费者购买行为之间关系的研究虽然有一些成果，但还不是很多，其原因可能在于传统线下的购买情境使得营销人员很难将这一因素与营销策略进行有效结合，而随着互联网技术的不断发展，依托于网络的购买平台可以实现基于用户参与的各类互动式营销策略的实施，因此，考察竞争中输赢效应在消费者行为领域的应用和作用可能会成为未来的一个研究思路。竞争中的输赢效应可能会使个体产生情绪的变化。而前文提到，有学者利用电脑游戏作为情绪启动的范式，因此，基于本书的研究内容，利用用户双人轻度对战游戏的互动式营销策略中的输赢效应诱发个体的短时情绪的设想获得了一定的理论和研究支撑。

2.5 本章小结

总的来说，在消费者S-O-R模型框架下对消费者购买行为进行的研究很多都强调了情绪在其中的重要作用，而大多数研究采用的是各种心理学和情绪量表等问卷调查的形式来考察个体心理层面的情绪状态，这种方法在一定程度上可以反映受访者的心理状态，但由于人们有时不容易或者不能够完全真实地表达自己的所思所想，因此通过自我报告获得的情绪状态相关的数据可能存在一定的偏差和疏漏，使得对于消费者内在认知过程和机制的研究存在局限性。认知神经科学的相关工具和方法，则可以从加工认知的时间维度和脑功能定位的空间维度两个方面，较为全面、客观、真实地记录个体认知过程中大脑的活动情况，结合已有的情绪以及消费者神经科学研究的相关成果，可以更有效地揭示个体购买行为过程中的内在神经机制，从而更客观地对研究问题进行考察和讨论。同时，对于竞争中输赢效应与购买行为关系研究，已有的成果还不是很多，基于本书的研究内容和研究目的，我们将在 S-O-R 模型的框架下，以互动式营销策略中的输赢效应作为外部刺激，在情绪理论和消费者神经科学理论的指导下，开展认知神经科学层面的研究。

本章作为全书的文献综述部分，从以下几个方面对与本书相关的理论和文献进行概括和评述。首先，以消费者 S-O-R 模型为理论依托，梳理了消费者行为学，特别是购买行为中以此框架展开研究的相关文献；其次，以情绪理论为背景，整理了短时情绪对消费者购买行为影响的相关研究，并结合本书的研究内容，梳理了情绪启动范式及竞争中输赢效应的相关研究；最后，厘清了认知神经科学融入消费者行为学与行为预测学的相关理论，并对已有研究成果进行归纳总结和评述。通过对已有文献的阅读总结，为第 3 章理论框架及研究设计以及后续具体的研究构思奠定了理论基础。

3 理论框架与研究设计

本章主要讨论本书的理论框架与研究假设，包括三个部分的内容：第一部分提出本书的理论框架（3.1 节）；第二部分具体阐释三个子研究的研究问题和研究假设及本书的整体架构（3.2~3.5 节）；第三部分是本章小结（3.6 节）。

3.1 研究的理论框架

根据消费者购买决策行为的 S-O-R 模型，外界刺激会造成消费者内部心理活动的变化，进而影响购买行为。现有的研究中，很多是根据行为表现来判断营销策略是否有效及可行。本书借助神经科学实验的相关技术和方法，探究刺激对个体影响的内在神经机理，期望打开心理活动的“黑箱”，对后续的行为做出神经层面的解释，并期望利用相关神经科学指标，对购买行为进行科学有效的预测。本书旨在考察基于用户参与的互动式营销策略对个体购买行为影响的神经及预测机制，将主要研究问题分割为三项子研究。三项子研究均由一至两项神经科学实验组成，研究三还在神经科学实验结论的基础上，选取有效的预测指标，对个体购买行为进行预测。

根据第 2 章对相关文献的梳理，我们知道情绪与人类的各项决策息息相关，从营销实践的角度来看，企业和营销人员通常利用各类广告和营销活动来刺激消费者，以期获得更多的购买率。首先，淘宝网内嵌的淘金币体系推出的基于双人轻度对战游戏的互动式营销策略，相比于传统的广告、折扣等营销手段，是一种较为新颖的策略方式，这种策略是否有效，是否影响用户的购买行为，是本书行为层面考察的主要问题；其次，从认知神经科学层面来说，在S-O-R模型的理论框架下，这种策略作为外部刺激，同时作为一种启动范式，对个体内在心理状态影响的内在机理如何，刺激带来的个体心理活动的变化是否来自短时情绪的诱发是本书首要研究的个体认知层面的问题。此外，为了符合认知神经科学实验的要求，本书将购买行为具体分割为“购买意愿”和“购买决策”两个阶段，分别从价格感知和产品偏好的角度出发，通过不同的神经科学实验设计具体考察其行为模式和内在神经机理，并根据三项子研究的研究结论，寻找有效的脑电成分指标，探讨是否能利用相关脑电指标科学有效地预测个体的购买行为。

综上所述，提出本书的理论框架，如图3.1所示。为了更有效地实现研究目的，我们选取基于双人轻度对战游戏的互动式营销策略中带来的输赢结果作为外部刺激（stimulus），为了强化这种刺激效果，我们采用连胜和连败两种结果作为刺激条件，并假设连胜和连败的结果对个体心理活动（organism）的影响来自短时情绪的变化，根据输赢效应的相关研究成果，假设连胜诱发正性情绪，连败诱发负性情绪。这两个维度的情绪变化使得个体在购买行为中产生不同的反应（response），即影响其购买意愿和购买决策，连胜结果使得个体购买意愿增强，选择购买更多的产品；而连败使得个体购买意愿减弱，选择购买更少的产品。同时，心理活动阶段诱发的脑电成分，可以作为反应阶段行为的预测指标。

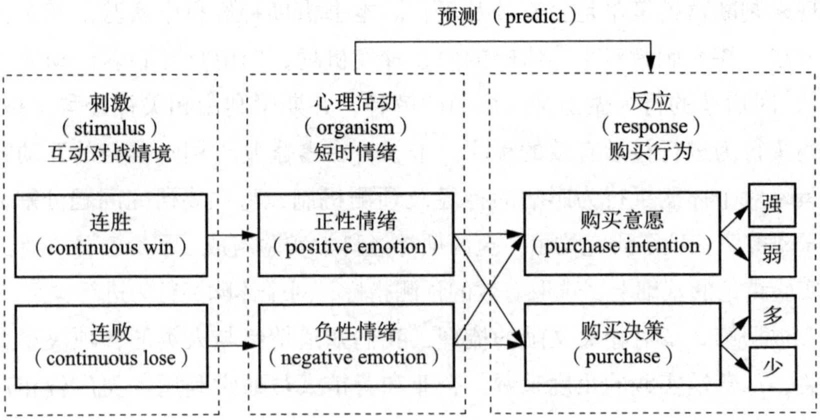

图3.1　本书的理论框架

此外，神经科学的研究方法要求实验任务尽量简单，各个研究因素需要尽可能地分离开来（孟亮，2016），如果将本书研究的个体购买行为过程看作一个整体进行实验设计，会显得比较复杂，不容易将不同阶段的心理活动过程分离开来。因此，本书通过实验任务设计将购买行为过程中购买意愿和购买决策两个行为阶段分割开来分别进行研究，同时，也将价格感知和产品偏好两大影响个体购买行为的因素分别与购买意愿和购买决策的任务进行匹配，使得研究结果更加清晰，也更加符合认知神经科学实验的基本要求。研究一和研究二将通过事件相关电位实验和功能性磁共振成像实验，首先考察互动式营销策略中的输赢效应是否可以成功诱发被试的短时情绪，然后从个体价格感知的角度出发，研究短时情绪诱发对个体购买意愿影响的内在神经机制，两项子研究分别从时间加工认知维度和脑功能定位维度对研究结论进行相互验证，确定研究范式的科学性和稳定性，为接下来的研究奠定基础。研究三则在前两项子研究的基础上，从产品偏好的角度出发，考察互动式营销策略作为启动诱发的短时情绪对个体购买决策过程影响的内在神经机制及预测机制。3.2~3.4 节将具体介绍三项子研究的研究构思与实验设计。

3.2 研究一的构思与设计

研究一将主要由一项事件相关电位实验，辅以一项行为学实验构成。

3.2.1 设计理由及研究目标

研究一是本书的核心内容之一。本书选择的切入点是网购平台推出的互动式营销策略对个体购买行为的影响，从根本上说，这是一项源于竞争输赢效应对个体行为模式的影响的研究。研究一的研究目的主要有两个方面，首先，从神经科学层面，通过事件相关电位实验，判断互动式营销策略作为外部刺激是否会诱发个体的短时情绪，使得个体心理活动发生变化；其次，从价格感知的角度出发，具体考察短时情绪的诱发对个体购买意愿的影响及其神经机制。

3.2.2 研究方法选择

由于本书期望探究个体接收营销刺激信息后，大脑活动层面的所思所想，因此，本书主要采用认知神经科学中的事件相关电位实验开展研究。在被试进行实验时，同步记录其在实验过程中的全部脑电信号及行为数据。ERP 设备具有非常高的时间精度，可以准确将个体在实验任务执行过程中每个阶段的大脑认知加工活动区分开来，能帮助实现研究一的研究目的。事件相关电位技术在应用上无损伤、易操作的特点也满足本书安全、可操作性强的要求（Luck，2005）。同时，为了符合认知神经科学对实验设计的要求，在本书的实验研究阶段，我们将统一采用不涉及金钱得失的“猜拳”（剪刀/石头/布）游戏来代表互动式营销策略中的双人轻度对战游戏，原因在于猜拳游戏规则简单，被大众熟悉，符合双人轻度对战的特点，同时剔除了金钱效应可能对个体造成的其他复杂的心理影响，使得对该策略的讨论更加有针对性。

3.2.3 研究一的主要内容

基于以上论述，研究一主要包含一项事件相关电位实验和一项行为学实验。根据研究一的研究目的和选用的研究方法的特征，这一阶段的实验拟采用“加入购物车”的任务来表征“购买意愿”。同时，从价格感知的角度具体开展研究，研究内容主要包括以下两个部分：

（1）以双人轻度对战游戏为主的互动式营销策略作为外部刺激，是否可以作为短时情绪启动的范式，诱发被试的短时情绪，从而实现对被试内在心理状态影响的目的，是否能从神经科学的角度获得科学的证据。

（2）在验证第一个研究内容的基础上，将相同的产品分配两种价格（高价和低价），具体从价格因素的角度考察短时情绪诱发对被试价格感知的影响，并进一步考察这种影响是否会影响其后续的购买意愿，同时考察这一认知过程的内在神经机制。

3.3 研究二的构思与设计

研究二将通过一项功能性磁共振实验，进一步验证研究一的结论，为后续研究奠定基础。

3.3.1 设计理由及研究目标

人们普遍喜欢“赢”，而厌恶“输”。个体基于胜败而做出的行为选择大多遵循“渴望奖励，规避惩罚”并尽量使得二者平衡的原则（Tomer et al.，2014）。在竞争中胜负感的心理科学和神经科学研究中，大多从奖励系统来解释胜败对个体行为的影响机制，认为胜利对个人来说是一种奖励，失败对个人来说是一种惩罚（Robbins & Everitt，2007；Salamone et al.，2007；Tomer et al.，2014）。研究一从认知时间加工的维度探讨了互动式营销策略对个体购买意愿的影响及其内在神经机制，并提出互动式营销策略作为外部刺激，可能诱发了被试的短时情绪，从而改变了心理活动及后续的购买意愿。然而，来自事件相关电位实验的神经科学证据，从认知加工时间的维度进行分析，可能存在多种不同的解释，如果能从脑功能定位的维度，获得与研究一同样的结论，证实互动式营销策略会使得被试与情绪相关的脑区得到激活，就能使得研究基础更加夯实，研究结论也更具科学性和说服力。因此，研究二将在研究一的基础上，从脑功能定位的角度，通过实验范式与研究一一致的功能性磁共振实验，对研究一的结论进行验证。

3.3.2 研究方法选择

根据研究二的研究目的，我们选择功能性磁共振实验来开展研究，并招募不同的被试完成实验。被试在完成实验任务的时候同步记录其脑区激活信号和行为数据。fMRI 设备具有较高的空间精度，能准确定位个体在实验任务执行过程中激活的大脑区域，能有效帮助我们实现研究二的研究目的。

3.3.3 研究二的主要内容

根据研究二的研究目的，研究二的主要内容包括以下两个方面：

（1）从行为层面看，检验研究二是否能获得与研究一行为结论一致的研究结果。如果可以，证明该实验范式是稳定的、可行的。

（2）从脑功能定位的角度出发，主要考察互动式营销策略作为外部刺激，是否会使得个体情绪相关的脑区得到激活，脑区激活的情况是否能与研究一发现的脑电成分相对应。此外，探讨个体完成购买意愿任务的认知过程的神经机制，并判断这一阶段激活的脑区是否与研究一中的脑电指标对行为结果的解释一致、是否能验证研究一的结论等。

3.4 研究三的构思与设计

研究三将通过两项事件相关电位实验，从产品偏好的角度出发，具体讨论短时情绪诱发对购买决策行为过程的影响，同时，期望利用相关脑电成分对个体购买行为进行科学、有效的预测。

3.4.1 设计理由及研究目标

研究三将在研究一及研究二的基础上，进一步探查互动式营销策略对个体实际购买决策的影响机制及决策的神经过程，同时，寻找可用于购买行为预测的有效脑电成分。

3.4.2 研究方法选择

在前两项研究的基础上，研究三继续采用事件相关电位实验来进行研究，在被试进行实验时，同步记录其在实验全过程中的脑电信号及行为数据。同时，参考已有的应用神经科学预测消费者行为的研究，主要采用数学统计中的逻辑回归法来预测个体的购买行为。

3.4.3 研究三的主要内容

这一阶段的实验将参考 Knutson 等（2007）经典的购买决策范式（SHOP task），并根据研究三的研究目的，对该范式进行重新设计。从产品偏好的角度，在前两项研究的基础上，考察互动式营销策略诱发的短时情绪对被试购买决策影响的神经及预测机制。具体来说，研究三将分别从无互动式营销策略刺激和引入互动式营销策略刺激两个方面进行被试内的实验，以此来更深入地探讨互动式营销策略的有效性。基于此，研究三的主要内容从以下几个方面展开：

（1）个体行为层面，考察有刺激启动和没有刺激启动两种范式下被试选择购买商品在数量上的差异，通过行为数据考察互动式营销策略的有效性。

（2）神经科学层面，分别考察两种情境下购买决策的神经认知过程，着重探讨互动式营销策略诱发的短时情绪对个体购买决策影响的内在机理，并与研究一神经层面的结论进行对比。同时，比较不同情境下，个体购买决策中认知过程的异同。

（3）利用神经科学实验获取的数据发现有效的具有认知意义的脑电成分，结合行为数据结果，探讨脑电成分作为购买决策行为预测指标的可行性和科学性。

3.5 本书的整体架构

本书是在消费者行为 S-O-R 模型的理论框架下，结合情绪理论的相关内容，讨论互动式营销策略诱发的短时情绪对个体购买行为影响的神经及预测机制。应用功能性磁共振及事件相关电位技术，从大脑水平开展研究，构建围绕主要研究问题和研究内容的三项子研究。这三项子研究之间的逻辑关系详见图 3.2。

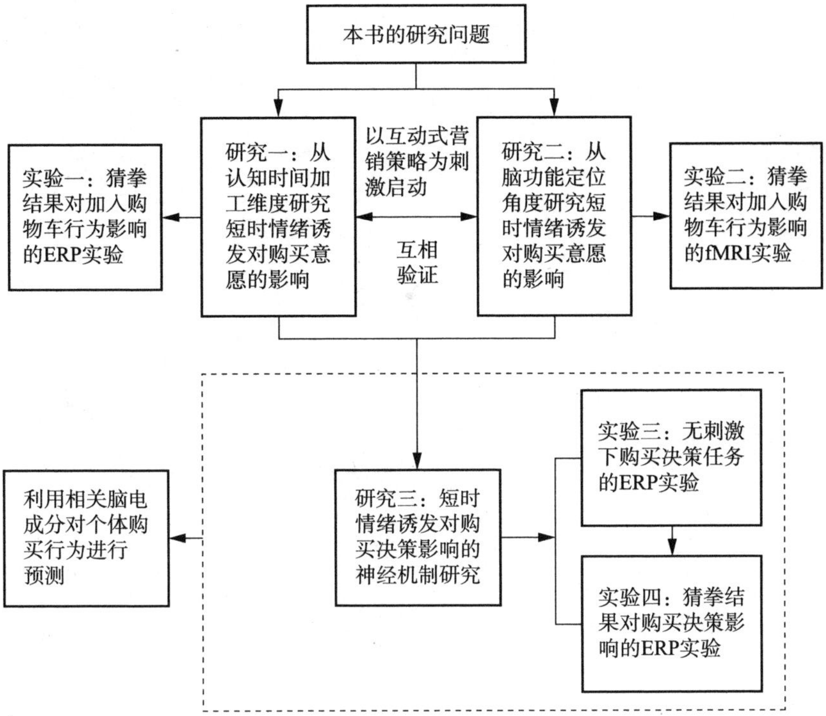

图 3.2 本书的整体架构

3.6 本章小结

本章作为承上启下的章节，在第1章绪论提出主要研究问题以及第2章对相关文献阐述的基础上，提出本书的理论框架，并构建本书的整体研究框架，将本书具体分为三项子研究，厘清三项子研究间的内在逻辑关系。此外，本章根据整体研究目的、研究问题和研究方法的特点，提出三项子研究的研究构思，包括各自的研究目的、研究方法和主要的研究内容。本章的内容使得研究整体上从理论层面进入实证操作层面。

研究一：互动式营销策略诱发短时情绪对个体购买意愿的影响：来自ERP实验的证据①

4

4.1 研究目的

研究一作为本书的第一个子研究，其主要目的是在 S-O-R 模型的理论框架下，首先考察以用户间双人轻度对战游戏的互动式营销策略作为外部刺激，使个体感知的输赢效应是否会诱发个体的短时情绪，同时，考察这种短时情绪变化对购买意愿影响的内在神经机制。由于本书期望在个体认知层面对研究问题进行分析和解释，因此，研究一将首先采用事件相关电位实验的方法开展研究，获得时间认知加工维度的证据，通过有效的 ERP 成分解释购买行为中个体的认知过程。

为了更有效地检验互动式营销策略中的输赢效应对个体心理层面的影响机制，同时遵循事件相关电位实验任务尽量简单的原则，本书将采用“双人猜拳”（剪刀/石头/布）游戏作为互动式营销策略中输赢效应的表征，选择猜拳游戏的原因在于游戏规则简单、被大众熟悉、被试在实验过程中不容易产生误解。同时，猜拳结果只涉及游戏本身的输、赢和平局，不涉及任何金钱或物质损益。在考察输赢效应诱发的短时情绪对个体购买意愿影响的过程中，我们引入价格因素，具体比较输赢两种条件下，被试对产品价格感知的差异，从而对互动式营销策略的有效性进行分析和讨

① 本章的研究内容已于 2018 年发表于《神经科学前沿》（*Frontiers in Neuroscience*）。MA Q G，ZHANG L N Z，WANG M L. “You Win，You Buy” – How Continuous Win Effect Influence Consumers' Price Perception：An ERP Study［J］. Frontiers in Neuroscience，2018（12）：691.

论。另外，本书将采用“加入购物车”的任务来具体考察被试购买意愿的高低。基于此，研究一的研究目的可以具体分为以下几点：

研究目的一：通过时间认知加工的维度获得的神经科学证据，考察作为外部刺激的互动式营销策略中的输赢效应是否能有效诱发被试的短时情绪。根据现有的关于个体对竞争所产生的“输”“赢”结果的心理感知研究可以知道，人们通常的行为选择是遵循“渴望奖励，规避惩罚”的心理预期（Tomer，2014）。大多数人都喜欢“赢”，而厌恶“输”。有学者认为，这种“输”“赢”带来的心理变化可能是由于情绪的变化所致（Aviezer et al.，2012，2015），已有的研究更多地采用行为实验或是心理学量表来探讨这一问题。本书将从个体认知神经科学层面，判断输赢结果对个体心理活动影响的原因是否源自情绪的变化，并从 ERP 实验中获得相关证据。

研究目的二：在确定输赢效应与短时情绪诱发的关系之后，具体从价格感知的角度，考察外部刺激对个体购买意愿影响的神经机制。价格是营销组合中的重要组成部分，同时在消费者购买行为中扮演着举足轻重的角色。购买行为常取决于消费者对商品价格的预期以及实际价格违背这种预期的程度（Schaefer et al.，2016）。除了特别偏好的，消费者常常拒绝购买那些价格过高的产品（Knutson et al.，2007）。当他们付出更高的价格购买一件产品时，他们会认为这件产品一定具有更好的质量，即价格决定价值（Gerstner，1985）。具体来说，本书将为同一产品匹配高价和低价两组价格，以此考察不同条件下被试的价格感知差异，并探讨这一差异对购买意愿影响的神经机制。

研究目的三：为本书中后两项研究打好研究范式设计的基础。本书涉及的三项研究都将采用神经科学的研究方法，因此，实验范式是否合理，实验任务是否恰当，实验时长是否适合等因素都将对后两项研究造成影响。认知神经科学实验要求每个实验条件下需要至少完成 30 轮的实验试次，其目的是通过多次叠加实现降噪，以确保数据质量良好（Luck，2005）。因此，设计出符合认知神经科学研究要求的实验任务，是本书的重要目的之一，同时，也能更有效地探索消费者购买行为受互动对战情境影响的过程和机制。

根据以上研究目的，本书将采用一个 2（猜拳结果：连胜 vs. 连败）×2（价格信息：高价 vs. 低价）的范式开展实验，具体过程详见 4.3

节阐述。

4.2 研究假设

本书的研究目的在于考察基于用户参与的互动式营销策略对个体购买意愿影响的神经机制。这一研究目的是建立在消费者 S-O-R 模型及情绪理论的基础之上，在理论背景的指导下，首先提出本书的总体假设：

H1：在 S-O-R 模型的理论框架下，互动式营销策略作为外部刺激，其中的输赢效应会对个体心理活动产生影响，这种影响源于短时情绪的诱发，继而使得个体对产品价格的感知形成差异，从而影响其购买意愿。

本书主要采用认知神经科学领域的一项主流技术——事件相关电位技术来记录被试在实验过程中的脑电数据。同时，通过软件记录被试的行为数据。总体来说，本书的研究假设主要分为行为层面和神经层面。

4.2.1 行为层面的假设

文献综述部分提到，人们的行为模式会受到竞争中“输”“赢”结果的影响，为了使被试对输赢结果的感知更强烈，我们将以两次猜拳结果作为实验刺激，即每轮实验试次开始，先进行两轮猜拳游戏，再进行“加入购物车”的任务选择，因此，实验刺激条件为“连胜”或“连败”。同时，我们为同一件产品（移动硬盘）匹配两类价格（高价 vs. 低价）。为了控制“产品偏好”这一因素可能对被试产生的影响，我们选择外观、颜色、性能等产品属性都无明显差异的移动硬盘作为实验材料，并在正式实验结束后，要求被试继续完成一项行为实验，对呈现的所有产品进行 5 分量表的偏好评价，目的是进一步确定“产品偏好”因素被有效控制。基于此，我们得到以下行为层面的假设：

首先，Knutson 等（2007）指出，除了特别偏好的，消费者常常会拒绝购买那些价格过高的产品。而 Gerstner（1985）也认为，当消费者付出更高的价格购买一件产品时，他们通常会认为这件产品一定具有更好的质量，即价格决定价值。在本书的设计中，向被试所呈现的产品在属性上没有显著差别，因此，根据以上两条基本规律，提出行为层面的第一个假设：

H1-1：同一种实验条件下（连胜或连败），被试将低价产品加入购物车的数量高于高价产品。

竞争中的输赢会在很多方面影响人类的社会性行为（Sacré，2016；Dugatkin，2014；Smith，2009；Doron，2014；Xu，2014；Zysberg，2013；Elliot，2001）。考虑到大多数个体偏好"赢"，而厌恶"输"（Salamone，2007；Robbins，2007），在输赢效应可以作为短时情绪启动刺激的假设前提下，我们认为赢会让人更加愉悦。同时，从情绪与消费者购买行为的相关研究来看，不同效价和唤醒度的情绪会从不同程度上影响消费者行为。因此，我们提出行为层面的第二个假设：

H1-2：不同实验条件下，连胜与连败相比，被试加入购物车的产品数量多，购买意愿强；反之则反是。

此外，由于我们控制了产品属性差异可能会对被试产品偏好影响的因素，因此，提出行为层面的第三个假设：

H1-3：在没有输赢结果的启动下，被试对产品的偏好评价没有显著差异。

4.2.2 神经层面的假设

本书在被试完成实验任务的同时通过设备完整记录其实验全过程的大脑活动的电生理信号，我们将从互动式对战游戏结果呈现及带有价格信息的产品图片呈现等两个阶段分别考察被试的认知过程。因此，我们将分别从两个加工阶段的角度提出神经层面的假设。

（1）互动式营销策略中输赢效应加工阶段。

在这一阶段，我们主要利用大脑活动信号考察本书的第一个研究问题，即个体对互动式营销策略中输赢效应的认知过程。神经科学的研究发现，竞争中的输赢效应会诱发与奖励价值相关的P300成分，而P300成分通常在刺激呈现后300毫秒左右达到峰值（Yeung et al.，2004；Burns，2004）。同时，有学者指出竞赛中的连胜、连败等结果能够有效调节参赛者的情绪状态（Attali，2013；Ayton，2004），赢的结果呈现后500毫秒左右，会显著激活伽马带区（Sacré，2016）。基于以上文献的论述，输赢效应可能会诱发奖励信息处理相关的脑电成分，也可能会诱发情绪处理相关的脑电成分，而这些成分峰值出现的潜伏期相对较长，通常被称为晚期成分。因此，提出神经层面的第一个假设：

H1-4：对于输赢效应的认知过程，会诱发与奖励和情绪处理相关的晚期 ERP 成分，且不同实验条件下，诱发成分的幅值存在显著差异，且赢会诱发更为正性的情绪指标。

本书为了增强被试对输赢效应的感知，将实验条件设定为连续两轮猜拳的结果（连胜或连败），而这种设定是否合理，需要结合神经科学证据进行验证。单胜与连胜（或单败与连败）属于同一种情绪状态，情绪效价一致，其差别在于唤醒的强度不同，因此，提出神经层面的第二个假设：

H1-5：两轮猜拳的结果与一轮猜拳结果相比，诱发的脑电成分幅值存在显著差异，且连胜（或连败）与单胜（或单败）相比，幅值更高，唤醒度更强。

（2）产品—价格信息加工阶段。

在输赢结果加工阶段，我们提出情绪相关 ERP 成分被诱发的假设，而由于情绪会影响人们的行为，因此，在产品—价格信息加工阶段，我们提出神经层面的第三个假设：

H1-6：产品—价格信息加工阶段，由于输赢效应的刺激，会继续诱发情绪相关的 ERP 成分，且不同实验条件下，产品诱发的 ERP 成分幅值存在显著差异，且连胜条件与连败条件相比，会诱发更为正性的情绪指标。

另外，不同的价格条件可能会对被试购买意愿产生不同的影响，同时，考虑到对于同质性产品而言，人们更加偏好价格较低的产品，因此，我们继续提出神经层面的第四个假设：

H1-7：同等实验条件下（连胜或连败），不同价格类别（高价 vs. 低价）的产品诱发的 ERP 成分在幅值上存在显著差异，且低价产品会诱发更为正性的情绪指标。

4.2.3 对研究一假设的总结

本节通过列表的形式对研究一行为层面及神经层面的假设进行总结，详见表 4.1。

表 4.1 对于研究一假设的总结

假设对象	假设内容
总体假设	H1：在 S-O-R 模型的理论框架下，互动式营销策略作为外部刺激，其中的输赢效应会对个体心理活动产生影响，这种影响源于短时情绪的诱发，继而使得个体对产品价格的感知形成差异，从而影响其购买意愿
行为层面	H1-1：同一种实验条件下（连胜或连败），被试将低价产品加入购物车的数量高于高价产品。 H1-2：不同实验条件下，连胜与连败相比，被试加入购物车的产品数量多，购买意愿强；反之则反是。 H1-3：在没有输赢结果的启动下，被试对产品的偏好评价没有显著差异
神经层面	H1-4：对于输赢效应的认知过程，会诱发与奖励和情绪处理相关的晚期 ERP 成分，且不同实验条件下，诱发成分的幅值存在显著差异，且赢会诱发更为正性的情绪指标。 H1-5：两轮猜拳的结果与一轮猜拳结果相比，诱发的脑电成分幅值存在显著差异，且连胜（或连败）与单胜（或单败）相比，幅值更高，唤醒度更强。 H1-6：产品—价格信息加工阶段，由于输赢效应的刺激，会继续诱发情绪相关的 ERP 成分，且不同实验条件下，产品诱发的 ERP 成分幅值存在显著差异，且连胜条件与连败条件相比，会诱发更为正性的情绪指标。 H1-7：同等实验条件下（连胜或连败），不同价格类别（高价 vs. 低价）的产品诱发的 ERP 成分在幅值上存在显著差异，且低价产品会诱发更为正性的情绪指标

4.3 研究方法

4.3.1 实验被试

通过对认知神经科学领域学术论文的整理，可以发现，除了将特殊群体（如儿童、病人等）作为研究对象外，大部分认知神经科学实验招募的被试均为在校大学生，并且被试的年龄范围在 18~40 岁。Picton 等（2000）发表在电生理学领域的权威期刊《心理生理学》（*Psychophysiology*）上的文章也介绍了基于事件相关电位研究的脑电实验被试招募的情况。

本书的研究对象为消费个体，研究目的是考察网络购买平台推出的基于用户参与的互动式营销策略是否对购买行为构成影响及其内在神经机制，这属于消费者行为的研究领域。通过第 2 章文献综述部分对消费者行为学和消费者神经科学相关理论和研究成果的梳理，我们发现开展相关研究的学者也大多选择在校大学生作为被试群体。基于此，我们通过浙江大学 BBS 论坛招募了 26 名在校大学生参与实验，其中女生 9 名，所有被试年龄在 19~27 岁，平均年龄为 22.07 岁，标准差为 1.9 岁。实验过程中，因为设备故障，导致 3 名被试的数据采集不完整，被剔除，因此，最终有效的被试数为 23 名，其中女生 8 名，年龄在 19~27 岁，平均年龄为 22.04 岁，标准差为 1.92 岁。所有被试均符合脑电实验的基本要求，全部为右利手，视力或配戴眼镜后的矫正视力正常，没有神经或精神疾病史。研究一的实验设计通过了浙江大学神经管理学实验室伦理委员会的审批，实验开始前，每位被试了解了脑电实验的具体流程，并签署了浙江大学神经管理学实验室的 ERP 实验知情同意书，表明其知道实验对身心不构成任何不良伤害，并且自愿参加实验。

4.3.2 实验材料

为了更好地模拟真实的购买情境，我们在正式实验开始前，撰写了一段实验背景供被试阅读，以帮助其更好地融入实验情境，并且更加了解和清楚实验任务。实验背景的内容如下：

请试想以下情境：你的电脑现在经常提示硬盘存储不够，运行很慢，你急需一个移动硬盘将电脑硬盘中的部分资料拷贝出来保存，以释放电脑硬盘空间。你经常在某购物平台进行网购，所以今天你仍然选择该网站来选购移动硬盘。请注意，在该网购平台上销售的移动硬盘的质量、性能等都接受过严格检测，可以放心购买。其价格从 200 元至 700 元不等，定价策略是各商家根据自己的成本核算或移动硬盘的存储空间来确定。该网站现在在进行网上购买互动的测试，在每一次浏览商品前，可以选择与另一位用户玩猜拳游戏，参与测试的用户在后期会获得该购物平台的优惠券，输赢可能会决定优惠券金额，优惠券在本次购买中不能使用，你选择参与该活动。在看到商品时，请选择是否将该产品加入购物车。

从以上内容可知，本书设定的选购商品为移动硬盘，我们从互联网上收集到 60 张移动硬盘的图片，所有图片上的移动硬盘均为黑色，通过 Adobe Photoshop CS6 软件（Adobe Systems Incorporated，San Jose，California，USA）对图片进行统一处理，使图片材料具有相近的色彩和亮度，尺寸统一（10 厘米×11 厘米，300×332 像素），为了排除品牌因素对被试选择的影响，隐去各移动硬盘上的品牌标识。此外，参考淘宝网上移动硬盘的售价，利用

Windows Office 2007 办公软件中的 Excel 随机产生两组价格金额：高价组（500~700 元）和低价组（200~400 元）。然后将每张移动硬盘的图片随机匹配一组高价和一组低价，使得同一个移动硬盘，拥有高价和低价两个价格金额。另外，在被试偏好评价阶段，隐去价格信息（如图 4.1 所示）。

图 4.1　研究一实验材料示例一

本实验的另一项任务是完成两轮猜拳游戏，为了更好地模拟现实中的猜拳游戏情境，同时增强被试的临场感，我们选择的猜拳图片为真实的手势图片，图片同样通过 Adobe Photoshop CS6 软件进行统一处理，出拳方向与右利手被试出拳方向一致（如图 4.2 所示）。

图 4.2　研究一实验材料示例二

本书的研究重点是猜拳的输赢结果对被试加入购物车行为选择的影响，因此，我们重点研究的是连胜或连败条件下，被试对高价产品及低价产品的选择，游戏中的其他结果，如平局、一胜一平、一败一平等条件不在我们考察的范围。60 张移动硬盘的图片被随机分为四组，每组包含 15 张图片；其中，第一组图片匹配连胜条件，第二组图片匹配连败条件，同时，为了使被试体验更为真实，剩下两组图片随机匹配其他猜拳结果（包括两局平局、一胜一败、一胜一平、一平一败等）。每张图片再匹配两类价格（高价和低价），使得连胜条件下共有 30 张图片（15 张高价产品，15 张低价产品），连败条件亦然。每张匹配价格信息的图片在实验过程中随机呈现两次。本书主要采用被试内设计来开展认知神经科学实验，为了避免前后顺序对实验结果的干扰，我们将对应于不同实验条件的实验试次随机打乱到整个实验过程中。

此外，在产品偏好评价实验阶段，隐去价格信息，60 张产品图片每张随机出现两次供被试进行产品偏好评分。

4.3.3 实验范式

每轮实验试次开始时，在屏幕中央呈现一个“+”号，用于提示被试集中注意力，持续时间为 400~600 毫秒随机选择；接着进行两轮猜拳游戏，每轮游戏均为被试首先通过移动箭头选择出拳（剪刀/石头/布），然后出现一个 400~600 毫秒随机的空屏，最后呈现猜拳结果，持续时间为 1000 毫秒。两轮猜拳游戏结束后，呈现一个 400~600 毫秒随机的空屏，紧接着呈现带有价格信息的产品图片，持续时间为 1000 毫秒，然后图片下方出现按键选择任务，被试判断是否将看到的产品加入购物车。选择结束后，出现时长为 1000 毫秒的空屏，至此，一个实验试次结束（如图 4.3 所示）。

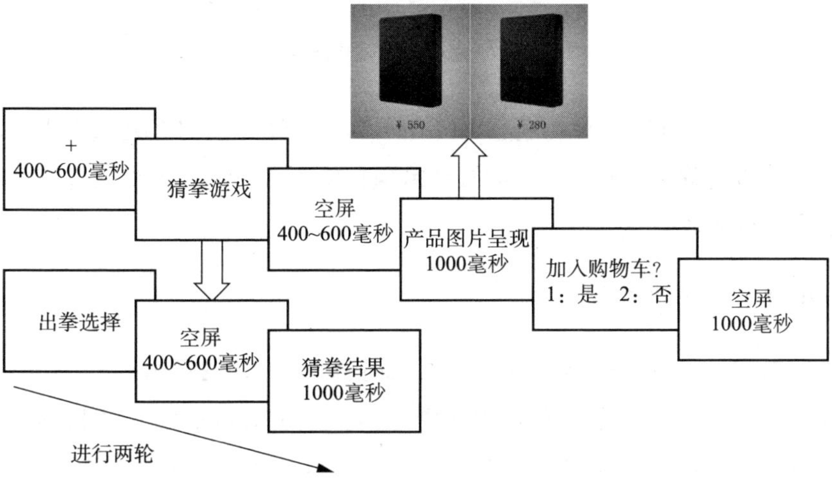

图 4.3　研究一实验范式图示一

为了符合脑电实验试次叠加次数不少于30次的要求，同时考虑整体实验时间不超过40分钟为宜，我们将整个实验过程分割为两个模块（block），每个模块包含90实验试次。整个实验过程中，连胜条件拥有60试次（高价30试次，低价30试次）；连败条件也拥有60试次（高价30试次，低价30试次）；其他条件共拥有60试次，图片与猜拳结果随机匹配。完成第一个模块后，被试休息3~5分钟，休息完毕继续第二个模块的实验，每一个模块的完成时间在15分钟左右。

被试完成“加入购物车”脑电实验后，继续休息5~10分钟，然后完成一项产品偏好评价的行为实验。每个实验试次首先呈现400~600毫秒的“+”号注视点，然后呈现产品图片，呈现时间为1000毫秒，紧接着在产品图片下方出现5分量表，被试按键选择分数作为对该产品偏好程度的评分（1~5分代表“非常不喜欢”到“非常喜欢”的程度），选择结束后，出现时长为1000毫秒的空屏（如图4.4所示）。实验总共包含120试次，时长为6~8分钟。

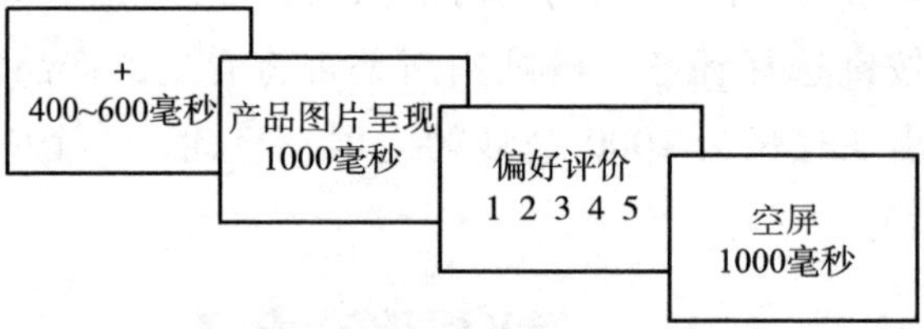

图4.4 研究一实验范式图示二

本书的所有实验程序均通过E-Prime 2.0软件（美国匹兹堡心理学软件公司）进行编制，同时通过向被试呈现实验刺激材料，记录被试按键相关的全部行为数据。

4.3.4 实验过程

脑电实验的被试招募和发放问卷与行为实验被试招募相比，都更为复杂，因此，在计划进行实验的一周之前，主试通过浙江大学校内BBS论坛发布招募信息，同时在招募信息中对事件相关电位技术进行简要介绍，告知本实验设计已经通过浙江大学伦理委员会的审核，说明实验设备安全、非侵入式，整个实验过程对人体身心健康无害。同时，列明实验的基本内容，招募被试的条件，可选择的时间段以及相关报酬信息等，并留下主试联系电话以便被试报名沟通。主试通过电话沟通，对报名者的精神状态等情况进行了解和判断，与符合条件的报名者确定正式的实验时间。

正式实验当天，被试首先阅读脑电实验流程介绍材料并签署实验知情同意书。然后开始脑电实验前的准备工作，被试在实验室内用实验专用的不含护发素的蜂花牌洗发水对头皮进行清洁（含有护发素的洗发水可能会干扰实验结果），然后使用吹风机将头发完全吹干（头发不吹干会影响脑电信号采集，拉长实验准备时间）。准备工作完成后，被试进入隔音、隔光、隔磁的专业脑电实验室，并舒适地坐在靠椅上，靠椅距离呈现实验刺激的显示屏 1 米左右，以被试视力（或矫正视力）直视能看清屏幕显示内容为准进行略微调整。主试为其佩戴电极帽，粘贴电极点，注射导电膏，这一准备过程一般耗时 20 分钟左右。为了保证被试以最佳精神状态完成实验任务，这一过程实验人员会主动与被试进行简单交流，引导其保持平和的心情进行实验，同时，会让其阅读相关的实验指导语，就实验任务和实验要点与其进行沟通，对其提出的疑问进行解答，确保其充分了解实验过程。根据电极点的位置在头皮注射导电膏的目的在于降低被试的头皮阻抗，注射完毕后，可以通过屏幕观察阻抗下降的水平，当阻抗水平下降到 5000 欧姆以下时，可以开始正式的实验。若头皮阻抗高于 5000 欧姆即开始实验，将会导致采集的数据不良，影响后续对数据的分析。阅读完实验指导语后，会安排被试进行几轮与正式实验完全一致的实验试次的练习，确保其熟悉实验流程，在与被试确认没有疑问后，开始正式实验。

为了更好地完成实验，还原真实的游戏状态，增强被试的临场感，使被试更真实地融入实验过程，本实验参考了 Ma 等的实验过程并根据实验目的进行适当修改。Ma 等（2011）的研究每一时段招募 3 名被试（其中两人为朋友关系，另一人是陌生人），通过赌博游戏，考察其对于其他人输赢结果的共情认知。本书要考察游戏输赢结果对被试购买行为影响的神经机制，因此，我们在每个时段同时招募两名被试共同进行实验（两名被试互不认识），由于实验任务简单，实验结果不涉及金钱损益，所以对被试性别没有特别要求，均根据报名情况随机匹配。完成准备工作后，两名被试分别进入相邻的两间脑电实验室进行准备，并告知两名被试，对方即为其进行互动游戏（猜拳）的对手，说明实验将同步进行，由主试按键开始。准备工作结束后，两名主试大声倒数三个数，然后共同按键开始实验。然而，为了满足脑电实验不同条件下试次数足够的要求，被试猜拳的结果实际上由电脑软件进行控制，出于伦理问题的考虑，正式实验结束后，被试将被告知这一事实（如图 4.5 所示）。

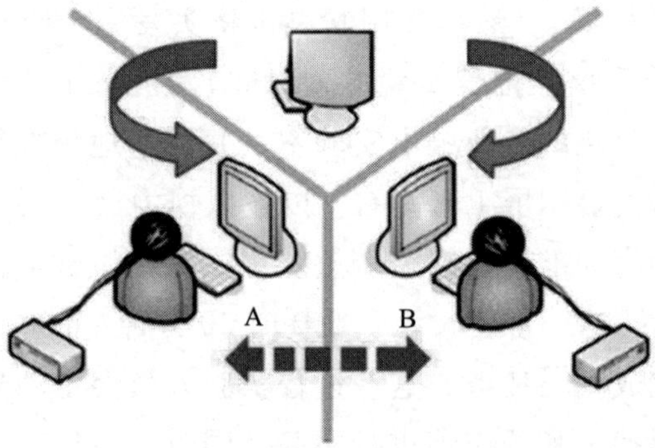

图 4.5　研究一实验

资料来源：本书根据 Ma 等（2011）研究中的实验示意图进行修改整理。MA Q，SHEN Q，XU Q，et al. Empathic responses to others' gains and losses：An electrophysiological investigation［J］. Neuroimage，2011（54）：2472-2480。

4.3.5　实验数据记录

实验过程通过美国神经软件实验室有限公司生产的Neuroscan Synamp 2 放大器和 64 导联的 Neuroscan 电极帽对头皮脑电信号进行采集。采样频率为 500 赫兹，采样带宽为 0.05~70 赫兹，头皮表面的电极点分布遵循国际标准的 10-20 系统（如图 4.6 所示）。64 导联的电极帽包括 6 个外接电极点，贴于左耳乳突（耳后的骨性突起）的电极设置为参考电极（相当于零点），同时记录贴于右耳乳突的电极电位，用于脑电数据预处理中离线分析阶段的参考转换。另外四个外接电极用于记录双眼外侧 1 厘米处的水平眼电和左眼眼眶上下各 1 厘米处的垂直眼电，以便后期处理数据时去除眨眼及眼动对脑电数据的影响。由于存在 50 赫兹的市电干扰，在脑电数据实时采集和记录的过程中，软件对 50 赫兹的数据进行了滤波处理，以避免此干扰对后续数据分析产生影响（Luck，2005；魏景汉和罗跃嘉，2002）。同时，在实验过程中，主试通过外间电脑屏幕实时关注脑电数据记录情况，将期间出现的任何异常记录在实验过程记录单上，以备在后续数据处理过程中，剔除不合格的数据，保证实验数据质量。

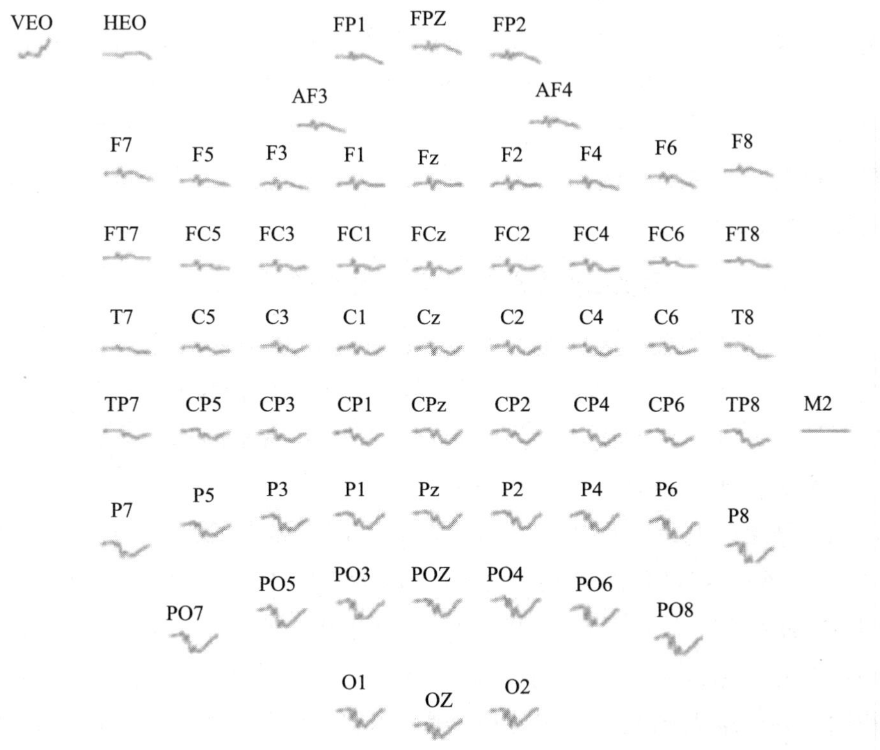

图 4.6　国际 10-20 系统电极分布

4.4　数据分析

为了清楚扼要地对结果进行阐述，我们将在后续的论述中使用一些缩写来代表分析的对象，具体为：CW 代表连胜（Continuous Win），CL 代表连败（Continuous Lose），SW 代表单胜（Single Win），SL 代表单败（Single Lose）；CWHP 代表连胜条件下的高价商品（Continuous Win-High

Price)，CWLP 代表连胜条件下的低价商品（Continuous Win-Low Price），CLHP 代表连败条件下的高价商品（Continuous Lose-High Price），CLLP 代表连败条件下的低价商品（Continuous Lose-Low Price）。

4.4.1 行为数据分析

本书包含的两项实验均通过 E-Prime 2.0 软件（心理学软件公司，匹兹堡，美国）呈现实验刺激材料，同时记录被试按键结果等行为数据。本书中的脑电实验的行为结果主要是被试每个条件下选择加入购物车的商品数量，行为实验主要分析被试对刺激材料（移动硬盘）的偏好评价结果。根据统计原则对两项实验的行为结果进行分析（马庆国，2002），具体结果如下：

4.4.1.1 “加入购物车”任务的行为数据分析

对于脑电实验的行为数据分析，主要使用 SPSS 17.0 软件中的描述统计及配对样本 t 检验的方法进行。根据研究目的，我们主要考察连胜以及连败条件下高价或低价的移动硬盘加入购物车的比例。我们统计了每个被试四种配对条件下将商品加入购物车的数量，并进行了计算汇总，结果表明，CWHP 加入购物车的比例总体来说为 55.1%（标准差为 0.36），CWLP 加入购物车的比例为 77.1%（标准差为 0.29）；CLHP 加入购物车的比例为 20.29%（标准差为 0.24），而 CLLP 加入购物车的比例为 48.6%（标准差为 0.31）。从描述统计的结果来看，相同的游戏结果刺激下，无论是连胜，还是连败，低价商品加入购物车的比例均高于高价商品，这符合价格相关研究中“除非是自己特别偏好的，人类通常会避免选择价格过高的商品”这一论点（Knutson et al.，2007）。然而，对比不同的游戏结果刺激的数据统计，无论是高价商品还是低价商品，连胜条件刺激下的加购比例均高于连败条件刺激（见图 4.7）。

此外，我们还利用配对样本 t 检验对四种条件下的加购比例的总体差异进行了检验，结果显示，四种配对条件两两之间的总体差异均显著（$t_{CWHP-CWLP}=2.119$，$p=0.046$；$t_{CLHP-CLLP}=3.768$，$p=0.001$；$t_{CWHP-CLHP}=4.391$，$p<0.01$；$t_{CWLP-CLLP}=3.218$，$p=0.004$）。

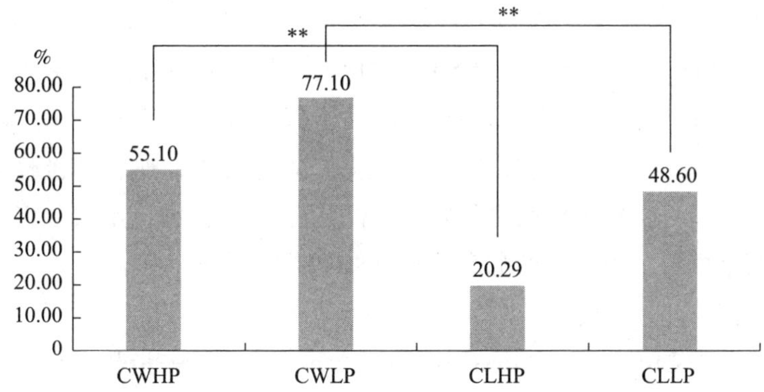

图 4.7　研究一脑电实验不同条件下商品加购比例

注：**表示 p 值<0.01。

4.4.1.2　偏好评价任务行为数据分析

这一阶段，我们依然利用描述统计以及配对样本 t 检验两种统计方法，考察被试对与连胜或连败条件配对的移动硬盘的偏好程度的评价情况。结果显示，被试对这两组移动硬盘的偏好程度没有明显差异，具体结果如下：对于与连胜结果匹配的移动硬盘的偏好程度平均得分为 2.96（标准差为 0.369），与连败结果匹配的移动硬盘的平均偏好得分为 3.02（标准差为 0.357），利用配对样本 t 检验考察两组偏好得分的总体差异，结果不显著（$t_{1,22}=0.835$，$p=0.413$，如图 4.8 所示）。

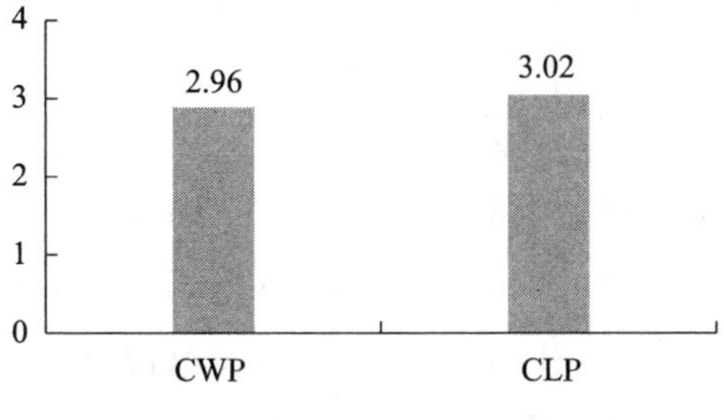

图 4.8　偏好评价任务的数据结果

4.4.2　脑电数据分析

4.4.2.1　脑电数据处理步骤

在进行统计分析之前，需要对脑电数据进行预处理，预处理是通过美国神经软件实验室开发的脑电数据采集与分析软件 Scan 4.5（Neurosoft Labs Inc.，Sterling，Virginia，USA）完成的。具体离线分析步骤如下：

（1）被试内数据合并（append）。为了保证优良的实验效果，确保被试不在疲劳状态下进行实验，在脑电数据采集过程中，通常会将整个实验过程进行分段，在每个模块之间安排被试休息 3~5 分钟，本实验将实验过程分为两个模块，由于后续的数据处理步骤是一致的，因此，这一步将两段脑电数据合并在一起。

（2）浏览脑电数据（browse and reject block）。这一步骤主要是屏蔽或剔除明显受到干扰的脑电数据段。实验人员按照时间顺序浏览全部脑电数据，将明显受到干扰或者飘移的脑电数据段截取掉，以保证脑电数据的良好质量。屏蔽数据段没有统一的标准，主要依靠实验人员的个人经验，实验人员通常是将肉眼可见的，由于被试身体晃动或其他非实验因素造成干扰的数据段剔除。

（3）转换参考电极（linear derivation & GFP/Reference）。参考国际上事件相关电位研究的惯例和通行做法，在实验过程中，采用单侧乳突作为参考电极，之后利用 Scan 4.5 软件的科学算法，将单侧乳突参考转换为双侧乳突算数平均值参考。

（4）滤波（filter）。这一步骤是对实验过程中的噪声进行进一步的过滤，同时滤掉与研究无关的数据频段。由于本书涉及的目标脑电成分频率均在 30 赫兹以下，因此，本实验采用低通 32 赫兹、24db/oct 的参数进行滤波处理。

（5）去眼电（ocular artefact reduction）。由于眨眼带来的眼电可能会对采集的脑电数据产生干扰，因此，参考 Semlitsch 等提出的校正方法，以垂直眼电为参考电极去除眼电伪迹（Semlitsch et al.，1986）。

（6）截取分析段（epoch file）。事件相关电位技术具有锁时锁相的特点，国际上通用的做法是根据研究目的选择一定的时间点作为零点，然后分析其前后一段时间的脑电数据。本书关注的实验过程主要是猜拳结果呈现以及产品—价格信息图片呈现这两个阶段，根据已有的认知神经科学的研究范式，对于这两个阶段的认知加工过程，分别截取刺激呈现前 200 毫秒至其呈现后 800 毫秒之间的脑电数据进行具体分析。

（7）基线校正（baseline correct）。在截取分析段之后，选取相应的时间段内的前 200 毫秒作为基线，对时间段内其他数据进行校正。本书中的基线是刺激呈现之前的 200 毫秒。

（8）去伪迹（artefact rejection）。在浏览数据的步骤中，实验人员已经将明显的、肉眼可见的坏段剔除掉，这一步骤将继续剔除肉眼看不见的干扰，主要去掉±100μV 的脑电数据。

（9）叠加平均（average）。根据本书的研究问题和实验设计，针对每一位被试，将每个阶段的脑电数据根据不同实验条件进行平均。这里主要获得的是每个实验条件下全部试次的均值。

（10）被试间叠加（Group average）。上一个步骤是将每个被试的不同条件进行试次叠加，从而得到一个平均后的文件，由于本书考察的是群体效应，因此，在这一步骤对所有被试的某一类情况下的平均文件进行叠加，获得的是群体层面的总平均脑电数据。

完成以上预处理步骤以后，可以应用相应的统计软件对处理好的脑电数据进行统计分析。主要是在已有研究成果的基础上，结合本书的实验设计及实验结果等，确定需要分析的脑电成分，并根据这些脑电成分的特点选择相应的时间窗和电极点进行统计分析。同时，根据统计的原则，本书将对选取的脑电数据进行被试内的重复性测量方差分析（Repeated measures ANOVA），以考察实验因素的主效应及交互效应情况。

4.4.2.2 脑电数据统计分析

本书主要关注猜拳结果呈现后被试的心理变化以及产品线索呈现阶段被试大脑的反应机制两个阶段的脑电信号变化。本书设置的两个基本条件是连胜和连败，因此，我们首先考察这两种条件下脑电数据的差异，此外，我们还将考察连胜/连败与单胜/单败结果的脑波形图的差异。本书考察的第二个重点是猜拳结果是否会对被试的价格感知产生影响，因此，第二个阶段我们会分析产品呈现阶段的脑电数据，根据基本条件对脑电进行 2（CW vs. CL）×2（HP vs. LP）的划分，最终得到 CWHP、CWLP、CLHP、CLLP 四种条件下的脑电数据。

（1）猜拳结果呈现阶段脑电数据。

脑电数据分析的基本方法在于根据已有的相关研究关注的成分，选定时间窗，然后比较不同实验条件下这一成分在该时间窗内的平均振幅或是峰值（或谷值）与潜伏期是否存在显著差异（Luck，2005）。在这一阶段，我们根据“赢”和“输”两种结果，将每位被试的脑电数据分为单胜、单败、连胜以及连败等四种情境下的脑电波形图。通过观察本实验的脑电波形图，并结合文献综述部分提到的关于胜负、输赢的研究成果，本阶段主要考察两个晚期正成分——P300 成分和 LPP 成分。以往研究一致显示，P300 成分和 LPP 成分均是在大脑顶区达到峰值，结合本实验的实验结果，P300 成分和 LPP 成分也是在大脑顶区达到最大值，根据以往研究针对这两个成分选择的电极点情况，P300 成分和 LPP 成分均选择中央顶区的 C1、Cz、C2、CP1、CPz、CP2、P1、Pz、P2 9 个电极点上的脑电数据进行统计分析。9 个电极点的位置如图 4.9 所示。

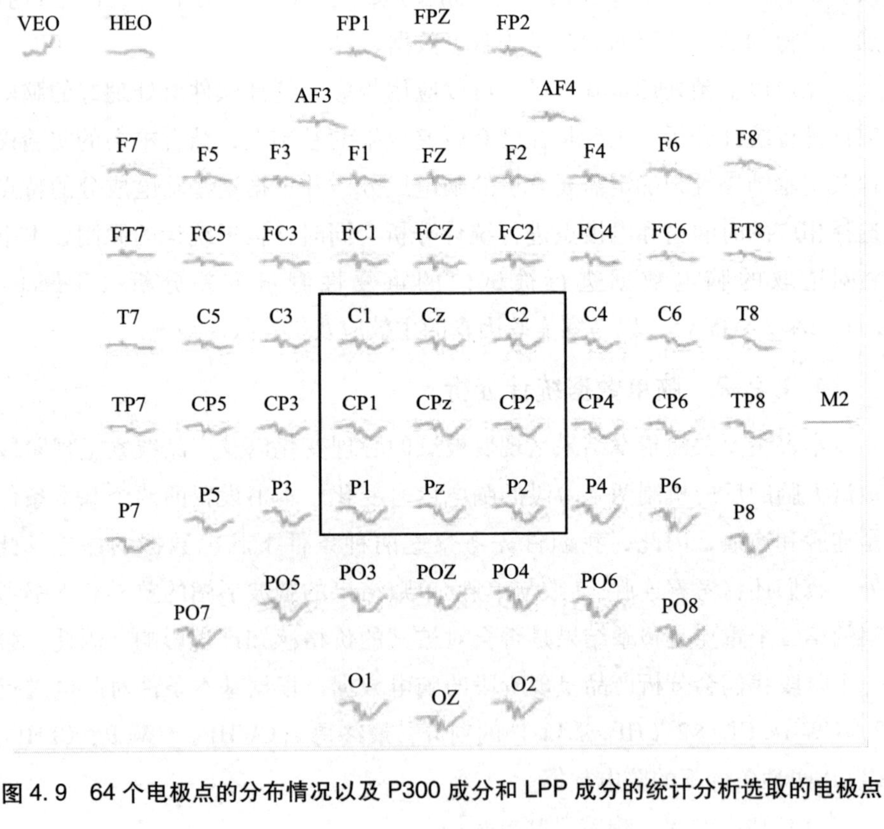

图 4.9　64 个电极点的分布情况以及 P300 成分和 LPP 成分的统计分析选取的电极点

为了更清晰地展示 P300 成分和 LPP 成分在四种实验条件下的波形和振幅情况，我们绘制了 Cz、CPz 以及 Pz 3 个电极点上被试对猜拳结果加工阶段的脑波形图。按照事件相关电位研究的惯例，纵轴的负坐标在上，正坐标在下（Luck，2005）。同时，根据已有的关于P300成分以及LPP成分研究的发表论文，并结合本实验的具体实验结果，我们选取猜拳结果呈现后290~400毫秒这一段时间作为P300成分分析的时间窗，500~800毫秒这一段作为LPP成分分析的时间窗，并对这两段时间窗内的脑电振幅进行了平均值的计算（如图4.10所示），同时，我们绘制了P300成分及LPP成分的脑地形图（如图4.11所示）。

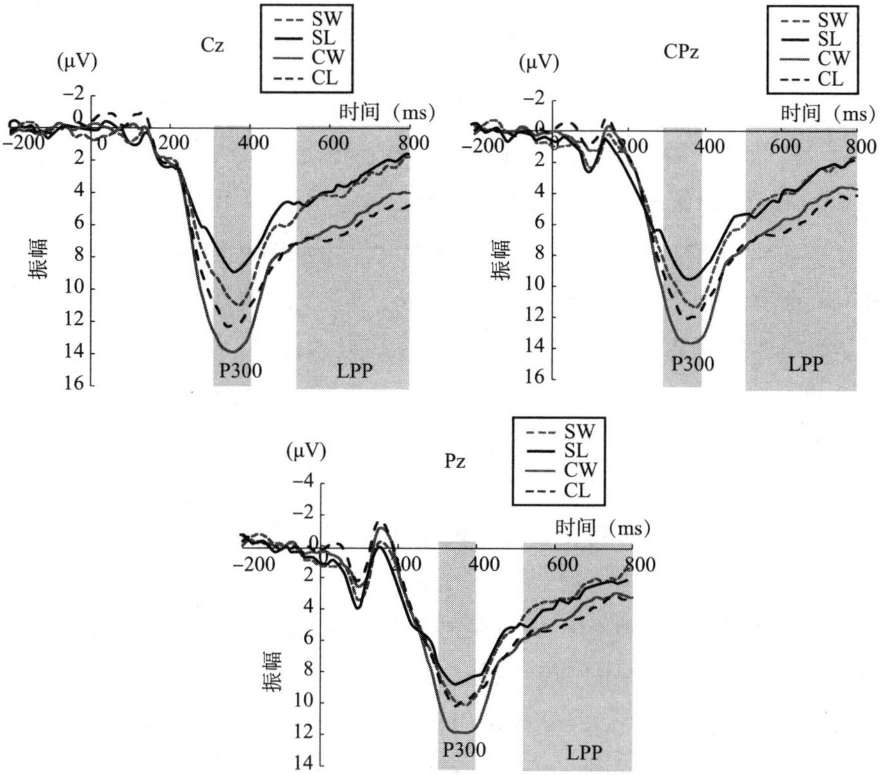

图4.10　猜拳结果加工阶段Cz、CPz、Pz等电极点P300成分及LPP成分的波形图

对于四种实验条件：SW、SL、CW以及CL加工阶段大脑活动是否存在显著差异，我们对这一阶段的脑电数据进行了两两配对的重复性方差分析，即刺激条件（两种实验情境：SW vs. SL或CW vs. CL或SW vs. CW或SL vs. CL）×电极点（九个水平：C1，Cz，C2，CP1，CPz，CP2，P1，Pz，P2）。具体结果分析如下（各电极点的振幅均值及标准差详见表4.2及表4.3）：

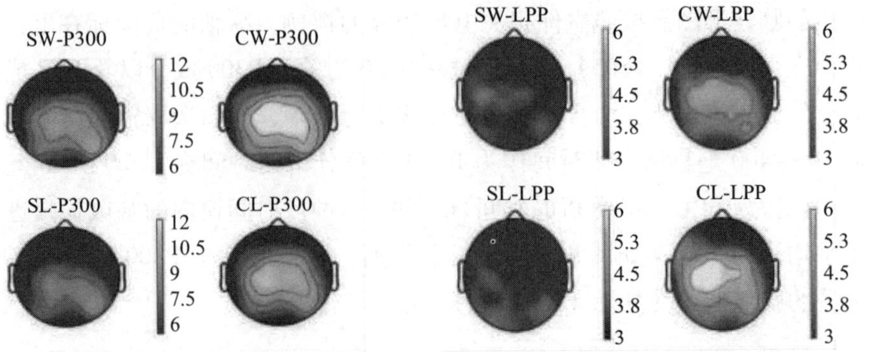

图 4.11　猜拳结果加工阶段 P300 成分及 LPP 成分的脑地形图

1）P300 成分。

“赢”“输”结果（包括 SW vs. SL 及 CW vs. CL 等情况）呈现时诱发的 P300 成分在振幅上存在显著差异（$F_{SW-SL-P300}=10.051$，$p=0.004$；$F_{CW-CL-P300}=7.767$，$p=0.011$），SW/CW 诱发的 P300 成分振幅均值大于 SL/CL 诱发的 P300 成分振幅均值；同时，连胜/连败结果与单胜/单败结果呈现时诱发的 P300 成分在振幅上也存在显著差异（$F_{CW-SW-P300}=9.753$，$p=0.005$；$F_{CL-SL-P300}=9.619$，$p=0.005$），CW/CL 诱发的 P300 成分振幅的均值大于 SW/SL 诱发的 P300 成分振幅。

2）LPP 成分。

通过重复性方差分析，我们发现连胜/连败结果与单胜/单败结果呈现时诱发的 LPP 成分在振幅上存在显著差异（$F_{CW-SW-LPP}=5.091$，$p=0.034$；$F_{CL-SL-LPP}=6.584$，$p=0.018$）。连胜或连败诱发的 LPP 成分振幅更大。然而，在检验输、赢结果的 LPP 成分差异显著性时，我们发现主效应差异不显著（$F_{SW-SL-LPP}=0.05$，$p=0.823$；$F_{CW-CL-LPP}=1.42$，$p=0.246$）。

表 4.2　四种实验条件下 9 个电极点 P300 波幅的均值及标准差

电极点	均值	标准差	95%置信区间		均值	标准差	95%置信区间	
			下限	上限			下限	上限
	单胜				单败			
C1	9.686	1.945	5.652	13.720	8.258	1.806	4.514	12.003
Cz	9.505	1.978	5.402	13.607	7.728	1.862	3.867	11.589
C2	9.619	1.955	5.565	13.673	7.904	1.776	4.221	11.587
CP1	10.299	1.676	6.824	13.774	8.873	1.569	5.619	12.127

续表

电极点	均值	标准差	95%置信区间		均值	标准差	95%置信区间	
			下限	上限			下限	上限
CPz	9.831	1.785	6.128	13.533	8.448	1.581	5.170	11.725
CP2	9.742	1.594	6.435	13.049	8.484	1.378	5.627	11.341
P1	9.240	1.350	6.440	12.039	8.339	1.187	5.876	10.801
Pz	8.884	1.291	6.207	11.561	7.775	1.191	5.305	10.245
P2	9.345	1.410	6.422	12.269	8.337	1.220	5.806	10.867
	连胜				连败			
C1	12.762	2.040	8.532	16.992	11.291	1.930	7.288	15.294
Cz	12.447	2.074	8.146	16.748	10.875	2.012	6.702	15.049
C2	12.619	1.938	8.600	16.637	11.037	1.896	7.106	14.969
CP1	12.369	1.793	8.651	16.087	11.229	1.612	7.885	14.573
CPz	12.378	1.810	8.625	16.131	10.776	1.737	7.174	14.379
CP2	12.298	1.659	8.857	15.739	10.447	1.519	7.297	13.596
P1	11.085	1.367	8.249	13.921	9.644	1.291	6.967	12.322
Pz	10.757	1.370	7.916	13.598	9.114	1.235	6.553	11.676
P2	11.250	1.385	8.379	14.122	9.594	1.265	6.971	12.218

表 4.3　四种实验条件下 9 个电极点 LPP 波幅的均值及标准差

电极点	均值	标准差	95%置信区间		均值	标准差	95%置信区间	
			下限	上限			下限	上限
	单胜				单败			
C1	3.373	0.992	1.316	5.430	3.563	1.252	0.966	6.160
Cz	3.626	1.140	1.261	5.991	3.224	1.331	0.462	5.985
C2	3.659	1.160	1.254	6.065	3.253	1.336	0.482	6.024
CP1	3.775	0.940	1.827	5.724	3.719	1.172	1.289	6.149
CPz	3.319	0.995	1.255	5.384	3.602	1.236	1.040	6.165
CP2	3.208	0.930	1.279	5.137	3.375	1.105	1.082	5.667
P1	3.084	0.888	1.242	4.927	3.467	1.009	1.373	5.560
Pz	2.981	0.844	1.231	4.730	3.359	1.068	1.146	5.573
P2	2.864	0.896	1.007	4.721	3.425	1.022	1.305	5.545

续表

电极点	均值	标准差	95%置信区间		均值	标准差	95%置信区间	
			下限	上限			下限	上限
	连胜				连败			
C1	5.450	1.070	3.231	7.669	6.239	1.200	3.750	8.728
Cz	5.221	1.131	2.876	7.567	5.806	1.257	3.200	8.413
C2	5.185	1.056	2.996	7.375	5.762	1.183	3.309	8.215
CP1	4.784	0.951	2.811	6.757	6.047	0.990	3.993	8.101
CPz	4.977	0.925	3.059	6.896	5.562	1.163	3.150	7.975
CP2	4.754	0.954	2.776	6.732	5.134	1.089	2.875	7.393
P1	4.404	0.744	2.861	5.948	4.915	0.948	2.949	6.882
Pz	4.161	0.820	2.460	5.862	4.516	1.060	2.318	6.715
P2	4.634	0.821	2.932	6.336	4.809	0.977	2.782	6.836

（2）产品—价格信息呈现阶段脑电数据。

根据脑电数据分类原则，将产品—价格信息呈现阶段的脑电数据划分为四类："连胜—高价""连胜—低价""连败—高价"以及"连败—低价"。通过第2章对已有的消费者神经科学以及神经营销学研究的文献梳理，就我们掌握的资料来看，目前没有相关研究应用本书的实验范式来开展消费者购买意愿的神经科学实验，因此，这一阶段的脑电成分选择和数据分析主要依靠本实验具体的实验结果和脑波形图。

通过观察脑电波形图，我们在产品—价格信息图片呈现阶段，主要发现两个有效的ERP成分，包括早期的P2成分以及晚期正成分LPP。根据对P2成分相关研究发表论文的整理，可知P2成分的振幅峰值通常发生在大脑前额区，因此，本书选取F3、Fz、F4、FC3、FCz以及FC4等前额区的6个电极点分析P2成分，如图4.12所示；而对于LPP成分，我们与猜拳结果呈现阶段保持一致，选择C1、Cz、C2、CP1、CPz、CP2、P1、Pz以及P2 9个电极点进行重复性方差分析，如图4.13所示。

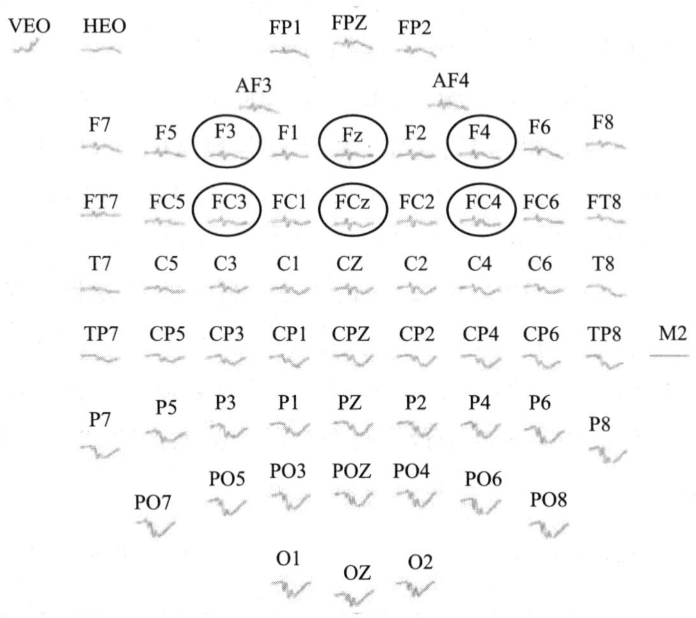

图 4.12　64 个电极点的分布情况以及 P2 成分统计分析选取的电极点

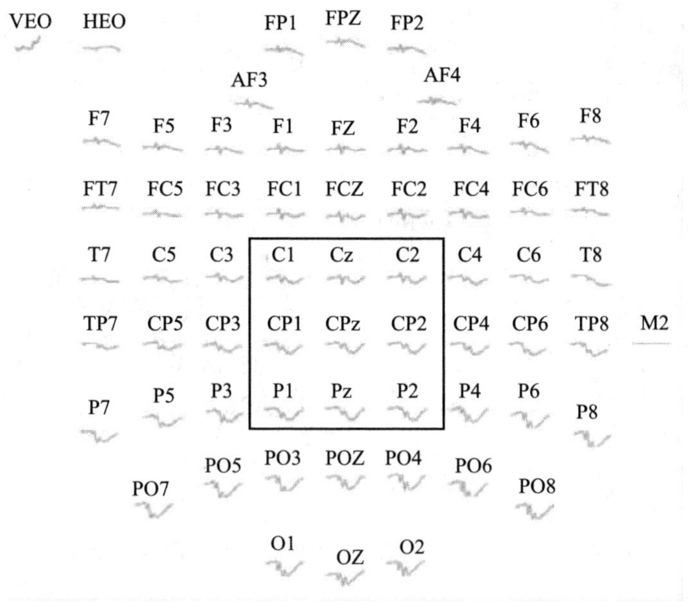

图 4.13　64 个电极点的分布情况以及 LPP 成分统计分析选取的电极点

根据前人对 P2 成分的研究，本书选取 150~220 毫秒振幅的峰值以及潜伏期作为 P2 成分的研究对象；而对于 LPP 成分的研究，与猜拳结果呈现阶段保持一致，仍然选取 500~800 毫秒这一时间段的振幅均值来分析。基于此，得到 P2 成分［4 个条件（CWHP vs. CWLP vs. CLHP vs. CLLP）×6 个电极点水平（F3，Fz，F4，FC3，FCz，FC4）］以及 LPP 成分［4 个条件（CWHP vs. CWLP vs. CLHP vs. CLLP）×9 个电极点水平（C1，Cz，C2，CP1，CPz，CP2，P1，Pz，P2）］的重复性方差分析模型。此外，为了更清晰地展示 P2 成分和 LPP 成分的脑波形图、振幅情况及脑地形图，我们绘制了 Fz 以及 Cz 两个电极点上的波形图以及 150~220 毫秒、500~800 毫秒这两个时段的脑地形图，如图 4.14~图 4.16 所示。

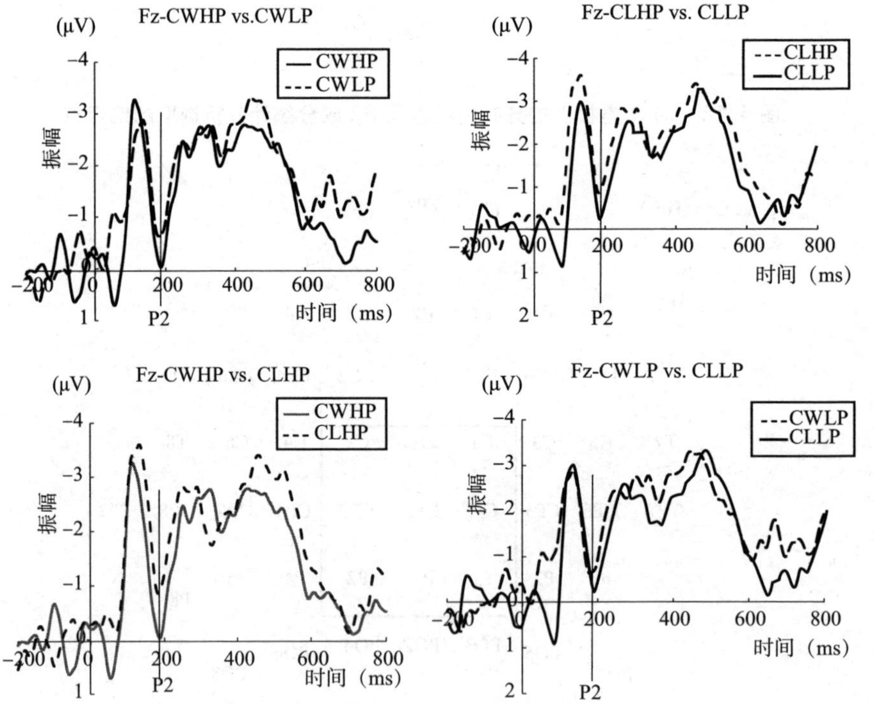

图 4.14　产品—价格信息加工阶段 Fz 电极点 P2 成分的波形图

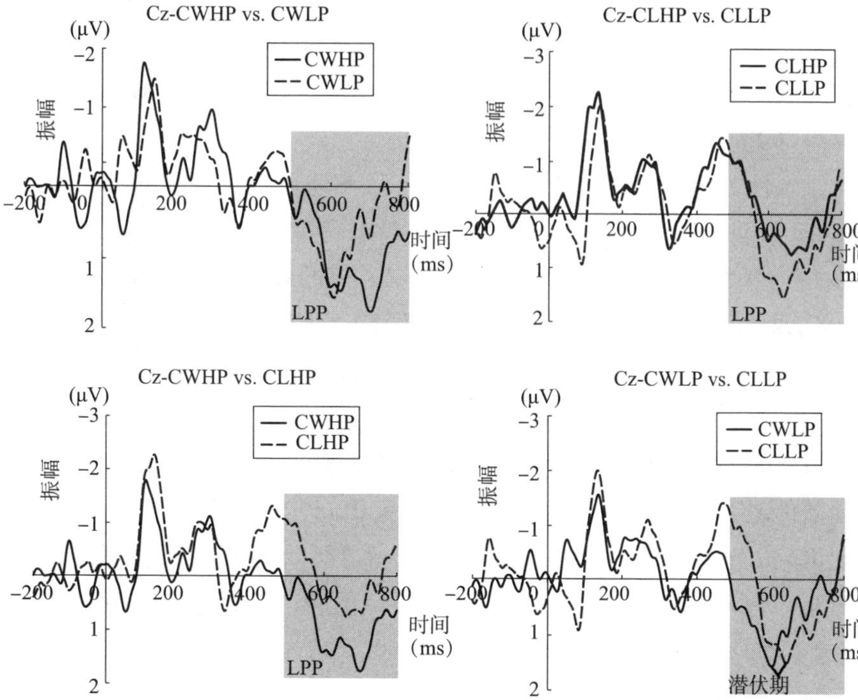

图 4.15　产品—价格信息加工阶段 Cz 电极点 LPP 成分的波形图

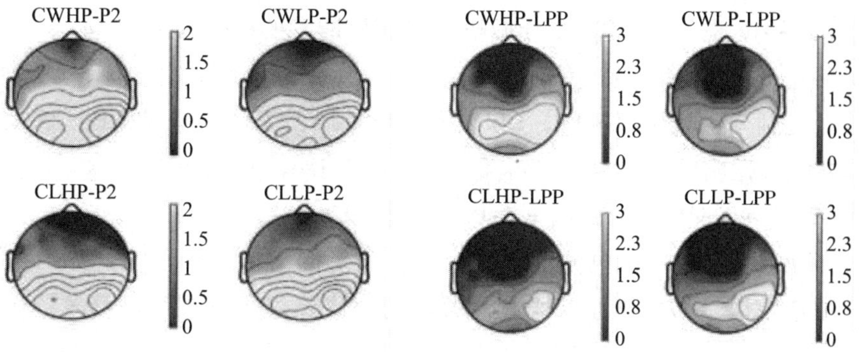

图 4.16　产品—价格信息加工阶段 P2 成分及 LPP 成分的脑地形图

对于产品—价格信息呈现阶段四种实验条件：CWHP、CWLP、CLHP 以及 CLLP 下的大脑活动是否存在显著差异，我们同样对这一阶段的脑电数据进行两两配对的重复性方差分析，即刺激条件（两种实验情境：CWHP vs. CWLP 或 CLHP vs. CLLP 或 CWHP vs. CLHP 或 CWLP vs. CLLP）×电极点

（P2 成分 6 个水平：F3，Fz，F4，FC3，FCz，FC4；LPP 成分 9 个水平：C1，Cz，C2，CP1，CPz，CP2，P1，Pz，P2）。具体结果分析如下（各电极点的振幅均值及标准差详见表 4.4 及表 4.5）：

1）P2 成分。

重复性方差分析结果显示，高价产品在连胜和连败条件下（CWHP vs. CLHP）呈现诱发的 P2 成分在振幅上存在显著差异（$F_{CWHP-CLHP-P2}=4.398$，$p=0.048$），并且 CWHP 诱发的 P2 成分振幅的峰值更大（$Mean_{CWHP-P2}=1.508\ \mu V$，$SD=0.665$；$Mean_{CLHP-P2}=0.561\ \mu V$，$SD=0.678$），这两种条件诱发的 P2 成分峰值出现的时间点，即潜伏期（latency）没有显著差异（$F_{CWHP-CLHP-P2Latency}=0.552$，$p=0.465$；$Mean_{CWHP-P2Latency}=186.87ms$，$SD=3.852$；$Mean_{CLHP-P2Latency}=189.58ms$，$SD=4.037$）。然而，当我们检测其他实验条件时（CWHP vs. CWLP，CLHP vs. CLLP，CWLP vs. CLLP），没有发现 P2 成分的显著差异（$F_{CWHP-CWLP-P2}=1.186$，$p=0.288$；$F_{CLHP-CLLP-P2}=0.947$，$p=0.341$；$F_{CWLP-CLLP-P2}=0.042$，$p=0.84$；$Mean_{CWLP-P2}=0.978\ \mu V$，$SD=0.645$；$Mean_{CLLP-P2}=1.064\ \mu V$，$SD=0.731$）。

2）LPP 成分。

通过重复性方差分析，我们发现高价产品对应的连胜或连败结果诱发的 LPP 成分的主效应存在显著差异（$F_{CWHP-CLHP-LPP}=6.274$，$p=0.02$），其中，CWHP 诱发的 LPP 成分振幅比 CLHP 诱发的振幅大（$Mean_{CWHP-LPP}=2.364\ \mu V$，$SD=0.972$；$Mean_{CLHP-LPP}=1.138\ \mu V$，$SD=0.879$）。其他实验条件（包括 CWHP vs. CWLP；CLHP vs. CLLP 以及 CWLP vs. CLLP）诱发的 LPP 成分振幅差异不显著（$F_{CWHP-CWLP-LPP}=1.186$，$p=0.288$；$F_{CLHP-CLLP-LPP}=0.947$，$p=0.341$；$F_{CWLP-CLLP-LPP}=0.042$，$p=0.84$）。

然而，基于对脑电波形图的观察，我们同时检验了低价产品对应连胜或连败结果的差异性，虽然在振幅均值或峰值上没有明显差异，但是 LPP 成分峰值出现的时间点，即潜伏期有先有后，重复性方差分析也证明其潜伏期主效应显著，存在明显差异（$F_{CWHP-CLHP-LPP\ Latency}=0.552$，$p=0.465$），连胜—高价产品诱发的 LPP 成分峰值出现的时间点要早于连败—高价产品诱发的 LPP 峰值（$Mean_{CWHP-LPP\ Latency}=186.87ms$，$SD=3.852$；$Mean_{CLHP-LPP\ Latency}=189.58ms$，$SD=4.037$）。

表 4.4 产品—价格信息加工阶段四种条件下 6 个电极点 P2 波幅的均值及标准差

电极点	均值	标准差	95%置信区间		均值	标准差	95%置信区间	
			下限	上限			下限	上限
	CWHP				CWLP			
F3	1. 128	0. 628	−0. 175	2. 431	0. 671	0. 597	−0. 568	1. 909
Fz	1. 130	0. 689	−0. 300	2. 560	0. 556	0. 705	−0. 907	2. 019
F4	1. 970	0. 761	0. 390	3. 549	1. 246	0. 651	−0. 103	2. 596
FC3	1. 583	0. 639	0. 258	2. 908	0. 757	0. 668	−0. 629	2. 144
FCz	1. 567	0. 771	−0. 031	3. 166	1. 250	0. 717	−0. 238	2. 738
FC4	1. 669	0. 683	0. 253	3. 085	1. 385	0. 645	0. 047	2. 723
	CLHP				CLLP			
F3	0. 257	0. 640	−1. 069	1. 584	0. 560	0. 643	−0. 774	1. 893
Fz	0. 241	0. 698	−1. 206	1. 688	0. 787	0. 804	−0. 879	2. 453
F4	0. 587	0. 729	−0. 925	2. 098	1. 253	0. 818	−0. 443	2. 949
FC3	0. 670	0. 662	−0. 703	2. 042	0. 978	0. 659	−0. 389	2. 345
FCz	0. 786	0. 795	−0. 863	2. 435	1. 198	0. 834	−0. 532	2. 928
FC4	0. 824	0. 730	−0. 690	2. 338	1. 609	0. 781	−0. 011	3. 229

表 4.5 产品—价格信息加工阶段四种条件下 9 个电极点 LPP 波幅的均值及标准差

电极点	均值	标准差	95%置信区间		均值	标准差	95%置信区间	
			下限	上限			下限	上限
	CWHP				CWLP			
C1	1. 249	0. 944	−0. 709	3. 207	0. 350	0. 778	−1. 263	1. 963
Cz	0. 641	1. 070	−1. 577	2. 859	0. 485	0. 870	−1. 318	2. 288
C2	1. 131	1. 060	−1. 067	3. 330	0. 582	0. 838	−1. 156	2. 319
CP1	2. 481	0. 979	0. 450	4. 512	1. 980	0. 904	0. 104	3. 855
CPz	2. 462	1. 146	0. 085	4. 839	2. 012	0. 904	0. 137	3. 887
CP2	2. 988	1. 045	0. 822	5. 155	2. 129	0. 842	0. 382	3. 875
P1	3. 091	0. 993	1. 031	5. 151	2. 190	0. 968	0. 183	4. 196
Pz	3. 287	1. 057	1. 095	5. 479	2. 820	0. 845	1. 067	4. 572
P2	3. 941	0. 947	1. 978	5. 904	3. 330	0. 898	1. 468	5. 193

续表

电极点	均值	标准差	95%置信区间		均值	标准差	95%置信区间	
			下限	上限			下限	上限
	CLHP				CLLP			
C1	−0. 540	0. 865	−2. 333	1. 253	0. 213	0. 779	−1. 403	1. 828
Cz	−0. 198	0. 868	−1. 998	1. 603	0. 321	0. 826	−1. 392	2. 034
C2	0. 239	0. 958	−1. 747	2. 225	0. 461	0. 798	−1. 194	2. 116
CP1	1. 732	0. 911	−0. 157	3. 621	1. 517	0. 760	−0. 059	3. 094
CPz	1. 309	0. 963	−0. 687	3. 306	1. 419	0. 851	−0. 344	3. 183
CP2	1. 704	0. 928	−0. 221	3. 629	2. 223	0. 790	0. 584	3. 862
P1	1. 806	0. 922	−0. 106	3. 718	2. 508	0. 932	0. 575	4. 441
Pz	1. 687	1. 024	−0. 436	3. 810	2. 441	0. 917	0. 539	4. 343
P2	2. 499	0. 990	0. 445	4. 553	2. 918	0. 851	1. 153	4. 684

4.5 结论与讨论

研究一包含三个主要研究目的：第一，检验互动式营销策略对被试购买意愿的影响是否符合消费者一般行为模型，即 S-O-R 模型的理论框架：营销刺激会使消费者产生心理活动，而这种心理变化会影响其消费行为；第二，为本书总体的研究设计一个合理、科学又涵盖研究主题的实验范式，并检验该范式的可行性；第三，进一步考察这一行为过程的神经机制，为后续研究奠定基础。这一环节的研究主要基于一项事件相关电位实验，同时辅以一项行为学实验，记录了 23 名被试的行为及脑电数据。行为数据包括被试对产品刺激的偏好程度评价以及表征购买意愿的“加入购物车”任务的完成情况；脑电数据包含了互动式营销策略结果的加工以及产品—价格信息加工等两个阶段的大脑活动情况。对研究一提出的假设的验证情况总结如下（如表 4. 6 所示）：

表 4.6 研究一假设验证情况总结表

假设对象	假设内容	验证情况
总体假设	H1：在 S-O-R 模型的理论框架下，互动式营销策略作为外部刺激，其中的输赢效应会对个体心理活动产生影响，这种影响源于短时情绪的诱发，继而使得个体对产品价格的感知形成差异，从而影响其购买意愿	成立
行为层面	H1-1：同一种实验条件下（连胜或连败），被试将低价产品加入购物车的数量高于高价产品	成立
	H1-2：不同实验条件下，连胜与连败相比，被试加入购物车的产品数量多，购买意愿强；反之则反是	成立
	H1-3：在没有输赢结果的启动下，被试对产品的偏好评价没有显著差异	成立
神经层面	H1-4：对于输赢效应的认知过程，会诱发与奖励和情绪处理相关的晚期 ERP 成分，不同实验条件下，诱发成分的幅值存在显著差异，且赢会诱发更为正性的情绪指标	部分成立
	H1-5：两轮猜拳的结果与一轮猜拳结果相比，诱发的脑电成分幅值存在显著差异，且连胜（或连败）与单胜（或单败）相比，幅值更高，唤醒度更强	成立
	H1-6：产品—价格信息加工阶段，由于输赢效应的刺激，会继续诱发情绪相关的 ERP 成分，不同实验条件下，产品诱发的 ERP 成分幅值存在显著差异，且连胜条件与连败条件相比，会诱发更为正性的情绪指标	部分成立
	H1-7：同等实验条件下（连胜或连败），不同价格类别（高价 vs. 低价）的产品诱发的 ERP 成分在幅值上存在显著差异，且低价产品会诱发更为正性的情绪指标	不成立

本书通过一项事件相关电位实验和一项行为学实验，无论在行为层面还是神经层面均获得了较为丰富的结论。本章研究是整本书的核心内容之一，同时也是本书的基础。接下来将总结归纳研究一在行为和脑电两个层面的研究结论，并对该结论进行讨论。

4.5.1 行为数据的结论与讨论

对于行为数据的分析，本书主要采用描述统计以及配对样本 t 检验的统计分析方法，考察被试在两种刺激条件下（连胜或连败）对产品价格的感知情况（高价或低价），并通过“加入购物车”的任务具体表征这一感知情况，从而探查被试的购买意愿。

通过脑电实验结束后进行的行为学实验结果可知，在没有输赢效应的刺激下，被试对呈现产品的偏好无明显差异，验证了假设 H1-3，同时，排除了实验过程中购买意愿受产品偏好影响的可能性。从脑电实验的行为结果来看，无论是连胜还是连败的情境下，均是低价的产品被加入购物车的数量更高，验证了假设 H1-1。此外，对比两种实验条件，不论是高价的还是低价的产品，当被试猜拳连胜的时候，将其加入购物车的比例均高于被试连败的时候，假设 H1-2 得到验证。本书两个实验的行为数据均验证了行为层面的假设，使得行为层面的所有假设都成立。

4.5.2 脑电数据的结论与讨论

脑电实验主要考察了被试猜拳游戏结果加工阶段以及产品—价格信息呈现阶段的大脑活动情况。为了更清晰地对脑电数据结论进行归纳和讨论，我们将分两个阶段并且根据发现的 ERP 成分来进行具体阐述。

4.5.2.1 游戏结果呈现阶段

通过对这一阶段脑电数据的分析，我们发现两个有效的 ERP 成分：P300 和 LPP。同时，通过重复性方差分析的检验，也得到“输”“赢”结果（包括 SW、SL、CW 和 CL 四种情况）的主效应具有显著差异，具体讨论如下：

（1）P300 成分。

P300 成分属于 ERP 研究中的晚期正成分，其峰值通常发生在刺激呈现后 300~600 毫秒，位于大脑中央顶叶区域，被认为是注意分配和动机凸显的表征成分（Ma & Hu，2015；Wu，2009；Nieuwenhuis et al.，2005）。Yeung 等（2004）利用一个简单的赌博游戏，检验了 P300 成分的性质，发现该成分与金钱的损益得失相关，当被试选择的结果带来奖励价值时，与其他选择相比，诱发了更大的 P300 成分波幅。因此，P300 成分也被认为表征了个体对奖励的评价或是对有利结果、喜好事物的态度（Hajcak et al.，2005；Yeung et al.，2005；Yeung & Sanfey，2004；Sato et al.，2005；Luo & Qu，2013）。Wu 等（2011，2012）的研究发现，与不看好的股票相比，被试看好的、认为其能有更大收益的股票诱发了振幅更大的 P300 成分。此外，拥有更大振幅的 P300 成分还反映了个体对正面结果的加工过程，而负面结果诱发的 P300 成分振幅更小（Hajack et al.，2004；Yeung et al.，2005；Peterburs et al.，2013）。在本书的实验设计中，猜拳是一项简单的任务，被试通常不需要太多思考，同时，猜拳的输赢结果不涉及金钱的损益，无论输赢，被试当下获得的报酬是固定的，然而，从脑电数据来看，单纯的“输”“赢”结果也诱发了被试大脑活动的 P300 成分，而且“赢”（包括单胜和连胜）诱发的 P300 成分的振幅大于“输”（包括单败和连败）。基于此，我们认为即便没有金钱奖励，“输”“赢”结果均会诱发表征奖赏感知的晚期 P300 成分，使得个体拥有收获奖励的感受；而“赢”诱发的更大幅值的 P300 成分也反映了个体更青睐于获得胜利的结果，符合多数人“喜欢赢而厌恶输”的态度。

（2）LPP 成分。

LPP 成分一直被认为与个体情绪的感知过程相关（Lifshitz，1966；Schupp et al.，2000；Cacioppo et al.，1996；Cuthbert et al.，2000），同时该成分也与刺激对个体情绪唤醒的强弱程度相关（Cuthbert et al.，2000）。在猜拳结果呈现这一阶段，我们发现连胜或连败的结果与单胜或单败的结果相比，诱发了更大的 LPP 成分振幅。因此，我们认为连胜（或连败）使得被试对结果的感知更强烈，而这一结果也满足了我们设计本书实验范式的其中一个初衷，即更有效地激发被试对互动式对战游戏结果的感知，使其具有更强的体验。然而，在这一阶段，我们并没有发现“输”“赢”结果之间 LPP 成分的差异性，结合 P300 成分的分析结果，连胜或连败结果使得被试心理感知更强，我们认为诱发的 LPP 成分虽然被视作情绪指标，但是在结果呈现阶段只是表征了情绪唤醒度的强弱，而没有反映情绪的效度。

总的来说，在猜拳结果呈现阶段，“输”“赢”结果均诱发了表征奖励信息处理的 P300 成分和表征情绪信息处理的 LPP 成分，连胜/连败结果诱发的 P300 成分和 LPP 成分振幅都比单胜/单败诱发的振幅大，且赢（包括单胜和连胜）的结果诱发的 P300 成分幅值也更大，因此，神经层面的假设 H1-4 和假设 H1-5 得以验证，即对于输赢效应的认知过程，会诱发与奖励和情绪处理相关的晚期 ERP 成分，不同实验条件下，诱发成分的幅值存在显著差异，连胜/连败的结果诱发的表征情绪唤醒度的 LPP 成分幅值更高，唤醒度更强。

4.5.2.2 产品—价格信息呈现阶段

在标有高价或低价信息的产品图片呈现阶段，我们发现两个有效的 ERP

成分：早期的P2成分和晚期的LPP成分，对这两个成分的具体讨论如下：

（1）P2成分。

产品—价格信息呈现阶段最先诱发了早期的P2成分，P2成分在很多相关研究中被认为与持续的愉悦度唤醒相关（Carretié et al.，2001a，2001b；Amrhein et al.，2004；Olofsson & Polich，2007；Olofsson et al.，2008）。P2成分出现在决策过程的早期，其脑区分布在前额与前额—中央联合区，它是一种表征早期知觉处理的成分，是快速的、自动的、无意识的（Hillyard et al.，1971；Li et al.，2005）。Kamei等（2018）的研究发现，连胜（Winning Streak，WS）条件触发了愉悦的情绪，其P2成分的振幅与连败（Losing Streak，LS）条件诱发的相比更大。本书的实验结果显示，两种猜拳结果后呈现的高价或低价的产品图片，均诱发了早期的P2成分，而高价的产品在连胜后呈现比在连败后呈现诱发了更大的P2振幅，但是其他条件下（包括CWHP vs. CWLP、CLHP vs. CLLP以及CWLP vs. CLLP）的P2成分差异不显著。Kamei的研究是针对连胜及连败的情境，考察被试在这两种条件下的心理反应及神经机制，本书不仅考察了胜、败情境下的心理过程，同时探讨了胜、败作为刺激，对个体后续认知及行为的影响。从P2成分的分析结果来看，连胜比连败诱发了被试更愉悦的情绪，这在被试对待高价产品时体现得更为深刻，对产品在高价条件下的感知，连胜和连败的影响存在显著差异。

（2）LPP成分。

在猜拳结果呈现阶段脑电成分的讨论中，我们提到，LPP被很多学者和研究认为是情绪的表征，Hajcak等（2010）总结LPP成分与情绪刺激的强度有关。本书的实验结果显示，猜拳结果刺激后呈现的产品图片均诱发了LPP成分，其中，连胜结果后呈现的高价产品（CWHP）比连败后呈现的高价产品（CLHP）诱发的LPP波幅大，二者的主效应存在显著差异。低价产品在连胜后呈现与在连败后呈现虽然在波幅上没有明显差异，但是峰值出现的时间点CWLP在先，CLLP在后，潜伏期存在显著差异。这说明在同样的价格信息条件下，连胜或连败的结果会对被试的价格感知产生影响。但是，在同样的游戏结果刺激下，高价或低价产品诱发的LPP成分的主效应没有明显差异。

基于此，神经层面的假设H1-6得到部分验证，即产品—价格信息加工阶段，由于输赢效应的刺激，会继续诱发情绪相关的 ERP 成分（P2 成分和 LPP 成分），且不同实验条件下，产品诱发的 ERP 成分幅值存在显著差异，且对于高价产品，连胜条件与连败条件相比，会诱发更为正性的情绪指标。然而，假设 H1-7 不成立，同种实验条件下，低价产品与高价产品诱发的 P2 成分振幅上没有显著差异。

4.5.3 综合讨论

通过对行为数据和脑电数据的整理、分析以及讨论，本章开篇提出的假设行为层面全部得到验证，神经层面也得到了大部分的验证。从行为结果来看，在没有输赢效应的刺激下，被试对所呈现的产品的偏好没有显著差异，根据已有的对消费者价格感知的研究结论，理论上消费者更青睐于价格更低的产品，我们的结果也验证了这一理论，在同等实验条件刺激下（连胜或连败），被试将价格低的产品加入购物车的比例均高于价格高的产品。但是在不同实验条件刺激下（连胜 vs. 连败），当被试连续获胜时，无论是高价的还是低价的产品，被加入购物车的数量都比连败时高。

结合脑电数据的分析结果，赢的结果会让被试感知到奖赏带来的愉悦感，表现在 P300 成分的诱发；而连续胜利又增强了这种感受，使得情绪的唤醒度更强（LPP 成分诱发表征），这种情绪的唤醒延续到了产品—价格信息呈现的阶段，使得在这一阶段，早期的 P2 成分首先被诱发，继而诱发了晚期的 LPP 成分。P2 成分以及 LPP 成分均被认为是代表情绪的脑电指标，因此，被试后续的“加入购物车”行为实则是这一阶段认知加工的结果。

在同种刺激条件下，被试都是更多地将低价的移动硬盘加入购物车，从脑电结果看，无论是 P2 成分，还是 LPP 成分，在相同的游戏结果刺激下，高价和低价产品诱发的振幅均无明显差异，这说明同种情绪情境下，被试的行为模式更多地依赖于以往的经验和对价格的一般感知，即除非是自己特别偏好的产品，那么消费者在购物时通常会避免过高的价格。但是，对比不同的实验条件下的行为，连胜刺激下的高价产品和低价产品的加购数量都要高于连败的情境。脑电结果也给出了相应的印证与解释，对于高价产品，连胜情境下诱发的早期 P2 成分和晚期 LPP 成分与连败情境下诱发的主效应具有显著差异，且无论是 P2 成分还是 LPP 成分的振幅都更大。这说明，这一阶段被试的价格感知主要是由于上一阶段猜拳结果对内在情绪的唤醒，且连胜的结果诱发了更为正性的情绪状态。对于低价产品，仅在 LPP 成分峰值的潜伏期上发现了显著差异，且 CWLP 的峰值更早地发生。基于此，我们认为连胜或连败的结果确实对被试的价格感知产生了影响，在进行低价产品的信息处理时，被试会习惯性地将其多加入购物车，但是连胜的结果使得其正性情绪更早地被唤醒，因此连胜条件下的加购数量会更多。而对于高价产品，被试会加入更多的信息加工，以判断是否将其加入购物车，在这一加工过程中，输赢效应带来的短时情绪变化就起到了主要的作用，连胜的情境诱发了更正性的情绪以及更强的情绪唤醒度（P300 成分及 LPP 成分表征），而这种情绪唤醒延续到产品—价格信息呈现阶段，因此被试看到 CWHP 时的 P2 成分以及 LPP 成分幅值都比 CLHP 更大，也使得其将 CWHP 加购的数量更多。

综上所述，通过对行为结果和脑电结果的归纳及分析，研究一的总体假设 H1——在 S-O-R 模型的理论框架下，互动式营销策略作为外部刺激，其中的输赢效应会对个体心理活动产生影响，这种影响源于短时情绪的诱发，继而使得个体对产品价格的感知形成差异，从而影响其购买意愿得以验证。互动式营销策略中输赢效应对个体心理活动的影响，其实来自其对被试短时情绪的调动，而这种短时情绪诱发带来的情绪效价和唤醒度上的变化影响了被试的价格感知，从而进一步影响其购买意愿。因此，本书设计的实验范式其实也是一种创新的短时情绪启动范式，Gajewski 等（2016）曾经也采用情绪启动与购买决策任务相结合的实验范式研究消费者购买行为，但由于他们使用面部表情作为启动刺激，并且没有将这些人脸图片与购买任务联系起来，因此其研究结果没有发现情绪启动对被试购买行为产生显著影响，本书提出的范式采用了一种简单的、被大众熟知的互动式对战游戏——猜拳作为启动方式，并将这一启动方式很好地与真实的消费情境相结合，为被试完成猜拳与加入购物车两项任务提供了合理的情境预设，此外，同时招募两名被试共同完成实验，使得被试具有更强的临场感，能更真实地反映其心理活动过程及购买行为中的认知状态。从以上结果可知，以互动式营销策略中的输赢效应为外部刺激，能诱发个体的短时情绪，这种短时情绪变化影响了其对不同价格条件的感知，从而对购买意愿产生了影响。

然而，对于 P2 成分以及 LPP 成分的解释，也存在一些不同的角度。P2 成分作为早期的 ERP 成分，通常在刺激呈现后 250~350 毫秒出现峰值，一些研究提出 P2 成分的诱发与注意力分配相关，且负性刺激诱发的 P2 成分幅值要大于正性刺激诱发的幅值，换句话说，个体对于负性刺激分配了更多的注意力（Carretié et al.，2001；Huang & Luo，2006；Wang et al.，2012）。著名的心理学 oddball 实验范式发现，无论是视觉刺激还是听觉刺激，P2 成分对非靶向刺激的敏感度都更高（Novak et al.，1992；Garcia-Larrea et al.，1992）。Tortosa 等（2013）的研究发现，相较于正性或负性刺激，中性刺激能诱发幅值更大的 P2 成分，而 Dennis 和 Chen（2007）的研究则发现，负性情绪刺激诱发的 P2 成分幅值更大。Feng 等（2012）还提出 P2 成分与情感刺激的内隐加工有关，且在此过程中，效价与唤醒交互作用。此外，前人的研究指出在刺激呈现后 200~400 毫秒诱发的 ERP 成分与对视觉刺激的评价感知相关（Handy et al.，2010；Li et al.，2015），对于较为偏好的产品或是正性刺激，P2 成分的自动化唤醒程度更高（Van Strien et al.，2009）。Guo 等（2016）的研究发现，对于被试喜欢的智能手机设计图片，诱发了幅值更大的 P2 成分。对于 LPP 成分的研究，也存在不同角度的阐释。与 P2 成分相似，一些研究也将其与注意力相关联，McDermott 和 Egwuatu（2019）的一项关于儿童注意力的研究发现，年龄较小的孩子拥有持续性更强的注意力，其诱发的 LPP 成分幅值也更大，而男孩和女孩诱发的 LPP 成分幅值在不同大脑区域存在不同。同时，有学者指出，LPP 成分在前额和顶区的诱发可能反映视觉处理和注意力网络之间的关联发展（Kujawa et al.，2013；Moratti et al.，2011）。还有一些研究发现 LPP 成分的诱发与社会性奖赏（social reward）有关。当利用面孔刺激来对社会性奖赏进行评估时，发现青少年被试和成人被试对于快乐的面孔图片，诱发的 LPP 成分幅值更低。同时，男性相比女性，对于基于目标的奖赏性图片诱发了更大的 LPP 成分幅值（MacNamara et al.，2016；Smith et al.，2013）。Chen 等（2010）的研究则从从众与反从众的角度，研究了被试网络购买图书的行为，发现对于三种不同形式的评论线索，被试诱发的 LPP 成分幅值差异显著，提出可以将 LPP 成分作为从众或反从众行为的判断指标。因此，为了证实这两个成分的确是由于短时情绪的调动而变化，我们将在研究二中使用同样的范式开展一项功能性磁共振实验，从脑功能空间定位的角度，验证研究一中的结论，为后续研究提供论证依据。

4.6 本章小结

本章是本书的第一个认知神经科学实验研究，是后面两项子研究的奠基石。本章第4.2节根据本书的理论框架提出了研究一的总体假设，并根据研究目的提出了行为层面及神经层面的假设。然后，在前人研究的基础上设计了具体的实验范式，并开展了一项事件相关电位实验以及一项行为学实验。通过对行为、脑电等数据的处理和分析，了解了被试实验过程中具体的认知加工过程，揭示了互动式营销策略中输赢效应对个体心理活动影响的神经机制。通过事件相关电位实验，验证了本书提出的大部分假设，证实本书设计的实验范式能满足我们的研究主题和研究目的。初步确定在S-O-R模型的理论框架下，互动式营销策略中的输赢效应会诱发个体的短时情绪，从而影响其价格感知，继而影响其购买意愿。

5 研究二：互动式营销策略诱发短时情绪对个体购买意愿的影响：来自fMRI实验的证据

5.1 研究目的

研究二是在研究一的基础上，继续进行一项功能性磁共振实验，通过寻找外部刺激呈现阶段（猜拳结果）以及产品—价格信息呈现阶段（高价或低价的产品）被试大脑的活动情况，定位相关的脑功能区，并依托已有的文献成果，判断活动的脑区是否属于情绪信息加工脑区，以此验证研究一的结论。因此，本章研究的目的主要有以下两个方面：

首先，本章是从脑功能定位的角度出发，考察互动式营销策略中的输赢效应对个体购买意愿影响的神经机制。研究一是从认知时间加工的维度，利用猜拳游戏表征互动式营销策略中的输赢效应、加入购物车的任务代表个体购买意愿，探查了双人对战游戏结果对被试加入购物车行为的影响及其内在神经机制，研究结果显示互动式营销策略中的输赢效应会诱发奖赏系统的指标 P300 和情绪唤醒度指标 LPP，继而延续到产品—价格信息加工阶段，诱发两个情绪的脑电指标：P2 成分和 LPP 成分。因此，我们认为互动式营销策略中的输赢效应对个体内在心理活动的影响，其实是因为其诱发了个体的短时情绪，而情绪的调动和变化，使得他们对产品价格的感知发生变化，从而最终影响其购买意愿（“加入购物车”的行为），这一过程也符合消费者一般行为模型——S-O-R 模型的理论阐述。但是，在研究一的总结中也提到，对于 P2 和 LPP 等脑电成分的解释没有完全统一的标准，为了进一步确定以上脑电成分的诱发的确来自个体短时情绪的诱发，本章中我们采用与研究一相同的实验范式进行功能性磁共振实验，如果实验结果显示刺激和任务阶段被试参与情绪信息加工的脑区被激活，就可以使研究一的结论得以验证，为今后的研究夯实基础。

其次，对研究一的实验范式进行进一步验证。本章将招募一组新的被试，通过在神经营销学以及消费者神经科学中被广泛接受的神经科学技术——功能性磁共振成像开展与研究一范式基本一致的实验，目的在于更深入地验证输赢效应作为短时情绪启动实验范式的可行性，从神经层面看，如果发现该任务模式下有参与情绪加工的脑区被激活，则说明互动式营销策略中的输赢效应会诱发短时情绪，而该范式可以作为一种创新的短时情绪启动范式在消费者神经科学领域进行推广。从行为层面看，如果本章获得了与研究一相似的行为结果，就能进一步证明“互动式营销策略中的输赢效应会诱发短时情绪，继而影响个体的购买意愿”的论点。

5.2 研究假设

根据本书的研究目的，我们首先提出研究二的总体假设：

H2：在 S-O-R 模型框架下，互动式营销策略中的输赢效应会使得个体参与情绪信息处理和加工的脑区激活，从而影响其购买意愿。

5.2.1 行为层面的假设

本章的实验范式是在研究一范式的基础上进行呈现时间的调整，为了检验此范式的稳定性及可行性，在行为层面，我们提出与研究一基本一致的假设，即：

H2-1：同一种实验条件下（连胜或连败），被试将低价产品加入购物车的数量高于高价产品。

H2-2：不同实验条件下，连胜与连败相比，被试加入购物车的产品数量多，购买意愿强；反之则反是。

在研究一中，我们通过一项行为学实验，证实在没有输赢效应的刺激下，被试对所呈现的产品没有显著的偏好差异，而研究二使用的实验材料与研究一一致，因此，在研究二中，我们不再重复进行偏好评价的行为学实验。

5.2.2 神经层面的假设

与研究一不同，本章从脑功能定位的角度出发，验证研究一中“互动式营销策略中输赢效应对短时情绪的诱发，影响了个体的价格感知及购买意愿”的结论，因此，本章神经层面的假设将从脑区活动的角度提出。

首先，从研究一的脑电数据来看，猜拳游戏结果呈现阶段诱发了表征被试奖赏信息处理的 P300 成分以及表征情绪唤醒程度的 LPP 成分，因此，从脑区活动定位的角度来看，我们提出以下假设：

H2-3：对于输赢效应的认知过程，会使得参与奖赏信息处理及加工的脑区得到激活。

H2-4：对于输赢效应的认知过程，会使得参与情绪信息处理及加工的脑区得到激活，且连胜或连败两种实验条件会使得相关脑区的激活程度不同。

其次，在产品—价格信息呈现阶段，研究一的实验结果发现了表征情绪的早期 P2 成分以及晚期 LPP 成分，因此，对于研究二的 fMRI 实验结果，我们提出以下假设：

H2-5：产品—价格信息呈现阶段，会诱发被试的情绪体验，使得参与情绪加工的脑区得到激活，且不同的价格信息会使得相关脑区的激活程度不同。

5.2.3 对研究二假设的总结

在上一小节，我们从行为层面和神经层面提出了研究二的假设，表 5.1 对本章提出的假设进行了归纳总结。

表 5.1 对研究二假设的总结

假设对象	假设内容
总体假设	H2：在 S-O-R 模型框架下，互动式营销策略中的输赢效应会使得个体参与情绪信息处理和加工的脑区激活，从而影响其购买意愿
行为层面	H2-1：同一种实验条件下（连胜或连败），被试将低价产品加入购物车的数量高于高价产品 H2-2：不同实验条件下，连胜与连败相比，被试加入购物车的产品数量多，购买意愿强；反之则反是
神经层面	H2-3：对于输赢效应的认知过程，会使得参与奖赏信息处理及加工的脑区得到激活 H2-4：对于输赢效应的认知过程，会使得参与情绪信息处理及加工的脑区得到激活，且连胜或连败两种实验条件会使得相关脑区的激活程度不同 H2-5：产品—价格信息呈现阶段，会诱发被试的情绪体验，使得参与情绪加工的脑区得到激活，且不同的价格信息，会使得相关脑区的激活程度不同

5.3 研究方法

5.3.1 实验被试

本书的研究对象与研究一一样，均是消费个体，研究目的是从脑功能区域定位的角度考察基于用户参与的互动式营销策略中的输赢效应是否对个体购买行为产生影响及其内在神经机制。参考相关的神经营销学及消费者神经科学已发表的论文，采用 fMRI 实验的研究大多招募在校大学生担任实验被试（Knutson et al.，2007）。同时，根据 Picton 和 Bentin 等（2000）提出的神经科学实验研究的常规，及满足实验的可操作性和便利性等要求，我们仍然通过浙江大学 BBS 论坛发布招募信息，并留下主试的联系电话，方便与报名被试沟通。通过招募，21 名在校学生报名参与了实验，其中女生 5 名，所有被试年龄均在 20~29 岁，平均年龄为 23.71 岁，标准差为 2.15 岁。实验过程中，由于 2 名被试的头动范围超过了一般医学文献的常见标准，被剔除，因此，最终有效的被试数为 19 名，其中女生 5 名，年龄在 20~29 岁，平均年龄为 23.79 岁，标准差为 2.25 岁。所有被试都符合 fMRI 实验的基本要求，全部为右利手，视力或配戴 fMRI 实验专用的眼镜后的矫正视力正常，没有神经或精神疾病史或幽闭恐惧症，皮肤表面没有文身，体内也没有金属植入，同时，在被试正式实验前提醒其保证良好的睡眠和平和的心态，不饮酒，在实验当天不过量饮用诸如咖啡、浓茶等刺激性饮料。研究二的实验设计通过了浙江大学神经管理学实验室伦理委员会的审批，实验开始前，每位被试充分了解了功能性磁共振实验的具体流程，并签署了浙江大学 3T 磁共振安全筛查表（试行）以及 fMRI 实验知情同意书，表明其知道实验对身心不构成任何不良伤害，并且自愿参加实验。

5.3.2 实验材料

由于本章是对研究一结论的进一步验证，因此实验使用的材料以及提供给被试阅读的实验指导语均与研究一一致，这里不再赘述，详情可参见第 4.3.2 节。

5.3.3 实验范式

因为本章是对研究一结论的检验，因此，我们使用与研究一相同的实验材料和实验任务进行 fMRI 实验。由于 fMRI 进行一次全脑扫描的时间为秒级，因此，与 ERP 实验较高的时间精度不同，本实验的刺激呈现时间在 ERP 实验的基础上进行了适当延长，刺激条件呈现的时间为 2 秒或 2 秒的倍数。首先，以在屏幕中央的“+”号提示被试每一轮实验试次的开始，呈现时间为 2 秒；接着，被试进行两轮猜拳游戏，被试确定出拳后，呈现 1~2 秒的随机空屏，然后显示猜拳结果。2 秒的猜拳结果呈现后，出现不同价格信息的移动硬盘图片（高价或低价），呈现时间为 2 秒。最后在产品图片下方出现选择信息，被试判断是否将所见的移动硬盘加入购物车（如图 5.1 所示）。

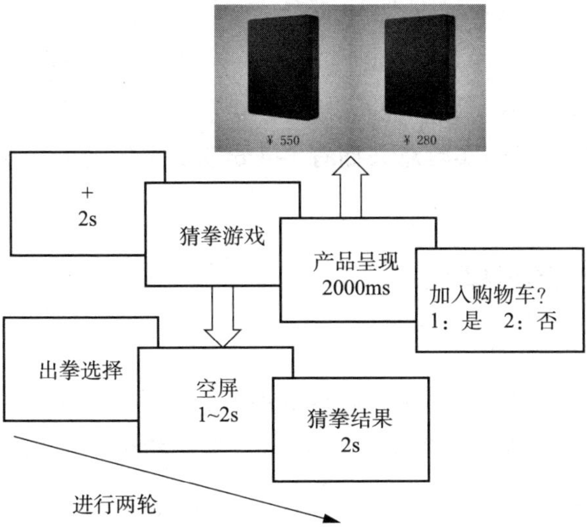

图 5.1 研究二实验范式

与 ERP 实验一样，为了保证采集数据的质量，实验持续时间不宜过长，以免造成被试疲劳，同时，为了尽可能真实地模拟猜拳结果的随机性，除了有效试次（包括连胜和连败等条件）外，本实验必须加入一些后期不进行分析的无效试次（如连续平局、一赢一平或一输一平等条件），综合这两点要求，本实验将整个实验过程分割为6个任务模块（run），run与run中间，被试可以休息3~5分钟，总共休息5次，以确保良好的精神状态完成实验。由于没有条件同时进行2名被试的磁共振扫描，为了增加被试的临场感和真实感，本实验中安排一名实验辅助人员作为虚拟被试，并在正式实验前告诉真实被试虚拟被试是与他/她进行猜拳游戏的同学，同时，出于伦理方面的考虑，全部实验结束后，告知被试虚拟被试的真实身份。本实验仍然使用E-Prime2.0.8软件控制猜拳游戏的结果，使得各种条件的结果随机呈现，保证足够数量的有效试次。

在研究一的脑电实验中，我们共使用30张移动硬盘的图片与连胜或连败的实验条件进行匹配，得到每种条件下各30实验试次。由于fMRI实验所呈现的刺激时间延长，考虑到实验时间不宜过长，加之磁共振实验对每个条件下有效试次数的要求没有ERP实验多，因此，我们利用Windows Office 2007软件包中的Excel表格，在原有的四组共60张移动硬盘的图片中，每组随机抽取10张图片组成fMRI实验的图片库，并按照原有的分组配对情况，每张图片随机呈现两次，最后得到连胜/连败—高价各20试次，连胜/连败—低价各20试次，其他条件下高价和低价产品呈现共64次，最终实验总共拥有144试次，分割为6个run，每个run有24试次。

5.3.4 实验过程

（1）实验准备阶段。

实验在位于浙江大学华家池校区的浙江大学脑影像科学技术中心的功能性磁共振实验室进行。被试进入实验室后，首先更换实验服，摘除手表、首饰等含有金属材质的随身物品，之后由主试向被试介绍实验过程和磁共振实验的注意事项，并让被试填写浙江大学3T磁共振安全筛查表（试行）以及实验知情同意书，表明其知道实验过程对其身心无害，自愿参加实验。主试根据筛查表的内容，逐项核查被试的身体状况是否符合磁共振扫描的要求，核实之后向被试提供与实验相关的实验指导语，介绍实验背景及具体的实验操作并回答被试提出的疑问。然后让被试在扫描间外的电脑上进行几个轮次的练习，熟悉实验过程和按键，确保正式实验的顺利进行。在实验开始前为佩戴眼镜的被试调配磁共振实验专用的近视（远视）眼镜，并在进入磁共振实验间时用金属探测仪进行检查，再次确认安全性，同时，为被试提供一次性 3M 品牌的防噪耳塞，以降低磁共振扫描仪较大的噪声带来的不适感。准备工作结束后，正式进入磁共振扫描间进行实验。

（2）实验任务及扫描阶段。

被试戴好防噪耳塞以及专用眼镜后，由专业的实验操作员带领进入扫描间，平躺进入磁共振扫描仪（德国西门子 3.0 特斯拉 Magnetom Prisma 磁共振扫描仪），实验操作员为其戴上头戴式防噪耳机，并调整其头部位置，在头部两侧放置弧形海绵帮助被试固定头部位置，并在头部上方放置 64 通道头颈联合线圈，然后让被试调整到舒适位置并能通过线圈上的镜子看到实验程序显示的屏幕，并确定其了解双手握住的按钮数字（如图 5.2 及图 5.3 所示）。

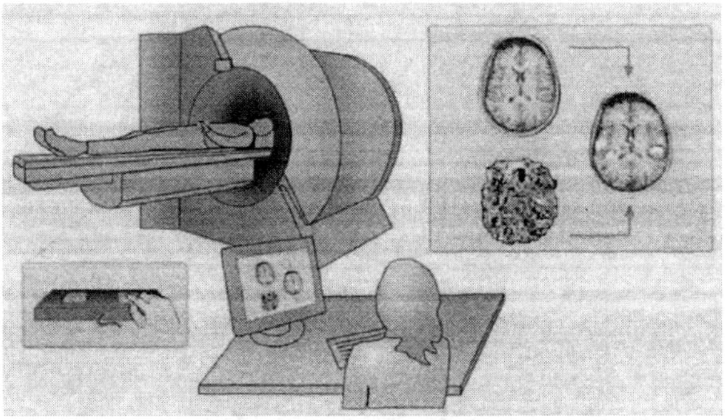

图 5.2　fMRI 实验数据采集

资料来源：沈强．基于决策神经科学的风险决策机理研究［D］．浙江：浙江大学，2011。

正式实验任务开始前，先通过仪器获得大脑冠状面（coronal plane）、矢状面（sagittal plane）以及横断面（transverse plane）的三视图，然后利用大脑解剖的前联合的下部与后联合的上部的连线进行扫描定位（如图 5.4 所示），告知被试放松躺好，保持头部不动，进行 5 分钟的 T1 结构像扫描，扫描参数为：脉冲序列重复时间（TR）为 2300 毫秒，回波时间（TE）为 2.26 毫秒，视野范围（FoV）为 256 毫米，体素大小（voxel size）为 1.0 毫米×1.0 毫米×1.0 毫米，相位为 100%。

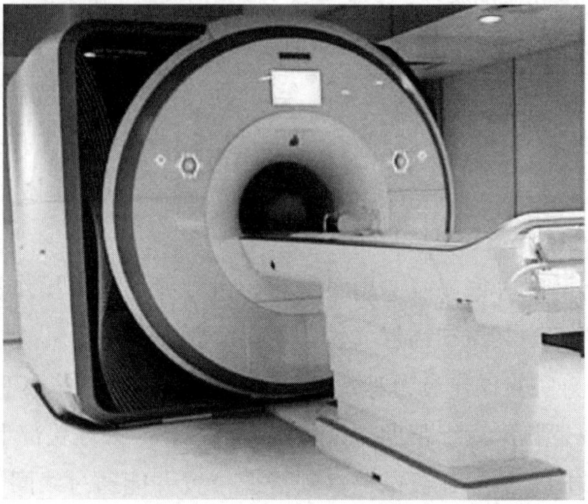

图 5.3　西门子 3T Prisma 扫描仪设备

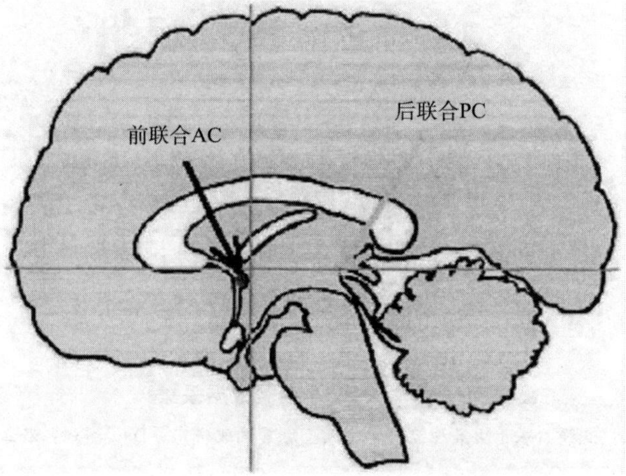

图 5.4　大脑前后联合线（AC-PC line）

资料来源：沈强．基于决策神经科学的风险决策机理研究［D］．浙江：浙江大学，2011。

T1 结构像扫描结束后，主试通过内外连接的话筒询问被试是否准备好正式开始实验任务，确定后，开始 T2 功能像的扫描。功能像扫描主要利用平面回波成像的方法（Echo-Planar Imaging，EPI），扫描参数为：脉冲序列重复时间为 2000 毫秒，回波时间为 25 毫秒，视野范围为 220 毫米，层间距为零，体素大小为 3.4 毫米×3.4 毫米×3.4 毫米，层厚为 3.4 毫米，进行隔层扫描，一个 TR 周期内一共扫描 35 层。实验刺激由脑功能视听觉刺激系统（SINORAD，SA-9900，深圳市美德医疗有限公司，中国）与 E-Prime 2.0.8（美国匹兹堡心理学软件公司）呈现（如图 5.5 所示），同时，同步记录被试的行为数据以及功能性磁共振成像扫描数据。实验过程中，主试通过扫描间外的显示屏实时观察被试的按键情况，对于异常情况，进行书面记录，并在实验中途休息时与被试进行沟通。

图 5.5　脑功能视听觉刺激系统

（3）扫描后阶段。

磁共振实验结束后，被试离开扫描间，更换衣服并稍事休息后，需要根据实验过程，据实填写一份问卷，问卷采用 Likert7 分量表，要求被试对实验过程中情绪状态的效度（非常不愉快—非常愉快）及唤醒度（非常平静—非常强烈）进行评价。被试完成问卷填写后获得实验报酬，完成全部实验。

5.4　数据分析

5.4.1　行为数据分析

除了记录被试实验过程中的按键选择外，fMRI 实验结束后，我们还通过自我报告的方式，使用问卷量表测量了被试实验过程中的情绪状态（效价和唤醒度），因此，关于行为数据的分析主要包含两个部分，即实验阶段的行为结果以及自我报告的结果分析。

5.4.1.1 fMRI 实验的行为结果分析

实验任务阶段的所有行为数据（包括实验条件呈现的时间点及被试的按键选择结果）通过 E-Prime 2.0.8 软件进行同步记录。分析方法与研究一的行为数据处理方法一致，利用 SPSS 17.0 软件对行为数据进行描述性统计分析及配对样本 t 检验统计，具体结果如下：

根据研究目的，我们仍然主要考察连胜以及连败条件下高价或低价的产品加入购物车的比例。我们统计了每个被试四种配对条件下将产品加入购物车的数量，并进行了计算汇总，结果表明，CWHP 产品加入购物车的比例总体来说为 63.68%（标准差为 0.35），CWLP 产品加入购物车的比例为 83.16%（标准差为 0.23）；CLHP 产品加入购物车的比例为 25.79%（标准差为 0.28），而 CLLP 产品加入购物车的比例为 59.47%（标准差为 0.32）。从描述性统计结果来看，在相同的游戏结果刺激下，无论是连胜，还是连败，低价产品加入购物车的比例均高于高价产品。在不同的游戏结果刺激条件下，无论是高价产品还是低价产品，连胜条件刺激下的加购比例均高于连败条件的刺激（见图 5.6），这一结果与研究一的行为结果一致。

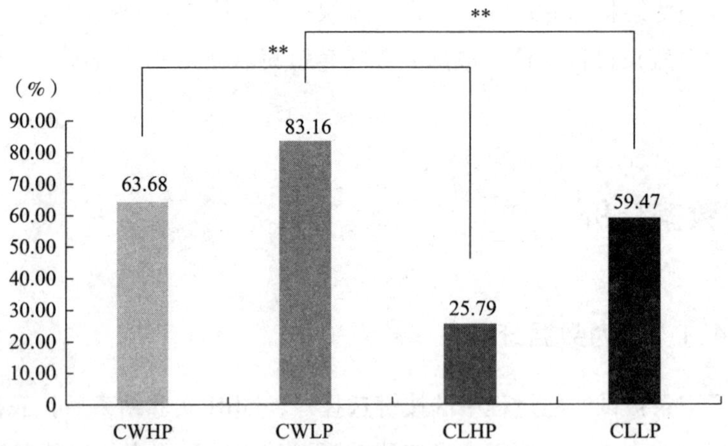

图 5.6 研究二 fMRI 实验不同条件下产品加购比例

注：* * 表示 p 值<0.01。

配对样本 t 检验的统计结果显示，CWHP 与 CWLP 加入购物车比例的差异边际性显著（$t_{CWHP-CWLP}=1.95$，$p=0.067$），其他配对条件两两之间的总体差异均显著（$t_{CLHP-CLLP}=4.08$，$p=0.001$；$t_{CWHP-CLHP}=4.51$，$p<0.001$；$t_{CWLP-CLLP}=2.66$，$p=0.016$）。

5.4.1.2 自我报告结果分析

fMRI 实验扫描结束后，我们让被试回忆当时的实验过程，针对“赢”“输”（单胜、单败、连胜和连败）等条件，用 Likert7 分量表从情绪状态的两个维度（效价和唤醒度）对自身情况进行评价。对这一部分数据的处理，同样采用 SPSS 17.0 软件进行描述性统计以及配对样本 t 检验等统计分析。从情绪效价的评价结果来看，“赢”的愉悦程度评价总体高于“输”[SW(Mean=5.42，SD=0.84)>SL（Mean=2.79，SD=0.71）；CW(Mean=5.84，SD=0.83)>CL（Mean=2.16，SD=0.898）]，配对样本 t 检验的结果也显示被试对这四种条件的评分存在显著性差异（$t_{SW-SL}=10.769$，$p<0.001$；$t_{CW-CL}=13.335$，$p<0.001$；$t_{CW-SW}=3.618$，$p=0.002$；$t_{CL-SL}=-3.618$，$p=0.002$），如图 5.7 所示。而情绪唤醒度的结果显示，连败与单败相比，被试自我报告的情绪唤醒度更强，且差异显著（$Mean_{SL}=3$，$SD=0.89$；$Mean_{CL}=3.95$，$SD=0.85$；$t_{CL-SL}=4.256$，$p<0.001$），但是，对于连胜和单胜情绪唤醒度的评价无明显差异（$Mean_{SW}=3.42$，$SD=0.84$；$Mean_{CW}=3.74$，$SD=0.73$；$t_{CW-SW}=1.372$，$p=0.187$），如图 5.8 所示。

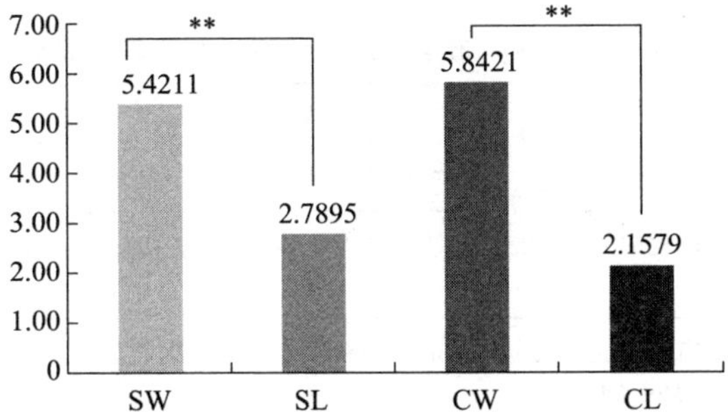

图 5.7 四种输赢条件下被试情绪效度评价

注：＊＊表示 p 值<0.01。

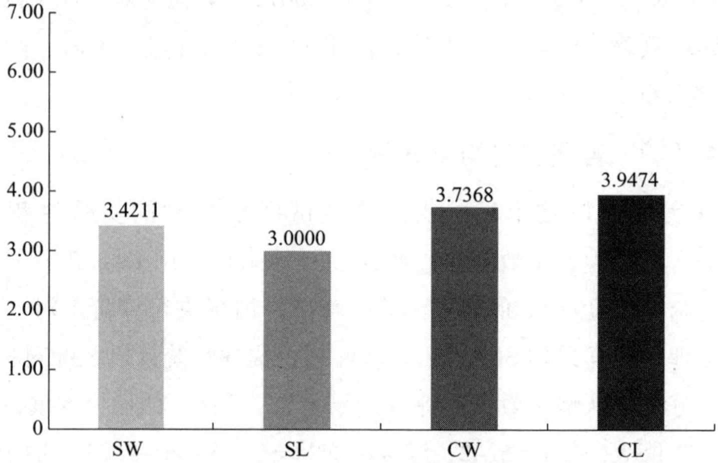

图 5.8　四种输赢条件下被试情绪唤醒度评价

5.4.2　磁共振数据分析

5.4.2.1　磁共振数据处理步骤

本书应用依托于 Matlab 软件系统的开源软件包 SPM8（Wellcome 脑成像研究中心，伦敦大学学院，英国）及相关配套软件如 MRIconvert、xjview 等进行磁共振数据的处理分析以及结果查看等。另外，为了之后更清楚地表达磁共振数据处理的过程，这里根据李典典博士论文中的整理，对相关的英文术语进行阐述，详见表 5.2。

表 5.2　fMRI 实验中使用的相关英文术语的解释

英文术语	含义
session	从一个被试进入磁共振扫描仪到实验任务结束离开之间的一次完整的扫描过程
run	一次扫描过程中的一个扫描阶段，类似于脑电实验中的一个模块，每个 run 之间是任务的暂停
volume	磁共振扫描仪完成一次全脑扫描，并获取全脑数据的过程，这个过程花费的时间长度即为 TR 的时间
slice	在一次全脑扫描的过程中，通过仪器将大脑分为多个层次进行逐层扫描的扫描方式
voxel	体素是磁共振扫描中最小的空间单位，其大小决定了扫描的空间分辨率

资料来源：李典典．管理判断中锚定效应的生成机制——基于决策神经科学的研究［D］．浙江大学，2015。

图 5.9 展示了使用 SPM8 进行数据处理的大致步骤，具体的处理过程阐述如下：

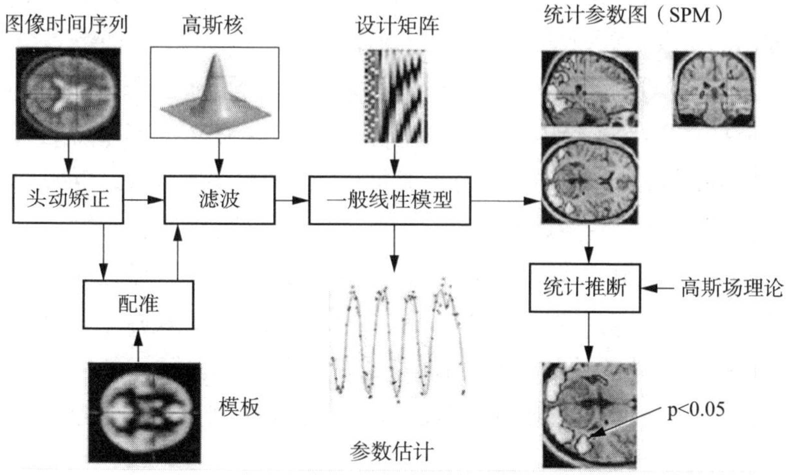

图 5.9 SPM 数据处理流程①

资料来源：SPM8 操作手册。

（1）数据格式转换。

实验过程中采集的原始数据为 DICOM（The Digital Imaging and Communications in Medicine）格式，SPM8 不能识别，因此，在进行预处理之前，需要将每一个被试的原始数据转换为 SPM8 能够处理的 .nii 格式的文件。本实验利用 MRIconvert 2.0 软件（Lewis 成像中心，俄勒冈大学，美国）将实验的原始数据转换为采用 NIfTI 协议的 .nii 格式的文件。

（2）预处理。

1）时间序列矫正（slice timing）。磁共振扫描时，一个时间点扫描一层，所获得的数据在每一层上的时间是不一致的，因此，在这一步骤中，我们矫正每个 TR 扫描周期中层与层之间的图像信息获取时间的差异，使得一个 TR 内各层的时间一致。又因为本实验为隔层扫描（interleaved），因此时间序列矫正在前，头动矫正在后。

2）头动矫正（realignment）。实验过程中，我们会要求被试尽量保持

① 图中所示的 $p<0.05$ 的概率阈值不是绝对标准，而是常规取值。

头部不动，然而，或多或少的头动情况不可完全避免。因此，在这一步骤中，利用算法对被试头动数据进行矫正。该算法通过对大脑的四个方向（前、后、左、右）的水平平动与两个方向（顺时针、逆时针）的转动等六个方向的头动进行计算，将每个 run 的第一个扫描图像与第一个 run 的第一个扫描图像进行比较，然后将每个 run 中余下的扫描图像与本 run 中的第一个扫描图像进行比较，得到每个扫描图像文件（.img）的转换参数，生成 .mat 格式的文件，同时生成每个 run 的对齐参数（realignment parameters）和存储这些参数的 .txt 文件。矫正后，会生成直观的包括平动（translation）和旋转（rotation）在内的头动参数曲线图，帮助判断被试实验过程中的头动严重与否。一般来说，头动的幅度不宜超过一个体素的大小或者在平动 1 毫米以内、转动 1.5 度以内，如果头动幅度在这一范围内，则继续进行以下数据处理步骤，若超过这一范围，则应该删除这类被试的数据，不纳入后续的分析。

3）配准（coregister）。由于头动矫正的求解参数仅对同一被试的同种成像方法有效，而本实验扫描的结构像和功能像采用了不同的成像参数和方法，因此不能直接用来比较，需要利用图像配准的方法来做空间矫正。具体做法是，将每个被试所有的扫描图像与一个 volume 对齐，将功能像与结构像的信息进行变换。同时，选择配准里的 estimate，由功能像向结构像匹配，然后将包含功能像信息的矩阵写入 .hdr 格式的文件，并存入结构像中。

4）分割（segment）。这一步是将结构像按灰质、白质和脑脊液三个部分进行分割，目的是将结构像扫描图像匹配到功能像里，为下一个步骤做准备。

5）空间标准化（normalize）。空间标准化的目的是解决被试之间大脑结构差异的问题，这一步将扫描的图像按照一定的模板进行标准化处理，将不同容积、不同形状的被试大脑放到一个标准的空间里。具体来说，本实验是选用在上一步头动矫正中获得的平均像与 T1 结构像进行比较，得到标准化参数，体素大小为 3 毫米×3 毫米×3 毫米，然后根据此参数对每个 .img 图像文件进行标准化处理。

6）平滑（smooth）。平滑的目的是降低硬件以及被试生理活动等带来的噪声及其他随机噪声对实验数据的影响，提高信噪比。首先，将配准后得到的图像文件与一个三维高斯函数卷积进行滤波，滤波的平滑范围用高斯核（Gaussian kemel）的全宽半高（Full Width at Half Maximum，FWHM）表示，本实验采取 6×6×6 毫米的 FWHM 值进行数据平滑。到这里，就完成了对 fMRI 数据预处理的所有步骤。

（3）建立广义线性模型。

1）一阶建模（1st-level analysis）。一阶建模，也称为第一水平建模，即以单个被试为对象，将实验过程中认为的会对 BOLD 信号产生影响的诸多因素设为自变量，将 BOLD 信号本身设为因变量，建立广义线性模型（Generalized Linear Model，GLM），然后进行模型估计（estimation），并根据 t 值或 F 值及相应阈值，得到该阈值对应置信度的脑功能激活图（contrast）。

广义线性模型是简单最小二乘法回归（Ordinary Least Square，OLS）的扩展，GLM 将 OLS 的假设放宽，认为响应变量可以是正整数或分类数据，其分布为某指数的分布族，同时，响应变量期望值的连接函数与预测变量间存在线性关系。从理论上来说，预处理完成的 fMRI 实验数据可以直接进行统计分析，然而，实际的磁共振信号中包含很多因素，有些因素并不是我们感兴趣的，还有一些属于误差项，因此，我们利用广义线性模型对采集到大脑的信号进行分类后再进行统计分析。其数学表达式为：$y=\beta\times X+e$，其中，y 表示每个像素上的实验数据，$\beta\times X$ 是一些未知参数的线性组合，e 是误差（如图 5. 10 所示）。

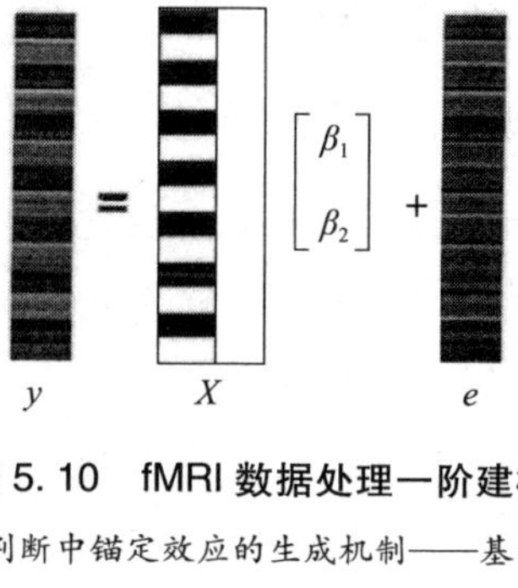

图 5. 10　fMRI 数据处理一阶建模

资料来源：李典典. 管理判断中锚定效应的生成机制——基于决策神经科学的研究［D］. 浙江：浙江大学，2015。

本实验中，将猜拳结果呈现阶段的单胜、单败、连胜、连败、单次平局、连续平局 6 个事件以及产品—价格信息呈现阶段的连胜—高价、连胜—低价、连败—高价、连败—低价、连平—高价、连平—低价 6 个事件，还有两次出拳按键的时间点总共 14 个事件设为 GLM 模型中的自变量因素。虽然 14 个事件中不是所有事件都是我们分析的重点，但是尽可能将实验过程中包含的全部事件纳入 GLM 模型，有助于更精确地进行统计计算。在具体建模的过程中，以 run 为单位进行，通过输入以上 14 个时间发生（呈现）的起始时间（onset）来刻画自变量，同时，在模型最后加入头动矫正后产生的 6 个方向的头动参数作为协变量（regressor）。因此，加上 6 个 run 的常数项，最终得到的参数为（14+6）×6+6=126 个。建模完成后，生成统计参数图（statistical parametric map），然后需要对模型的参数进行估计（estimate），最后生成 spm. mat 格式的文件。

2）二阶建模（2nd-level analysis）。二阶建模是基于组水平的统计建模，利用一阶建模后得到的各个被试的统计结果的文件进行组水平上的单个样本 t 检验（One-sample t test）以及配对样本 t 检验（Paired-sample T test）。

（4）结果输出。

本书主要采用 xjview 软件（http：//www. alivelearn. net/xjview）显示二阶建模中 t 检验的成像结果。利用自动解剖定标（Automated Anatomical Labelling，AAL）以及布鲁德曼分区系统（Brodmann area）的坐标系统显示组水平上的脑区结果并提取相应脑区的 beta 值，采用 MNI 坐标确定活动脑区的位置并获得该脑区的最大 t 值。

5.4.2.2 磁共振数据结果分析

通过对实验数据的预处理，以及一阶建模和二阶建模分析，本书在组水平上得到相应条件下的脑激活图像及相关脑区的体素数、最大 t 值以及最大 t 值所在 MNI 坐标的具体位置。与研究一相同，我们将实验过程分为猜拳结果呈现和产品—价格信息呈现两个阶段进行具体结果阐述。

（1）猜拳结果呈现阶段。

完成一阶水平的计算后，首先计算单个被试每个条件下 6 个 run 中的均值，然后进行二阶水平的单样本 t 检验得到最终的计算结果，所有脑激活图以及激活情况均通过 xjview 软件包获得。下面对本书关注的各个条件的脑区激活情况进行具体阐述。

1）单胜（Single Win，SW；p<0.001，未矫正，t>3.6），如图 5.11 和表 5.3 所示。

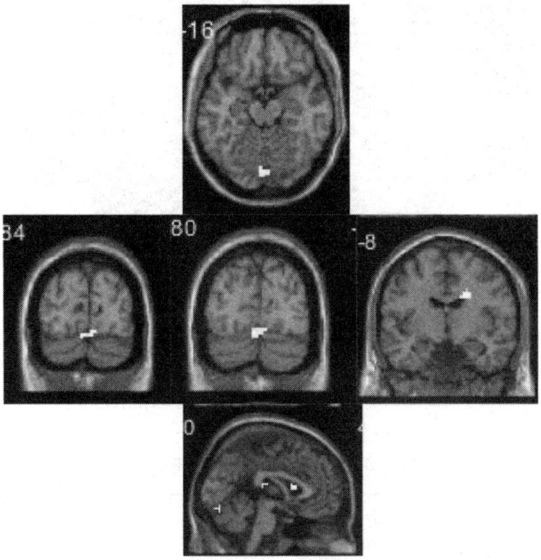

图 5.11　单胜条件的结果三视图

表 5.3　单胜条件的激活脑区

激活脑区	最大 t 值 MNI 坐标位置			体素数	最大 t 值
	x	y	z		
额叶	18	-6	30	22	5.4083
枕叶	9	-81	-12	16	4.46
舌回	9	-81	-12	16	4.46
扣带回	18	-6	30	15	5.4083
边缘叶	18	-6	30	15	5.4083

2）单败（Single Lose，SL；p<0.001，未矫正，t>3.6），如图 5.12 和表 5.4 所示。

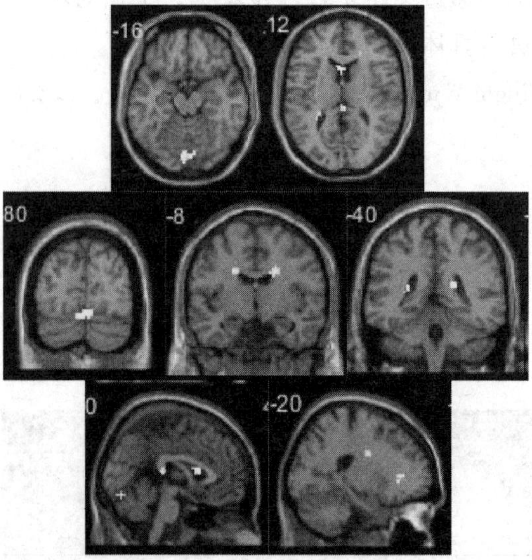

图 5. 12　单败条件的结果三视图

表 5. 4　单败条件的激活脑区

激活脑区	最大 t 值 MNI 坐标位置			体素数	最大 t 值
	x	y	z		
额叶	18	-6	30	37	5. 1929
	-27	-3	30	18	4. 4764
	18	30	-3	14	4. 2434
	-18	30	6	10	4. 4875
舌回	-3	-84	-18	26	4. 6535
枕叶	-3	-84	-18	18	4. 6535
边缘叶	18	-6	30	15	5. 1929
扣带回	18	-6	30	15	5. 1929
小脑_L（aal）	-3	-84	-18	6	4. 6535

3）连胜（Continuous Win，CW；$p < 0.001$，未矫正，$t > 3.6$），如图 5. 13和表 5. 5 所示。

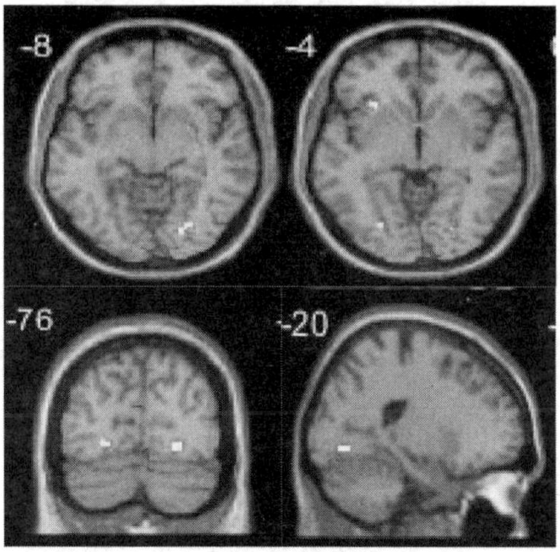

图 5.13　连胜条件的结果三视图

表 5.5　连胜条件的激活脑区

激活脑区	最大 t 值 MNI 坐标位置			体素数	最大 t 值
	x	y	z		
舌回	24	-75	-9	15	4.275
枕叶	24	-75	-9	11	4.275
	-24	-75	-6	6	4.0581
脑岛	-27	21	0	7	4.9817
前额叶皮层（布鲁德曼分区 8）	-42	24	51	5	4.4195
额叶	-42	24	51	5	4.4195
梭状回_L（aal）	-24	-75	-6	5	4.0581
额中回	-42	24	51	5	4.4195
下叶	-27	21	0	5	4.9817
梭状回_R（aal）	24	-75	-9	4	4.275

4）连败（Continuous Lose，CL；$p<0.001$，未矫正，$t>3.6$），如图 5.14和表 5.6 所示。

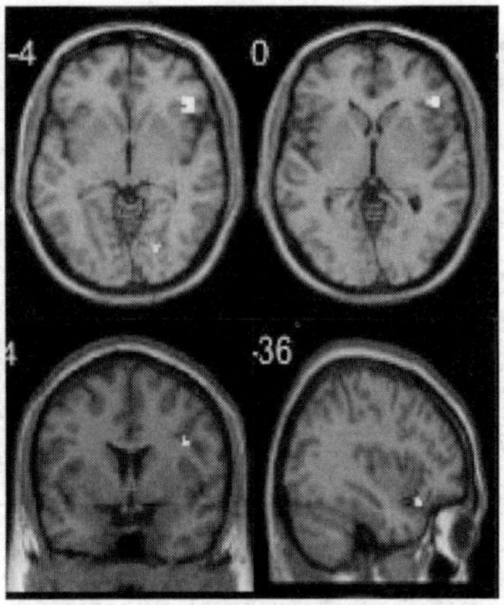

图 5.14　连败条件的结果三视图

表 5.6　连败条件的激活脑区

激活脑区	最大 t 值 MNI 坐标位置			体素数	最大 t 值
	x	y	z		
前额叶	42	33	-3	33	5.3367
	30	30	24	9	4.4266
	-36	24	-18	5	4.682
额下回	42	33	-3	32	5.3367
	-36	24	-18	5	4.682
	39	6	27	5	4.137
眶部额下回_R (aal)	42	33	-3	23	5.3367
舌回	21	-78	-3	11	4.3031
三角部额下回_R (aal)	42	33	-3	9	5.3367
尾核	3	6	6	6	5.1385
额中回_R (aal)	30	30	24	6	4.4266
眶部额下回_L (aal)	-36	24	-18	5	4.682

以上是猜拳结果呈现阶段本书关注的四个主要实验条件的 fMRI 扫描成像的结果，以及该条件下的单样本 t 检验结果。此外，我们还利用配对样本 t 检验的方法分析了“赢”“输”（包括单胜—单败、连胜—连败）的脑激活结

果，同时比较了连胜/连败与单胜/单败结果的脑激活情况，具体阐述如下：

5）单胜—单败（p<0.001，未矫正，t>3.6），如图 5.15 和表 5.7 所示。

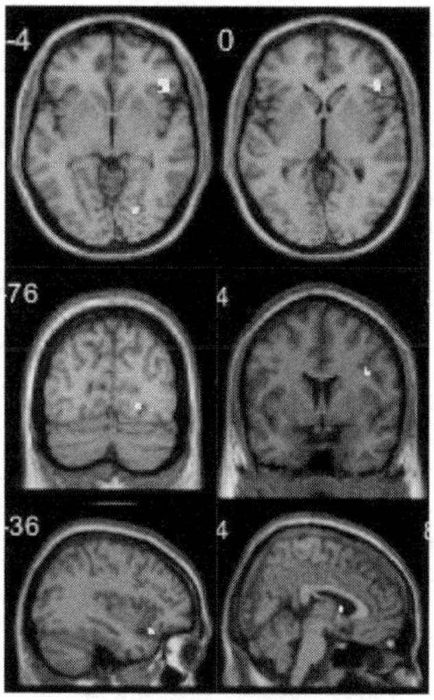

图 5.15　单胜—单败结果比较的脑区激活三视图

表 5.7　单胜—单败结果比较的激活脑区

激活脑区	最大 t 值 MNI 坐标位置			体素数	最大 t 值
	x	y	z		
前扣带回	-6	36	-6	24	4.73
边缘叶	-6	36	-6	24	4.73
前扣带回和旁扣带回_L（aal）	-6	36	-6	19	4.73
	-3	51	-3	6	4.29
内侧额上回_L（aal）	-3	42	24	19	5.3378
额叶	-3	42	24	18	5.3378
	-3	51	-3	8	4.249
	-6	36	-6	5	4.73
内侧额上回	-3	42	24	18	5.3378
下叶	-18	3	-6	16	4.674
	12	6	-3	6	4.22
	-24	12	12	5	5.014

续表

激活脑区	最大 t 值 MNI 坐标位置			体素数	最大 t 值
	x	y	z		
豆状核	-18	3	-6	12	4.674
	12	6	-3	5	4.22
前额叶皮层（布鲁德曼分区 9）	-3	42	24	11	5.3378
顶叶	-27	-60	54	11	4.17
顶上回_L（aal）	-27	-60	54	11	4.17
前上扣带皮层（布鲁德曼分区 32）	-6	36	-6	9	4.73
壳核	-18	3	-6	8	4.674
豆状核苍白球_L（aal）	-18	3	-6	8	4.674
内侧眶额回_L（aal）	-3	51	-3	8	4.249
	-6	36	-6	5	4.73
顶上小叶	-27	-60	54	8	4.17
前额叶皮层（布鲁德曼分区 10）	-3	51	-3	5	4.249

6）连胜—连败（p=0.001，未矫正，t>3.6），如图 5.16 和表 5.8 所示。

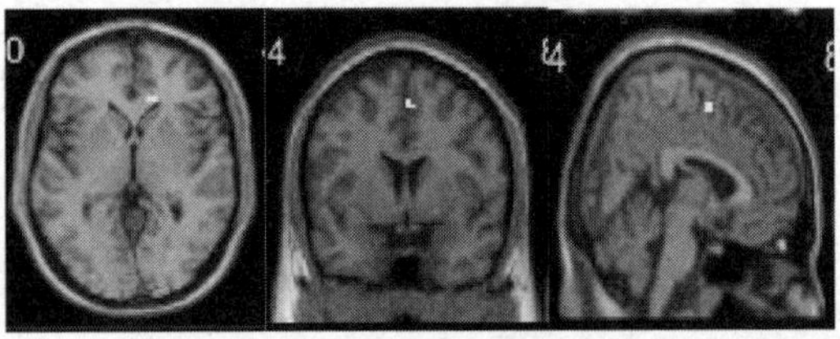

图 5.16　连胜—连败结果比较的脑区激活三视图

表 5.8　连胜—连败结果比较的激活脑区

激活脑区	最大 t 值 MNI 坐标位置			体素数	最大 t 值
	x	y	z		
颞叶	48	-6	-24	8	3.638
内侧额上回_L（aal）	-9	36	30	8	3.64
额内侧回	-9	36	30	5	3.64

7）连胜—单胜（p<0.001，未矫正，t>3.6），如图 5.17 和表 5.9 所示。

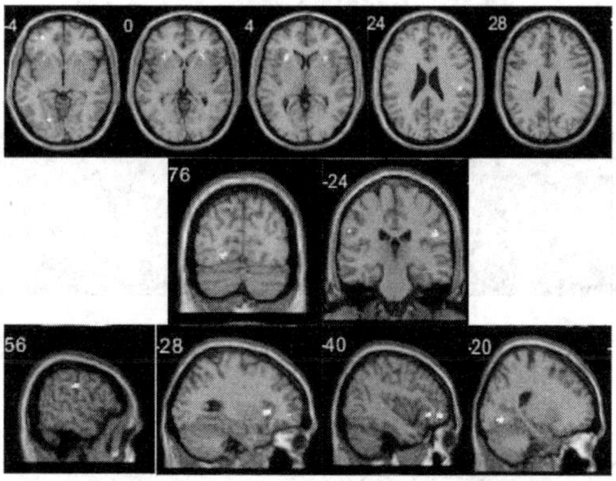

图 5.17 连胜—单胜结果比较的脑区激活三视图

表 5.9 连胜—单胜结果比较的激活脑区

激活脑区	最大 t 值 MNI 坐标位置			体素数	最大 t 值
	x	y	z		
额叶	-36	51	-6	19	4.7741
	-39	33	-6	5	4.2959
额中回	-36	51	-6	19	4.7741
眶部额中回_L（aal）	-36	51	-6	18	4.7741
枕叶	-21	-72	-6	14	4.4651
顶叶	51	-24	27	14	5.7663
脑岛_L（aal）	-27	24	0	11	5.208
舌回_L（aal）	-21	-72	-6	11	4.4651
顶下小叶	51	-24	27	9	5.7663
舌回	-21	-72	-6	9	4.4651
缘上回_R（aal）	51	-24	27	9	5.7663
下叶	30	21	3	6	4.1204
眶部额下回_L（aal）	-39	33	-6	5	4.2959
脑岛	-27	24	0	5	5.208

8）连败—单败（p<0.0001，未矫正，t>4.6），如图 5.18 和表 5.10 所示。

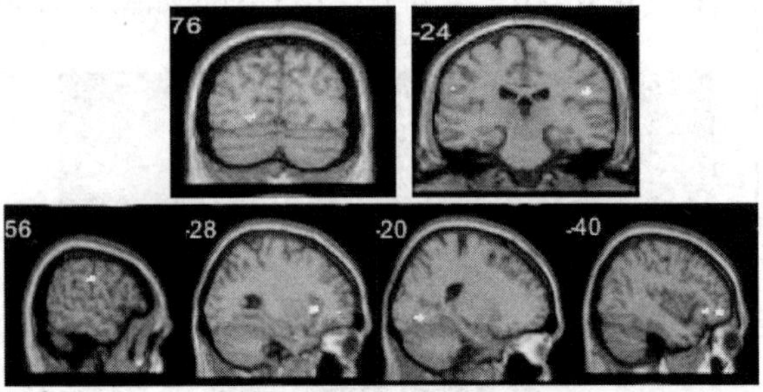

图 5.18　连败—单败结果比较的脑区激活三视图

表 5.10　连败—单败结果比较的激活脑区

激活脑区	最大 t 值 MNI 坐标位置			体素数	最大 t 值
	x	y	z		
额叶	45	33	0	20	5.971
额下回	45	33	0	19	5.971
眶部额下回_R (aal)	45	33	0	13	5.971
三角部额下回_R (aal)	45	33	0	7	5.971
颞中回	-54	6	-30	6	5.645
颞叶	-54	6	-30	6	5.645
下叶	6	6	6	5	6.634
顶叶	-42	-24	54	5	4.974
中央后回	-42	-24	54	5	4.974

（2）产品—价格信息呈现阶段。

在产品—价格信息呈现阶段，通过对磁共振数据的统计分析，我们仅在连胜—高价（CWHP）以及连胜—低价（CWLP）产品呈现时发现了大脑某些区域的激活，而连败结果呈现后连接的高价或低价产品（CLHP & CLLP）没有诱发大脑显著的激活。而将四种情况进行两两比较时，在同种猜拳结果情况下，高价或低价的移动硬盘没有发现脑区激活的差异，但在不同结果的刺激下，CWHP/CWLP 与 CLHP/CLLP 相比，脑区激活情况存在差异。具体结果如下：

1）连胜—高价（CWHP；$p=0.001$，未矫正，$t>3.6$），如图 5.19 和表 5.11 所示。

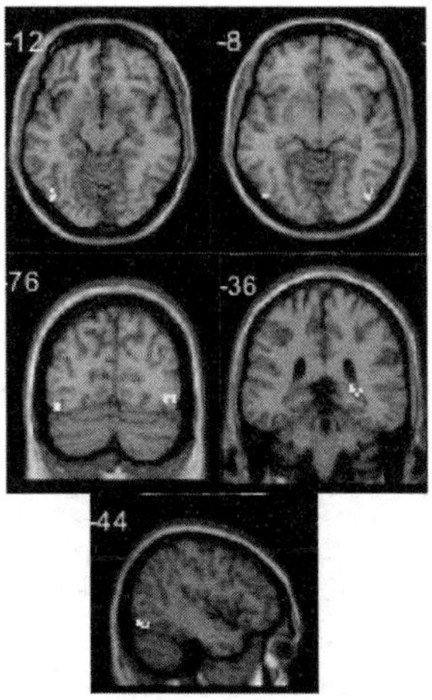

图 5.19 连胜—高价（CWHP）结果的三视图

表 5.11 连胜—高价（CWHP）结果的激活脑区

激活脑区	最大 t 值 MNI 坐标位置			体素数	最大 t 值
	x	y	z		
枕叶	−45	−78	−12	6	3.75
枕下回_L（aal）	−45	−78	−12	6	3.75
枕中回	−45	−78	−12	5	3.75

2）连胜—低价（CWLP；p=0.001，未矫正，t>3.6），如图 5.20 和表 5.12 所示。

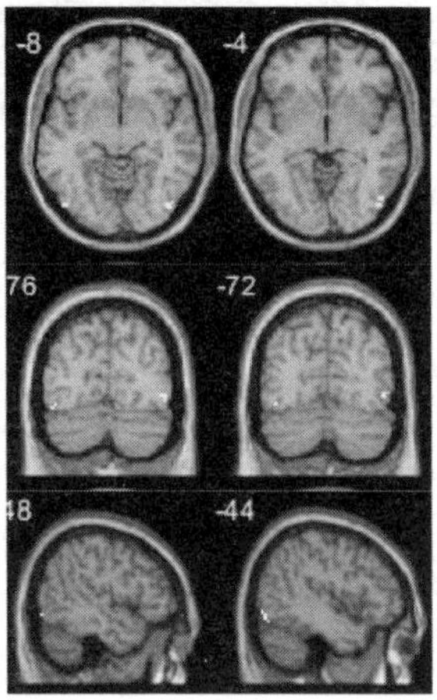

图 5.20 连胜—低价（CWLP）结果的三视图

表 5.12 连胜—低价（CWLP）结果的激活脑区

激活脑区	最大 t 值 MNI 坐标位置			体素数	最大 t 值
	x	y	z		
枕叶	48	−75	−6	10	3.683
	−45	−78	−12	7	3.84
枕下回_L（aal）	48	−75	−6	10	3.683
	−45	−78	−12	7	3.84
颞下回	48	−75	−6	6	3.683
枕中回	−45	−78	−12	5	3.84

3）连胜—高价 vs. 连败—高价（$p<0.001$，未矫正，$t>3.6$），如图 5.21 和表 5.13 所示。

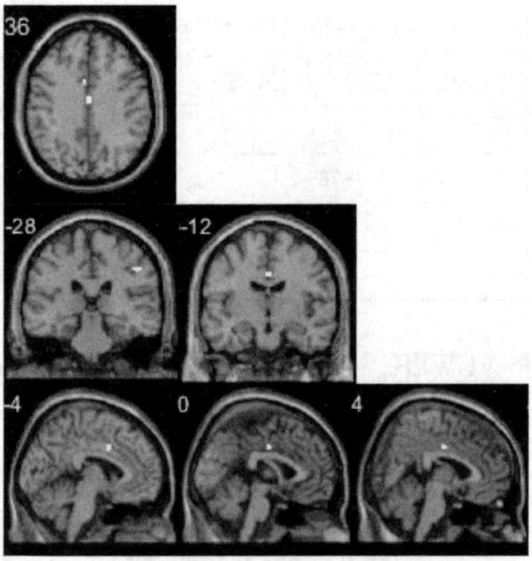

图 5.21 CWHP-CLHP 结果比较的脑区激活三视图

表 5.13 CWHP-CLHP 结果比较的激活脑区

激活脑区	最大 t 值 MNI 坐标位置			体素数	最大 t 值
	x	y	z		
内侧和旁扣带回_R（aal）	3	−12	36	9	4.554
边缘叶	3	−12	36	9	4.554

续表

激活脑区	最大 t 值 MNI 坐标位置			体素数	最大 t 值
	x	y	z		
扣带皮层（布鲁德曼分区 24）	3	-12	36	8	4.554
扣带回	3	-12	36	8	4.554

4）连胜—低价 vs. 连败—低价（$p<0.001$，未矫正，$t>3.6$），如图 5.22 和表 5.14 所示。

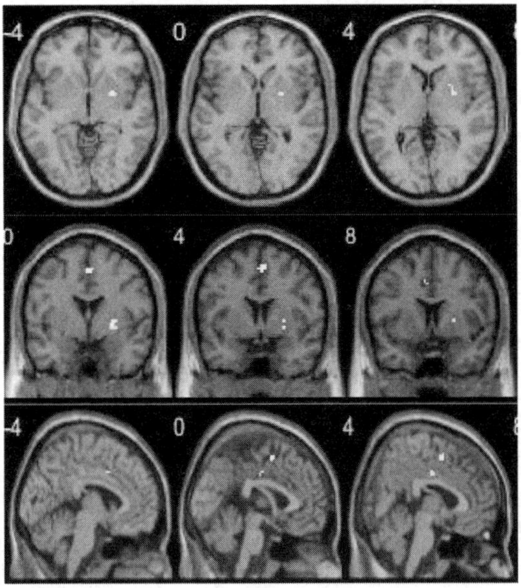

图 5.22　CWLP-CLLP 结果比较的脑区激活三视图

表 5.14　CWLP-CLLP 结果比较的激活脑区

激活脑区	最大 t 值 MNI 坐标位置			体素数	最大 t 值
	x	y	z		
额叶	3	3	54	6	4.35
补充运动区-R（aal）	3	3	54	5	4.35
前额叶（布鲁德曼分区 6）	3	3	54	5	4.35

5.5 结论与讨论

研究二的研究目的概括来说，主要是通过功能性磁共振成像技术，从脑功能定位的角度，验证研究一的结论，即在S-O-R模型的理论框架下，互动式营销策略中的输赢效应，对个体内在心理活动的影响主要来自短时情绪的诱发，而不同实验条件下诱发的短时情绪的效度和唤醒度的差异，会进一步影响个体的购买意愿。这一环节的研究主要基于一项功能性磁共振实验，记录了19名被试的行为及fMRI磁共振数据。行为数据包括被试四个实验条件（CWHP、CWLP、CLHP及CLLP）下“加入购物车”任务的完成情况；fMRI数据包含了猜拳游戏结果的加工以及产品—价格信息加工等两个阶段的脑区激活情况。对研究二提出的假设的验证情况总结如表5.15所示：

表5.15 研究二假设验证情况总结

假设对象	假设内容	验证情况
总体假设	H2：在S-O-R模型框架下，互动式营销策略中的输赢效应会使得个体参与情绪信息处理和加工的脑区激活，从而影响其购买意愿	成立
行为层面	H2-1：同一种实验条件下（连胜或连败），被试将低价产品加入购物车的数量高于高价产品	成立
	H2-2：不同实验条件下，连胜与连败相比，被试加入购物车的产品数量多，购买意愿强；反之则反是	成立
神经层面	H2-3：对于输赢效应的认知过程，会使得参与奖赏信息处理及加工的脑区得到激活	成立
	H2-4：对于输赢效应的认知过程，会使得参与情绪信息处理及加工的脑区得到激活，且连胜或连败两种实验条件会使得相关脑区的激活程度不同	成立
	H2-5：产品—价格信息呈现阶段，会诱发被试的情绪体验，使得参与情绪加工的脑区得到激活，且不同的价格信息，会使得相关脑区的激活程度不同	部分成立

本书主要实施了一项功能性磁共振实验，无论在行为层面还是神经层面都获得了较为丰富的结论，接下来将总结归纳研究二在行为和神经两个层面的研究结论，并对该结论进行讨论。

5.5.1 行为数据的结论与讨论

本章是对研究一结论的验证，与研究一使用了同样的实验范式和任务，因此，本章同样采用描述统计以及配对样本 t 检验的统计分析方法来进行行为数据的处理和分析。

从研究二的行为结果看，与研究一的行为数据结论相同，无论是连胜还是连败的情境下，均是低价的产品被加入购物车的数量更高，验证了假设 H2-1。此外，对比两种实验条件（连胜 vs. 连败），不论是高价的还是低价的产品，当被试连胜的时候，将其加入购物车的比例均高于连败的时候，使得假设 H2-2 得到验证。至此，行为层面的所有假设都成立，重复实现了研究一的行为结果。

5.5.2 磁共振数据的结论与讨论

决策神经科学的研究认为情绪对决策的影响与一系列的活动相关，包括从对情绪刺激的感知开始，通过基本的情绪状态，到行为的结束而终止。而所谓情绪状态，主要包括了认知成分、行为成分、生理成分以及实验成分四个部分。认知成分是情绪中有关知觉、注意和语义等方面的变化；行为成分是激活的运动程序与行为倾向；生理成分是指与情绪相关的身体以及脑部反应的基本变化；而实验成分则是指个体主观的感觉或情绪现象（Winkielman et al.，2007）。有关情绪的研究发现，其对决策影响的相关脑区主要包括前额皮层、脑岛、体感皮层、扣带回、杏仁核、伏隔核及脑干等。其中，前额皮层、脑岛、体感皮层和扣带回被认为在情感经历中起着重要的作用（Berridge，2003；Phelps，2005）。

很多研究发现，额叶几乎涉及人类神经心理学的各个方面。前额叶尤其在注意、执行等认知过程中扮演着举足轻重的角色（Cahill，2003）。前额叶位于大脑前额，是人脑的最前端，前额叶皮层是人脑中级别最高的大脑皮层，参与执行控制、学习记忆、思维推理等多项高级认知加工活动。从解剖学的角度，可以将前额叶分为两个区域——背侧区和腹侧区。已有的神经科学研究表明，腹侧区主要与躯体非交感神经系统功能相关，而背侧区主要负责注意及相关的认知功能（Mayberg et al.，1997；Braver & Barch，2002）。前额叶腹侧区涵盖的范围很广，其中包括眶额回、前部扣带回等脑区。眶额回与杏仁核的背外侧核间存在直接的纤维联结，与个体的情绪状态及情绪可能引发的行为结果，例如奖赏及情绪调控等相关（Carstensen et al.，1999）。扣带脑区也是参与人类高级认知过程的常见脑区之一，尤其在情绪处理过程中，扮演着极为重要的角色（Etkin et al.，2011）。大脑尾侧到背侧的中线区域被认为与多种认知功能相关，头侧—腹侧中线区域则涉及某些形式的情绪处理（Bush et al.，2000），而这当中前扣带回及前额叶皮质等两个脑区参与了多种形式的情绪认知处理过程（Etkin & Wager，2007；Mechias et al.，2010）。而前扣带回又进一步可以分为背侧区和下缘区，主要与情绪经验的再现和选择性注意加工过程相关（Charles et al.，2003）。此外，有研究发现舌回、后扣带回、顶下小叶、楔前回等脑区也参与人们对于奖励与惩罚等奖赏系统相关信息的处理和认知加工过程（Chikara et al.，2018）。

学界对于脑岛相关的认知功能的研究不胜枚举，其中一个重要的观点认为脑岛同样参与人类情绪处理等高级社会性认知加工过程（Phan et al.，2002；Craig，2009）。A. D. Craig（2010）曾指出，情感体验是从腹侧脑岛（ventral insula）的内感和外感信息的整合中产生的。而过去对于人类和灵长类动物进行电刺激的很多研究也证明，通过刺激包括非自发的（ACC等）或自发的（FO 或 SMA 等）及腹侧脑岛和基底颞叶等脑区，可直接诱发情绪表达（Arroyo et al.，1993；Caruana et al.，2015，2016a，2016b；Fernández-Baca Vaca et al.，2011；Yamao et al.，2015）。当刺激信息传送到前脑岛区域时，“物质自我”的二阶表达产生了情感意识，同时腹侧脑岛参与认知加工过程，也诱发了情绪相关的行为（Craig，2009，2010；Critchley et al.，2004；Damasio，2003；Wiens，2005）。

在一项关于情绪面孔加工荟萃分析的研究中，总结了 551 篇有关情绪面孔认知加工过程的论文的研究结果，这些研究发现在进行情绪面孔认知加工处理时，舌回、杏仁核、梭状回、海马旁回、枕下回、枕中回、后扣带回、颞中回、额下回和额上回等脑区都有不同程度的激活（Fusar-Poli et al.，2009）。舌回在其他一些研究中也被认为是与情绪认知过程相关的脑区。Taylor 等（1998）的研究发现，舌回与情感内容和任务的相互联结有关，且与中性图片相比，负性图片更大程度地激活了舌回脑区。Rubin-Falcone 等（2018）的一项关于抑郁症患者情绪调节的研究也证实，更好的治疗效果使得被试在进行情绪调节的处理时激活了舌回等脑区。

三角部额下回以及尾核也是参与情绪加工的脑区。McLellan 等（2012）的一项关于快乐和悲伤的 fMRI 研究发现，当悲伤刺激呈现时，被试在三角部额下回、左内侧额上回等脑区出现明显的激活。同时，他们发现当被试观察真实场景的快乐表现时，其左内侧额上回及双侧扣带回皮层发生了激活。Lane 等（1997）的研究则发现无论是愉悦还是不愉悦的刺激，与中性刺激相比，都使得被试的尾核脑区产生激活。Kim 等（2019）的研究也发现了在情绪处理过程中，边缘系统及副边缘系统，包括杏仁核、前额叶脑区、前扣带回皮层、脑岛及尾核等脑区的激活与情绪加工过程相关，且能通过作者设计的深度学习模型（DNNp model）显示被试整个情绪处理过程中的脑神经回路。

Vuilleumier 等（2001）关于注意力与情绪面孔识别的一项任务相关 fMRI 实验中发现，带有表情的面孔呈现会使得被试的梭状回及杏仁核等脑区激活。Haxby 等（2002）也证实相比没有表情的面孔图片，带有情绪表情的面孔能激活梭状回和杏仁核等脑区。他人面孔的情绪表情信息会诱发被试的相关情绪，同时，对于情绪表情的感知能激活与被试参与情绪处理的相关脑区（Hoffman & Haxby，2000；Ishai et al.，1999；Halgren et al.，1999）。而用身体语言表征不同情绪的研究也发现与中性身体语言相比，代表愤怒等情绪的身体动作能更有效地激活梭状回、右颞上沟等脑区（Van de Vliet et al.，2018）。在以文字、词语为媒介的其他情绪类信息处理的 fMRI 研究中，同样发现左额叶下回和左侧梭状回受语境情感的具体影响具有交互效应，表明梭状回在带有情感信息的词语和语境刺激下，也会得到激活（Guo et al.，2018）。

颞叶被认为是一个高级的视觉皮层，与个体对自身情绪的反应觉察相关（Charles et al.，2003），同时，也参与情绪相关的复杂视觉辨别任务（Iidaka et al.，2002；Ochsner et al.，2004）。Olson 等（2007）在神经科学顶级期刊 *Brain* 上发表了一篇关于颞极脑区（Temporal Pole，TP）参与社会性情绪认知过程的综述类论文，文中将很多有关猴子和人类颞叶的研究进行了总结和评述，同时认为 TP 具有支持边缘系统旁区的功能。在一项关于猴子脑功能的研究中，研究人员发现当母猴子的颞叶区受损时，会出现强制拒绝其幼猴的行为，类似地，TP 受损会使得猴子对积极有益的情绪信号不敏感，继而不能对相关的社会信号做出适当的反应，这些现象发生的原因很大程度上在于颞叶可能与情感的感知和处理过程有关。另外，也有关于人类 TP 受损的研究指出，TP 损伤后的患者会变得内向和冷漠，反映了 TP 与愉悦性及奖励性相关的社会性互动活动有关（Rankin et al.，2003）。Olson 等（2007）也在其综述文末总结提出 TP 的一般功能是对高度加工的感觉刺激进行情感反应，是参与情绪认知加工的脑功能区。

本书中，猜拳游戏结果呈现阶段，我们发现额叶、扣带回、边缘叶、脑岛、枕叶、舌回等脑区激活。具体来说，单胜的条件下，激活了额叶、枕叶、舌回、扣带回和边缘叶，单败除了以上脑区的激活，还激活了左侧小脑。连胜条件和连败条件下激活的脑区更加丰富，其中，连胜激活的脑区包括舌回、枕叶、脑岛、布鲁德曼分区（BA 分区）的前额叶皮层、额叶、梭状回及额中回等；而连败则激活前额叶、额下回、右侧的额中回、左右两侧的眶部额下回、舌回、右侧的三角部额下回以及尾核等脑区。

在产品—价格呈现阶段，对于连败条件下产品的呈现，没有发现被试明显的脑区激活，而仅在连胜结果匹配的产品图片呈现时发现了脑区的激活。连胜—高价产品（CWHP）和连胜—低价产品（CWLP）均有枕叶、左侧枕下回及枕中回等脑区的激活，而 CWLP 还激活了颞下回。虽然连败匹配的低价（CLHP）或高价产品（CLLP）的图片均没有引起显著的脑区激活，但当我们比较 CWHP 与 CLHP 以及 CWLP 与 CLLP 的条件时，发现了显著的脑区激活情况。对于高价产品，连胜的情况与连败的情况相比，激活了右内侧和旁扣带回、边缘叶、扣带皮层和扣带回等区域；而对于低价产品，连胜与连败相比，激活了前额叶及右侧补充运动区等脑区。

结合前人的相关研究成果，对于输赢效应的认知处理，不仅激活了与奖惩相关的（如舌回等）脑区，更多的是激活了与情绪认知加工相关的脑区，这一实验结论使得本章开篇提出的神经层面的假设 H2-3 及假设 H2-4 成立。然而，从 fMRI 成像结果来看，在产品—价格信息呈现阶段，我们仅发现与连胜条件匹配的移动硬盘图片激活了被试的相关脑区，而在连败条件下呈现的产品图片，没有出现明显的脑区激活现象，因此，假设 H2-5 只有部分成立。至此，本章提出的行为层面及神经层面的假设大部分得到了验证，而结合行为层面的结论，研究二的总体假设“H2——在 S-O-R 模型框架下，互动式营销策略中的输赢效应会使得个体参与情绪信息处理和加工的脑区激活，从而影响其购买意愿”得以验证。

5.5.3 综合讨论

通过对行为数据和脑成像数据的分析，本章开篇提出的研究假设基本得到了验证。行为层面来说，获得了与研究一大体一致的实验结果，即连胜的情况下，被试加入购物车的产品数量多，购买意愿强；连败的情况下，被试加入购物车的产品数量少，购买意愿弱，再次验证互动式营销策略中输赢效应对个体价格感知及购买意愿构成影响，与研究一相呼应。

从神经层面出发，对比实验结束后被试自我报告的情绪状态结果，本书采用的功能性磁共振成像技术这一神经科学工具，更直观有效地反映出实验过程中被试真实的大脑活动情况，为帮助我们进行相关的研究分析提供了充分的、科学的、可靠的研究数据。通过对 fMRI 实验数据的处理和分析，发现游戏结果呈现阶段，不仅有参与奖赏系统的脑区被激活，被试被激活的脑区更多与情绪脑区相关，且不同输赢条件下，被试大脑的激活区域与激活水平都不尽相同。

产品—价格信息呈现阶段，连胜条件对被试的影响更为强烈，使得该条件下高价和低价的产品呈现都激活了枕叶、左侧枕下回、枕中回等脑区，而单独看连败条件下的两种价格水平的产品，没有显著的激活区域。然而，当我们将同种价格不同输赢水平的产品呈现激活情况进行激活区域相减对比时（CWHP vs. CLHP 及 CWLP vs. CLLP），发现高价产品连胜与连败引起了内侧和旁扣带回（右侧）、边缘叶、扣带皮层和扣带回等脑区的激活。

在研究一游戏结果呈现阶段，我们主要发现了两个有效的 ERP 成分，P300 成分和 LPP 成分，而通过对相关文献的梳理，推断 P300 成分的诱发来自大脑中处理输赢结果的奖赏系统，而 LPP 成分也是由于对这种奖赏性的感知进一步诱发了被试的短时情绪，继而影响了被试对无明显偏好差异的移动硬盘不同价格水平的感知，在产品—价格信息呈现阶段诱发了表征情绪的 P2 成分和 LPP 成分。在行为上，使得被试在连胜条件下，低价或高价的移动硬盘加入购物车的数量都远高于连败条件，“赢”条件下的购买意愿也强于“输”的条件。研究二神经层面的研究结论从脑功能定位的角度验证了研究一的推断，在游戏结果呈现阶段，既有参与奖赏信息处理的脑区被激活，也有参与情绪信息处理的脑区被激活，研究一游戏结果呈现阶段的推断被验证；在产品—价格信息呈现阶段，主要是参与情绪认知加工的脑区被激活，这也验证了研究一的相关论断，同样，研究二的结论从脑功能定位的角度，也符合消费者一般行为的 S-O-R 模型的理论框架，并且进一步证实互动式营销策略中的输赢效应对个体内在心理活动的影响来自短时情绪的诱发，而短时情绪的变化影响个体价格感知，从而影响其购买意愿，验证了研究一神经层面的结论。

5.6 本章小结

本章通过一项功能性磁共振成像实验，从脑功能定位的角度，进一步验证了研究一的研究结论，即基于用户参与的互动式营销策略中的输赢效应作为外部刺激，可以诱发个体的短时情绪，使得情绪相关脑区得以激活，而从行为数据的分析结果可知，与研究一的行为结论一致，互动式营销策略诱发的短时情绪会影响个体的价格感知，继而影响其购买意愿（“加入购物车”的行为），连胜的时候，购买意愿强（加购数量多）；连败的时候，购买意愿弱（加购数量少）。研究一与研究二无论是行为层面的结论，还是神经科学层面的结论，都实现了论点的相互验证，分别从认知时间维度和脑功能定位角度确定在 S-O-R 模型的理论框架下，输赢效应作为启动，可以诱发个体的短时情绪，继而影响其购买行为。这一结论的提炼为本书提出的理论假设的验证提供了重要的、科学的、客观的论据，夯实了整体研究基础。

6 研究三：短时情绪诱发对个体购买决策影响的神经及预测机制研究

6.1 研究目的

本书的主要研究目之一的是考察互动式营销策略中输赢效应对个体购买行为影响的内在神经机制，并期望通过神经科学实验的方法寻找有效的ERP成分，作为购买行为预测的指标。前两项研究分别通过一项事件相关脑电位实验及一项功能性磁共振实验，揭示了互动式营销策略中的输赢效应对个体购买意愿的影响，源于情绪脑区的激活，从而诱发了短时情绪（正性或者负性），且连胜/连败的实验条件与单胜/单败相比，诱发的短时情绪的唤醒度更强，从而证实输赢效应可以诱发个体的短时情绪。由于短时情绪的诱发，被试对于产品偏好程度无明显差异的移动硬盘的价格感知发生了改变，使得相同条件下，连胜后将产品加入购物车的比例高于连败的情境。本章将在研究一的实验范式基础上，进一步探讨基于输赢效应的短时情绪诱发对个体购买决策行为的影响，并期望利用有效的ERP成分对购买决策进行科学、有效的预测。本章的主要研究目的具体阐述如下：

首先，参考Knutson等（2007）提出的购物任务刺激范式（Save Holdings or Purchase，SHOP Task），并将其与本书前两项研究提出的输赢效应作为启动诱发个体短时情绪的实验范式相结合，考察短时情绪诱发对个体购买决策的影响。Knutson等的范式将实验过程分为四个阶段：产品展示阶段、价格展示阶段、购买决策选择以及空屏，他们利用功能性磁共振扫描技术，研究了被试在产品展示阶段对产品偏好异同的脑区激活情况，同时观察了价格展示阶段被试对产品价格差异的大脑活动情况。在本书的研究中，研究一与研究二应用相同的实验范式，从价格感知的角度，考察了个体在不同实验条件下将产品加入购物车的情况，从而揭示了短时情绪诱发对个体购买意愿的影响及其内在神经机理。本研究将从另一个角度考察个体的购买决策行为过程，在这一环节，我们将以产品偏好作为研究的切入点，考察短时情绪诱发对个体购买决策影响的神经机制。

其次，主要通过事件相关电位实验获得的结论，寻找可用于预测购买决策行为的有效 ERP 成分，并讨论其科学性和可行性，丰富以神经科学为基础的消费者行为预测学领域的研究成果。

6.2 研究假设

本研究的主要目的是在前两项研究的基础上，进一步考察短时情绪诱发对个体购买决策影响的神经及预测机制，这一研究目的同样是在消费者 S-O-R 模型的理论框架下进行，基于此，首先提出研究三的总体假设：

H3：在 S-O-R 模型的理论框架下，互动式营销策略中输赢效应诱发的短时情绪，会影响个体的购买决策行为，其中诱发的脑电成分能有效预测个体的购买行为。

由于本环节的研究期望考察脑电成分对行为预测的可行性和准确定，因此，本研究主要采用事件相关电位技术来记录被试在实验过程中的脑电数据。同时，提出本研究行为层面和神经层面等两个方面的研究假设。

6.2.1 行为层面的假设

本研究继续使用猜拳游戏作为互动式营销策略中输赢效应的表征，根据本研究的主要研究目的，在 Knutson 等（2007）“SHOP Task”范式的基础上进行修改，以产品偏好为切入点，研究购买决策行为的大脑神经活动过程，因此，在这一环节，我们不考虑价格差异的因素，根据市场价格，仅为每一件产品匹配一个价格，同时，为了更深入地探讨输赢效应作为短时情绪启动对个体构成的认知层面的影响，本研究将主要进行两项事件相关电位实验，一项是没有情绪启动刺激的 SHOP 任务，一项是引入情绪启动刺激的 SHOP 任务，并根据实验结果，对两项实验的结论进行比较分析。虽然本研究是从产品偏好的角度展开，但是，为了尽量平衡组间差异，保证各个实验条件下组与组之间的产品偏好无明显差异，在完成两项事件相关电位实验后，被试将继续完成一项行为学实验，对之前实验中出现的产品进行偏好评价（利用李克特 5 分量表），因此，首先提出行为层面的第一个假设：

H3-1：被试对各实验条件下产品偏好的组间差异不显著。

在没有刺激启动的 SHOP 任务中，被试完全根据自己的产品偏好进行购买选择，由于我们平衡了实验材料的组间偏好差异，因此提出行为层面的第二个假设：

H3-2：在无短时情绪启动时，被试在随机分组的两组产品中选择购买的数量无明显差异。

根据研究一得到的结论，短时情绪启动改变了被试对产品价格的认知，从而使得连胜时，加购数量多，购买意愿强；连败时，加购数量少，购买意愿弱。因此，短时情绪启动对个体购买意愿产生了影响。本研究将重点放在基于产品偏好的实际购买决策行为上，Ma 等（2017）的一项研究提出，被试对本无明显偏好差异的不熟悉品牌的偏好评价，因为短时情绪的诱发，使得与正性情绪诱发匹配的品牌组的偏好评价显著高于中性情绪诱发的品牌组。结合研究一的结论和 Ma 的研究成果，我们提出本研究行为层面的第三个假设：

H3-3：引入输赢效应作为短时情绪启动时，被试在连胜条件下选择购买的产品数量比连败条件下选购的多。

同时，为了进一步强调短时情绪启动对购买决策行为的影响，提出行为层面的第四个和第五个假设：

H3-4：短时情绪诱发下，被试在连胜条件下选择购买的产品数量，比无刺激条件下任意一组选择购买的数量都多。

H3-5：短时情绪诱发下，被试在连败条件下选择购买的产品数量，比无刺激条件下任意一组选择购买的数量都少。

6.2.2 神经层面的假设

为了更好地探查基于输赢效应的短时情绪诱发对个体购买决策行为的

影响，本研究会先进行一项无刺激启动的购买任务脑电实验，之后再进行一项引入输赢效应的购买任务实验，因此，首先提出实验一神经层面的第一个假设：

H3-6a：在无短时情绪启动下，产品信息呈现阶段，被试的脑电波形和诱发的ERP成分幅值无明显差异。

根据Knutson等的SHOP范式，将偏好、价格评估和选择三个重要的购买决策中的影响因素进行分离，由于前两项研究已经从价格因素的角度对短时情绪启动影响购买意愿的神经机制进行了讨论，因此，这一阶段的研究将着重从产品偏好的角度考察被试在进行SHOP任务时的大脑活动过程。Knutson等（2007）的研究指出，被试选择购买的产品激活了与偏好相关的前扣带回脑区，说明被试对产品做出购买的选择代表其对产品的偏好，因此，我们根据本研究的实验设计，提出神经层面的第二个假设：

H3-6b：在无短时情绪启动下，对于选择购买的产品，与不购买的产品相比，其大脑认知加工过程不同，会诱发偏好相关的脑电成分，且存在明显差异。

研究一已经发现，在猜拳结果呈现阶段，诱发了P300和LPP等有效的ERP晚期正成分，且不同实验条件下，ERP成分的主效应差异显著。本研究使用同样的刺激范式进行实验，因此，提出实验二进行组内分析时的猜拳结果呈现阶段的神经层面假设：

H3-7：对于输赢效应的认知过程，会诱发与奖励和情绪处理相关的晚期ERP成分，且不同实验条件下，诱发成分的幅值存在显著差异，诱发的成分主要包括P300和LPP。

研究一中的产品—价格信息呈现阶段，由于短时情绪诱发的影响，使得被试在看到产品—价格图片时诱发了表征情绪的两个ERP成分P2和LPP，虽然研究三的研究角度与前两项研究不同，但仍然关注短时情绪诱发对个体心理层面乃至购买行为的影响，因此，当引入互动式营销策略中输赢效应作为短时情绪启动时，与研究一的结论一致，不同实验条件下匹配的产品组诱发的ERP成分与情绪相关，且波形、幅值差异显著。因此，提出产品—价格信息呈现阶段神经层面的假设：

H3-8a：引入输赢效应诱发短时情绪后，产品信息呈现阶段会诱发与研究一相似的表征情绪的脑电成分，且连胜与连败条件下诱发的脑电成分的振幅存在明显差异。

同时，我们也将考察短时情绪诱发后，不同产品组中购买和不购买的产品诱发的 ERP 成分的差异。基于选择购买的产品偏好程度更高的前提，且结合情绪对消费者行为影响的相关成果，我们提出以下假设：

H3-8b：不同实验条件匹配的产品组（连胜或连败），选择购买产品与不购买产品相比，脑电波形不同，且会诱发幅值有明显差异的 ERP 成分。

H3-8c：连胜与连败条件匹配的产品组相比，选择购买产品与不购买产品存在明显的组间差异。

除了以上假设，我们还将考虑有无短时情绪启动被试看到产品图片时大脑活动信号的异同，进一步验证短时情绪诱发对购买决策影响的作用和机制。因此，提出以下几项神经层面的假设：

H3-9a：短时情绪启动下的产品，与无刺激条件下选择购买的产品相比，脑电波形存在差异，且诱发的有效 ERP 成分幅值差异显著。

H3-9b：连胜条件匹配下购买的产品，与无刺激条件下选择购买的产品相比，脑电波形存在差异，且诱发的有效 ERP 成分幅值差异显著。

H3-9c：连败条件匹配下购买的产品，与无刺激条件下选择购买的产品相比，脑电波形存在差异，且诱发的有效 ERP 成分幅值差异显著。

最后，根据研究三的寻找行为预测指标的 ERP 成分的研究目的，我们提出预测神经层面的假设：

H3-10：输赢效应作为短时情绪启动，诱发的情绪相关的 ERP 成分可以有效预测个体的购买决策行为。

6.2.3 对研究三假设的总结

综上所述，本小节通过列表的形式对研究三行为层面及神经层面的假设进行总结，详见表 6.1。

表 6.1　研究三假设总结

<table>
<tr><th>假设对象</th><th>假设内容</th></tr>
<tr><td>总体假设</td><td>H3：在 S-O-R 模型的理论框架下，互动式营销策略中输赢效应诱发的短时情绪，会影响个体的购买决策行为，其中诱发的脑电成分能有效预测个体的购买行为</td></tr>
<tr><td rowspan="5">行为层面</td><td>H3-1：被试对各实验条件下产品偏好的组间差异不显著</td></tr>
<tr><td>H3-2：在无短时情绪启动时，被试在随机分组的两组产品中选择购买的数量无明显差异</td></tr>
<tr><td>H3-3：引入输赢效应作为短时情绪启动时，被试在连胜条件下选择购买的产品数量比连败条件下选购的多</td></tr>
<tr><td>H3-4：短时情绪诱发下，被试在连胜条件下选择购买的产品数量，比无刺激条件下任意一组选择购买的数量都多</td></tr>
<tr><td>H3-5：短时情绪诱发下，被试在连败条件下选择购买的产品数量，比无刺激条件下任意一组选择购买的数量都少</td></tr>
<tr><td rowspan="11">神经层面</td><td>H3-6a：在无短时情绪启动下，产品信息呈现阶段，被试的脑电波形和诱发的 ERP 成分幅值无明显差异</td></tr>
<tr><td>H3-6b：在无短时情绪启动下，对于选择购买的产品，与不购买的产品相比，其大脑认知加工过程不同，会诱发偏好相关的脑电成分，且存在明显差异</td></tr>
<tr><td>H3-7：对于输赢效应的认知过程，会诱发与奖励和情绪处理相关的晚期 ERP 成分，且不同实验条件下，诱发成分的幅值存在显著差异，诱发的成分主要包括 P300 和 LPP</td></tr>
<tr><td>H3-8a：引入输赢效应诱发短时情绪后，产品信息呈现阶段会诱发与研究一相似的表征情绪的脑电成分，且连胜与连败条件下诱发的脑电成分的振幅存在明显差异</td></tr>
<tr><td>H3-8b：不同实验条件匹配的产品组（连胜或连败），选择购买产品与不购买产品相比，脑电波形不同，且会诱发幅值有明显差异的 ERP 成分</td></tr>
<tr><td>H3-8c：连胜与连败条件匹配的产品组相比，选择购买产品与不购买产品存在明显的组间差异</td></tr>
<tr><td>H3-9a：短时情绪启动下的产品，与无刺激条件下选择购买的产品相比，脑电波形存在差异，且诱发的有效 ERP 成分幅值差异显著</td></tr>
<tr><td>H3-9b：连胜条件匹配下购买的产品，与无刺激条件下选择购买的产品相比，脑电波形存在差异，且诱发的有效 ERP 成分幅值差异显著。</td></tr>
<tr><td>H3-9c：连败条件匹配下购买的产品，与无刺激条件下选择购买的产品相比，脑电波形存在差异，且诱发的有效 ERP 成分幅值差异显著</td></tr>
<tr><td>H3-10：输赢效应作为短时情绪启动，诱发的情绪相关的 ERP 成分可以有效预测个体的购买决策行为</td></tr>
</table>

6.3 研究方法

本书的研究一利用一项事件相关电位实验，考察了互动式营销策略中输赢效应作为外部刺激，影响个体购买意愿的大脑认知加工过程，得出输赢效应调动了被试的短时情绪，而情绪状态的变化延续到产品—价格信息呈现阶段，使得被试对于不同实验条件下，将本无明显偏好差异的产品加入购物车的数量有多有少。研究二进一步利用功能性磁共振实验论证了这一结论。本书的另一个主要研究目的在于找到有效的 ERP 成分，作为可以有效预测个体购买行为的脑电指标，丰富了基于神经科学的消费者行为预测学领域的研究成果。基于此，本研究将继续使用事件相关电位实验作为主要的技术工具展开研究，同时，辅以一项行为学实验，完善研究的结论。

6.3.1 实验被试

本研究仍然通过浙江大学校内的 BBS 论坛招募在校大学生作为研究被试。本研究共招募 24 名本科生或研究生作为脑电实验的被试，其中女生 13 名，年龄在 19~35 岁，平均年龄为 22.58 岁，标准差为 3.1 岁。实验过程中，由于设备故障，其中两名被试的头皮阻抗过高，没有记录下有效的脑电数据，最后进入统计分析的被试数为 22 名（女生 11 名），年龄在 19~35 岁，平均年龄为 22.64 岁，标准差为 3.2 岁。由于研究三与前两项研究的实验范式大体相同，因此，为了保证所有被试对实验任务的熟悉度、新奇度无明显差异，参加过本研究前两项任意一项实验的被试，不被允许参加本研究中的实验。所有被试均是右利手，视力或矫正视力正常，没有精神或神经疾病史，符合神经科学实验的基本要求。此外，本研究涉及的所有实验均通过了浙江大学神经管理学实验室学术道德伦理委员会的审核批准。正式实验开始之前，主试告知每一位被试脑电实验的基本实验流程和相关注意事项，被试确认无误后，签署浙江大学 ERP 实验知情同意书，表明其了解脑电实验对人体生理心理不构成伤害，自愿参加实验。

6.3.2 实验材料

本研究继续使用猜拳游戏表征互动式营销策略中的输赢效应，因此，猜拳游戏部分的图片与研究一和研究二一致，具体不再赘述。由于参考了 Knutson 等 2007 年在《神经元》上发表论文的实验范式（SHOP Task），同时为了更真实地模拟网络购物环境，本研究从阿里巴巴旗下的购物平台——淘宝网（Taobao. com）上，设定 5~20 元价格区间、文具/日用品等产品类型为筛选条件，共选择 120 件产品作为实验材料库。通过 Adobe Photoshop CS6 软件（Adobe Systems Incorporated，San Jose，California，USA）对所选产品图片进行统一处理，使图片材料具有相近的背景色、色彩和亮度，尺寸统一（9. 26 厘米×9. 26 厘米，350×350 像素），为了排除品牌因素对被试选择的影响，隐去各产品的品牌标识。在正式实验前，利用李克特 5 分量表，通过互联网发放产品偏好评价问卷，搜集了 201 名受访者对这 120 件产品的偏好评价，然后将所有商品偏好评价得分的平均值从高到低进行排序，剔除得分最高的 20 件产品以及得分最低的 20 件产品，将得分中段的 80 件产品按照得分高低，分为四组，然后利用 Excel 软件等比例进行随机抽取，得到新的四组产品，使得偏好评价的组间差异平衡且无显著区别。之后，随机选取四组产品的两组作为无刺激条件下实验任务的实验材料，另外两组随机分配给连胜条件以及连败条件，之前剔除的 40 种商品随机排序后分配给猜拳结果的其他条件（平局、一赢一平、一输一平等），作为引入短时情绪启动后的实验任务的实验材料。

最终，在无刺激的购物任务的脑电实验中，有两组共 40 件产品，每件产品随机出现 2 次，共 80 试次；在猜拳—购物的脑电实验中，共 80 件产品，每件产品随机出现 2 次，共 160 试次，连胜/连败条件下匹配的产品各呈现 40 试次，符合脑电实验的试次要求（见图 6. 1）。

图 6. 1　研究三实验材料

另外，在正式实验开始前，提供以下背景材料给被试阅读，确保其在合理的情境设定中完成实验，帮助我们更真实地获得购买行为过程中的各项数据：

某购物网站正在举办线上活动，为选中的顾客提供20元的购物基金，你有幸中选，可以在商家提供的120种产品中进行购物（每件商品的单价在5~20元）。同时，该网站在进行网上购买互动测试，在每一次浏览商品前，可以选择与另一位用户玩猜拳游戏，参与测试的用户在后期会获得该购物平台的优惠券，输赢可能会决定优惠券金额。你将进行两轮购物，第一轮不参加猜拳，第二轮参加。在看到商品时，请选择是否购买该产品。该网站在活动结束后将随机抽取一件你选购的商品邮寄给你，购物基金扣除商品单价后的金额将一并返还。

6.3.3 实验范式

本研究将由两项事件相关电位实验以及一项行为实验构成。第一项ERP实验是无刺激的购物任务范式，第二项ERP实验是引入输赢效应作为短时情绪启动的购物任务范式。以上两项实验都采用SHOP任务，即每位被试除了固定的实验报酬外，将额外获得20元的购物基金，在实验完成后，随机抽取一件被试选择购买的产品作为本次实验最终购买的产品，扣除产品价格金额后，剩余的购物基金作为被试费返还给被试。

第一项脑电实验的范式如图6.2所示，首先随机呈现一个时长为400~600毫秒的“+”号，提示被试注意开始实验。然后呈现产品图片，时长为1000毫秒，之后显示该产品价格，呈现时长为1000毫秒，然后询问被试是否购买该产品，被试按键进行选择，选择结束后，出现一个时长1000毫秒的空屏，至此，一个试次结束。实验一包含两组产品图片，每组包括20件价格在5~20元的不同产品，每件产品随机出现2次，使得实验一拥有80试次，整个实验时间为5~7分钟。

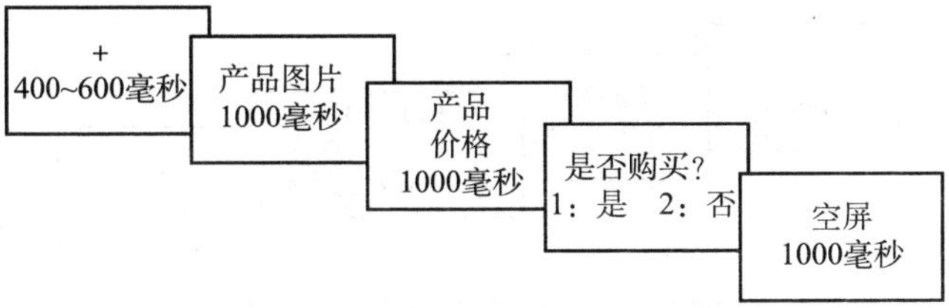

图6.2 研究三实验一研究范式

短时情绪诱发下购物任务的实验范式如图 6.3 所示，首先是随机呈现时长为 400~600 毫秒的“+”号注视点，然后被试进行猜拳游戏，出拳选择后出现一个 400~600 毫秒的随机空屏，之后呈现 1000 毫秒的猜拳结果，这一过程进行两轮。两轮猜拳游戏过后，是一个 400~600 毫秒的随机空屏，接着呈现产品图片，时长为 1000 毫秒，随后呈现价格信息，时长为 1000 毫秒，然后询问被试是否购买该产品，被试按键做出选择后，呈现一个 1000 毫秒时长的空屏，至此，实验二的一个试次结束。本实验总共包含 80 件产品，其中 20 件与连胜条件匹配，20 件与连败条件匹配，其余 40 件产品与其他条件（两轮平局、一赢一平、一输一平等）进行匹配，每件产品随机出现 2 次，使得实验二总共包含 160 试次，总时长在 20~25 分钟，考虑到被试在实验过程中不宜过度疲劳，以免数据质量不良，因此，实验二分割为两个模块，每个模块包含 80 试次，时长 10 分钟左右，中间休息 3~5 分钟。

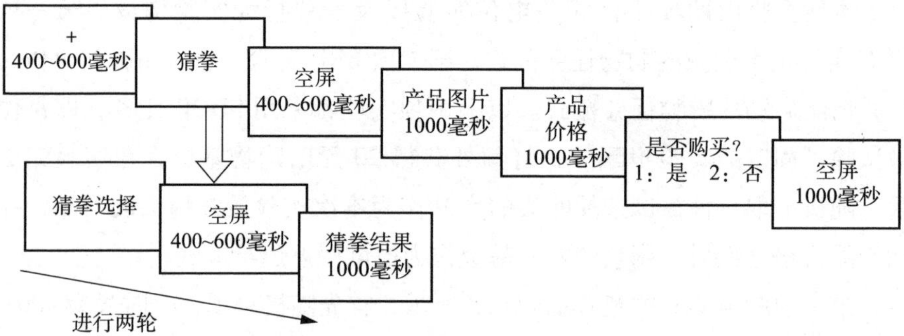

图 6.3　研究三实验二研究范式

图 6.4 展示了研究三中行为实验的研究范式，该实验是要求被试对之前两项脑电实验中出现过的 120 种产品进行偏好评价，评价采用李克特 5 分量表（1~5 分代表从非常不喜欢到非常喜欢的程度），实验总共包含 120 试次，时长 6 分钟左右。

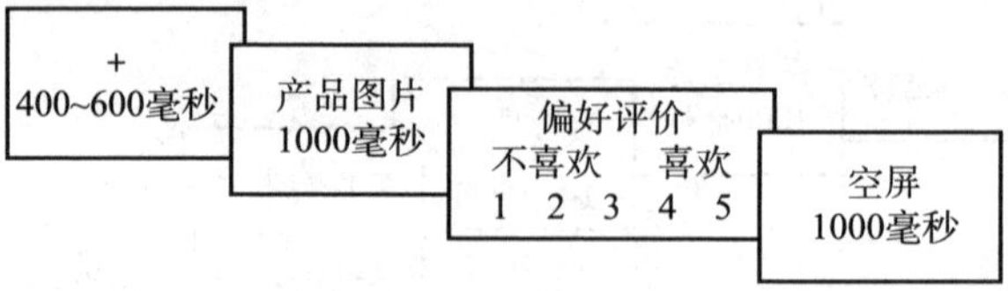

图 6.4　研究三实验三研究范式

6.3.4 实验过程

在正式实验的一周之前，主试发布招募被试的信息，具体的招募信息及实验准备过程与研究一中脑电实验的准备过程一致，在此不再赘述。

为了更好地完成实验，还原真实的游戏状态，增强被试的临场感，使被试更真实地融入实验过程，本实验与研究一一样，在每个时段招募两名被试同时进行实验（两名被试互不认识），由于实验任务简单，猜拳结果不涉及金钱损益，所以对被试性别没有特别要求，均根据报名情况随机匹配。完成准备工作后，两名被试分别进入相邻的两间脑电实验室进行准备，并首先进行无刺激条件下的购物任务 ERP 实验。

第一项脑电实验结束后，主试在休息期间告知两名被试对方即为其进行互动游戏（猜拳）的对手，说明第二项脑电实验将同步进行，由主试按键开始。两名被试休息结束后，主试大声倒数三个数，然后共同按键开始第二项 ERP 实验。与研究一相同，为了满足脑电实验不同条件下试次数足够的要求，被试猜拳的结果实际上由电脑软件进行控制，出于伦理问题的考虑，正式实验结束后，主试告知被试这一事实。

虽然本研究选取的实验材料通过问卷的形式获得了大众的偏好评价，但为了排除产品偏好的组间差异可能对被试造成的影响，在两项事件相关电位实验结束后，每名被试需要继续完成一项产品偏好评价的行为实验，利用李克特 5 分量表对实验中呈现的 120 种产品进行偏好评价。行为实验结束后，支付被试的固定报酬，并由电脑程序随机抽取一件被试选购的产品作为最终购买的产品。一周之后，通过快递的方式将产品邮寄给被试，并将购物基金（20 元）与产品价格之间的差价以被试费的形式返还给被试。

6.4 数据分析

6.4.1 行为数据分析

本研究涉及的三项实验的实验材料均通过 E-Prime 2.0 软件（心理学

软件公司，匹兹堡，美国）进行呈现，同时记录被试按键选择的行为数据，包括无刺激条件下的购买情况、短时情绪诱发下的购买情况以及对呈现产品偏好程度评价分析等三个方面。所得的行为数据根据统计学的原则进行分析，具体阐述如下：

6.4.1.1 实验一：无刺激条件下的购买情况分析

在这一阶段，我们对每一位被试将两组产品中选择购买的数量进行了统计分析，得到第一组（set 1）的购买率的平均值为 35.91%（标准差为 15.47%），第二组（set 2）的购买率的平均值为 34.18%（标准差为 17.2%）。另外，将两组产品的购买比率进行配对样本 t 检验，发现差异不显著（$t_{set\ 1-set\ 2}=0.75$，$p=0.462$，$df=21$）。如图 6.5 所示。

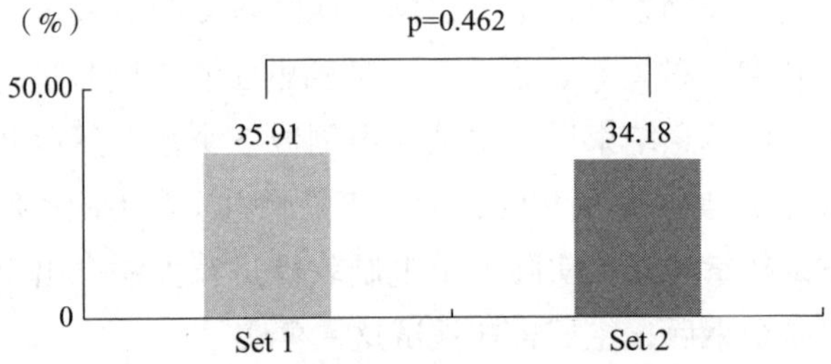

图 6.5 实验一无刺激条件下被试购买产品情况

6.4.1.2 实验二：短时情绪启动下的购买情况分析

实验二的研究范式与研究一中的脑电实验范式相似，在产品和价格信息呈现之前，先进行两轮猜拳游戏。由于本研究关注的重点仍然是连胜或连败的游戏结果对被试购买行为的影响，因此，对于该实验行为数据的分析，仅考虑与这两项实验条件匹配的产品组，为了后文进行更清楚的阐述，将这两组产品命名为 CW set（Continuos Win set）以及 CL set（Continuous Lose set）。经过统计分析，CW set 购买率的平均值为 44.32%（标准差为 18.66%），CL set 购买率的平均值为 33.07%（标准差为 16.97%）。同样通过配对样本 t 检验的计算，两组产品购买率的平均值存在显著差异（$t_{CW\ set-CL\ set}=4.06$，$p=0.001$，$df=21$）。如图 6.6 所示。

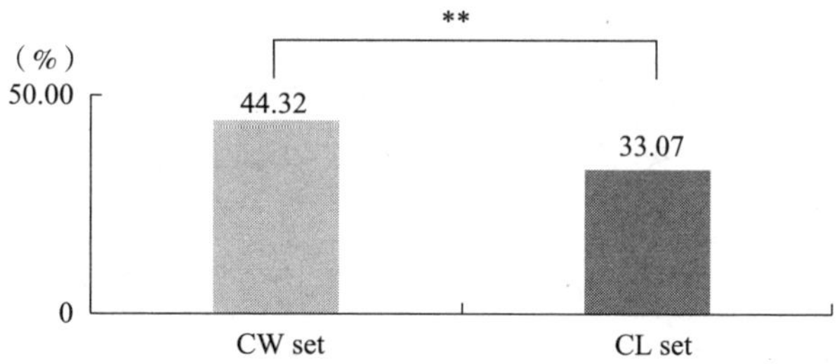

图 6.6　实验二短时情绪启动下的购买产品情况

注：* * 表示 p 值<0.01。

6.4.1.3　实验三：产品偏好评价分析

实验三考察了被试对于呈现产品偏好程度的评价，我们将被试对于研究关心的四组产品——set 1、set 2、CW set 以及 CL set 中的每一件产品的偏好评价进行了均值计算，并利用配对样本 t 检验对四组产品的偏好评价进行了组间差异分析，结果显示，被试对于研究选取的四组产品偏好的组间差异不显著（$Mean_{set\ 1} = 2.25$，$SD = 0.46$；$Mean_{set\ 2} = 2.07$，$SD = 0.54$；$Mean_{CW\ set} = 2.32$，$SD = 0.35$；$Mean_{CL\ set} = 2.19$，$SD = 0.58$；$t_{set\ 1-set\ 2} = 1.142$，$p = 0.268$；$t_{CW\ set-CL\ set} = 0.856$，$p = 0.403$；$t_{CW\ set-set\ 1} = 0.78$，$p = 0.445$；$t_{CW\ set-set\ 2} = 1.72$，$p = 0.102$；$t_{CL\ set-set\ 1} = 0.326$，$p = 0.748$；$t_{CL\ set-set\ 2} = 0.692$，$p = 0.498$；$df = 21$），排除了组间差异可能对被试购买行为造成的影响（如图 6.7所示）。

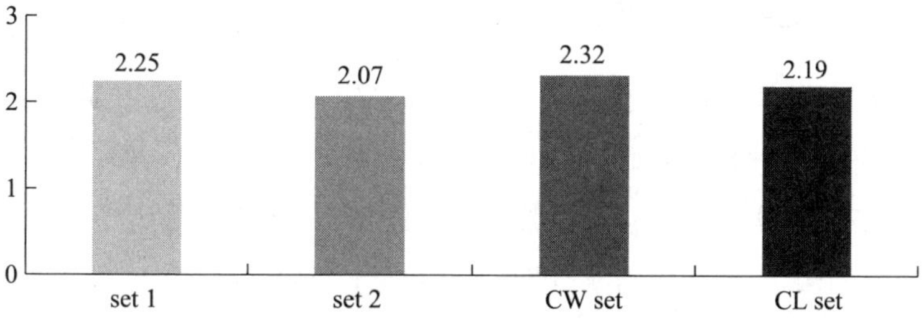

图 6.7　实验三四组产品偏好评价均值

6.4.1.4　实验一与实验二行为数据的联合分析

本研究设置实验一的目的，是更好地检验互动式营销策略中的输赢效应作为短时情绪启动对被试购买决策行为的影响，因此，有必要将无刺激与有刺激的两个实验的行为数据进行比较分析。通过配对样本 t 检验的统计分析，我们发现，连胜结果刺激下，被试的购买率提高，且与无刺激条件下的两组产品的购买率均值差异明显（$t_{CW\ set-set\ 1}=3.208$，$p=0.004$；$t_{CW\ set-set2}=3.343$，$p=0.002$；$df=21$）。

然而，连败条件匹配的产品组的购买率均值与无刺激条件下的产品组相比，没有显著差异（$t_{CL\ set-set\ 1}=1.033$，$p=0.313$；$t_{CL\ set-set\ 2}=0.42$，$p=0.679$；$df=21$）。如图 6.8 所示。

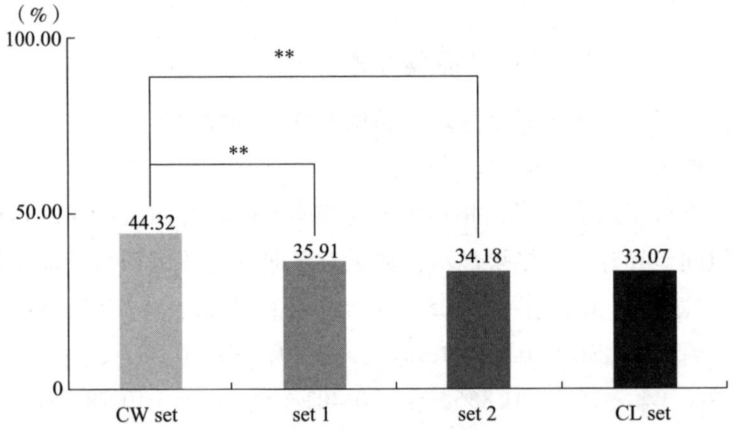

图 6.8 实验一与实验二行为数据联合分析

注：＊＊代表 p 值<0.01。

6.4.2 脑电数据分析

脑电数据预处理的步骤与研究一中介绍的基本一致，在此不再赘述。本研究在前两项研究的基础上，主要采用两项 ERP 实验，进一步考察互动式营销策略对个体内在心理活动影响继而影响其购买决策行为的神经活动过程，在这一小节，我们将具体对每一个实验的不同 ERP 成分进行具体的分析。

6.4.2.1 实验一脑电数据分析

实验一是无刺激条件下的购买任务脑电实验，由于前两项子研究重点通过产品价格差异的视角，考察了短时情绪诱发对个体购买意愿的影响，而本研究是从产品偏好的视角出发，因此，产品—价格信息呈现阶段被试的脑电数据情况并非本研究关注的重点，在实验一中，我们仅考察产品呈现阶段被试的大脑活动情况，对这一阶段的脑电数据分析，我们主要分为三个环节：两组产品呈现时的脑电波形分析、选择购买的产品与不购买的产品诱发的脑电波形分析以及男性与女性被试购买与否的脑电波形分析。

研究一中，两轮猜拳游戏之后，在产品—价格信息呈现阶段，我们发现两个有效 ERP 成分的诱发，包括早期的、峰值在前额区达到最大值的 P2 成分以及晚期、峰值在中央顶区达到最大值的 LPP 成分。研究二磁共振实验进一步证明，这两个成分是源于情绪相关脑区的激活，因此我们把这两个成分界定为表征情绪的脑电指标，认为被试对于无明显偏好差异的移动硬盘高价或低价的感知，受到猜拳游戏结果诱发的短时情绪的影响发生了改变，使得连胜的刺激下，加入购物车的商品多，购买意愿相对强烈；而连败的状态下，加入购物车的商品少，购买意愿相对薄弱。

根据对实验一各条件脑电波形图的观察，在产品呈现阶段，我们同样发现了早期的 P2 成分与晚期的 LPP 成分，然而，实验一没有加入猜拳游戏，被试仅根据产品相关信息做出购买与否的选择。结合研究一的脑电结论部分对于 P2 成分以及 LPP 成分的相关讨论，一些消费者行为学的研究成果表明，这两种成分也可表征消费者偏好（Van Strien et al.，2009；Guo et al.，2016）。基于以上论述，我们认为实验一发现的两个 ERP 成分——P2 和 LPP 确实为被试对所示产品的偏好表征。

与研究一一致，对于 P2 成分，我们选取前额区 F3、Fz、F4、FC3、FCz 及 FC4 6 个电极点上的脑电数据进行统计分析，而对于 LPP 成分，选取中央顶区 C1、Cz、C2、CP1、CPz、CP2、P1、Pz 以及 P2 9 个电极点上的脑电数据进行统计分析（如图 6.9 及图 6.10 所示）。

为了更清晰地展示 P2 成分及 LPP 成分在不同条件下的波形和振幅情况，对于 P2 成分，我们主要绘制 Fz 及 FCz 两个电极点上的脑波形图；而对于 LPP 成分，主要通过 Cz、CPz 以及 Pz 3 个电极点上被试对产品图片加工阶段的脑波形图进行展示。同时，根据已有的关于 P2 成分以及 LPP 成分研究的发表论文，并保持与研究一的一致性，我们选取产品图片呈现后 150~220 毫秒作为 P2 成分分析的时间窗，并计算不同条件下诱发的 P2 峰值及潜伏期之间的差异；同时，选取 500~800 毫秒这一段时间作为 LPP 成分分析的时间窗，并对这段时间内的脑电振幅进行了平均值的计算。

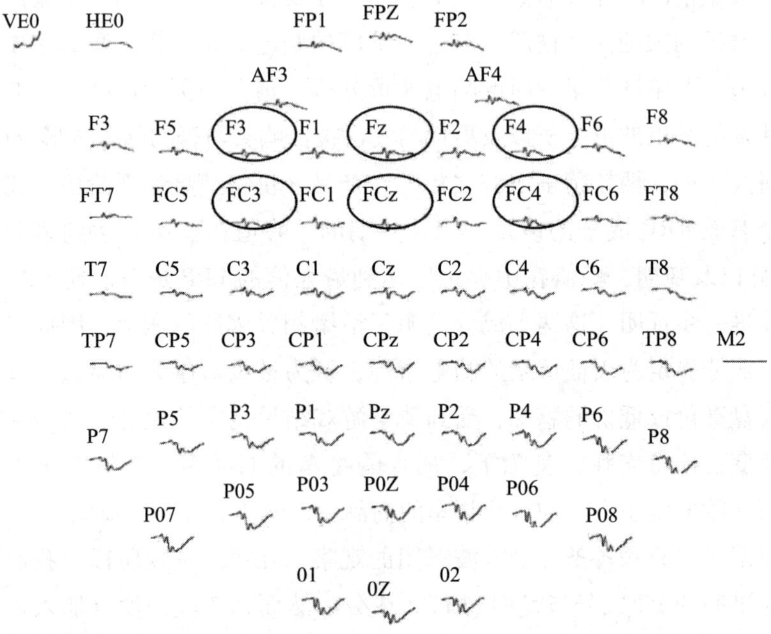

图 6.9　64 个电极点的分布情况以及 P2 成分的统计分析选取的电极点

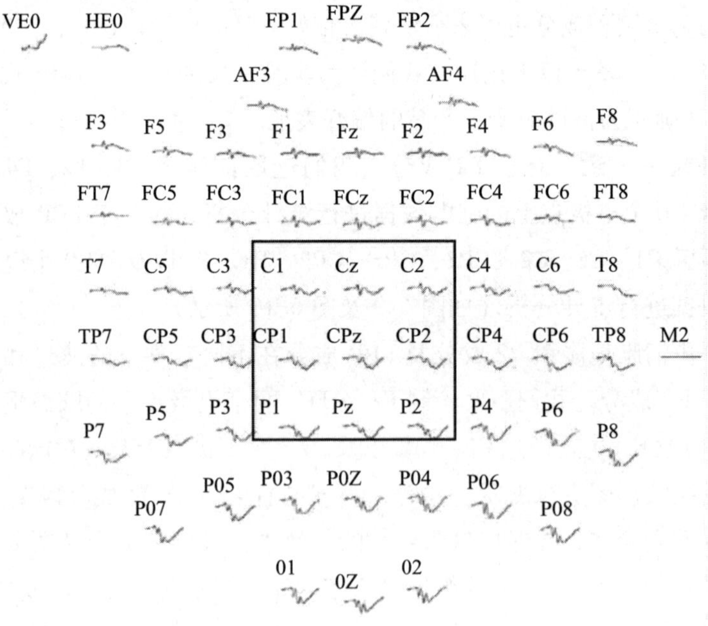

图 6.10　64 个电极点的分布情况以及 LPP 成分的统计分析选取的电极点

（1） set 1 和 set 2 诱发的脑电波形分析。

1） P2 成分。

我们对这一阶段的脑电数据进行了 2（两个产品组别：set 1 和 set 2）× 6（6 个电极点：F3、Fz、F4、FC3、FCz 和 FC4）的重复测量方差分析（Repeated measures of ANOVA）。结果显示，两组产品诱发的 P2 成分峰值在振幅上无明显差异（$F_{set\ 1-set\ 2-P2}=0.004$，$p=0.948$），电极点与实验条件的交互效应也不显著（$F_{set\ 1-set\ 2-P2Electrodes}=2.711$，$p=0.056$；$F_{set\ 1-set\ 2-interaction}=0.465$，$p=0.797$）。同时，两组产品呈现诱发的 P2 峰值出现的时间点差异不显著（$F_{set\ 1-set\ 2-P2Latency}=3.199$，$p=0.088$）。两种实验条件下各个电极点的 P2 峰值的平均值及标准差如表 6.2 所示，潜伏期的均值及标准差如表 6.3 所示，P2 成分的脑电波形图如图 6.11 所示。

表 6.2　set 1 及 set 2 产品呈现时 6 个电极点 P2 波幅的均值及标准差

电极点	set 1				set 2			
	均值	标准差	95%置信区间		均值	标准差	95%置信区间	
			下限	上限			下限	上限
F3	3.059	0.860	1.270	4.848	2.891	0.609	1.624	4.158
Fz	3.147	0.791	1.503	4.792	3.226	0.667	1.839	4.614
F4	3.028	0.828	1.306	4.750	3.004	0.774	1.394	4.615
FC3	3.137	0.810	1.453	4.821	3.278	0.667	1.891	4.664
FCz	4.176	0.971	2.156	6.196	4.287	0.863	2.492	6.081
FC4	3.930	0.931	1.994	5.866	3.933	0.862	2.140	5.725

表 6.3　set 1 及 set 2 产品呈现时 6 个电极点 P2 潜伏期均值及标准差

电极点	set 1				set 2			
	均值	标准差	95%置信区间		均值	标准差	95%置信区间	
			下限	上限			下限	上限
F3	183.091	4.005	174.762	191.419	180.045	4.496	170.695	189.395
Fz	183.545	4.036	175.152	191.939	178.273	4.503	168.909	187.636
F4	181.364	3.627	173.821	188.906	179.773	4.766	169.861	189.684
FC3	187.545	4.057	179.109	195.982	187.273	4.583	177.743	196.803
FCz	184.591	4.184	175.889	193.293	183.909	5.047	173.413	194.405
FC4	191.955	4.107	183.415	200.495	186.409	4.620	176.802	196.016

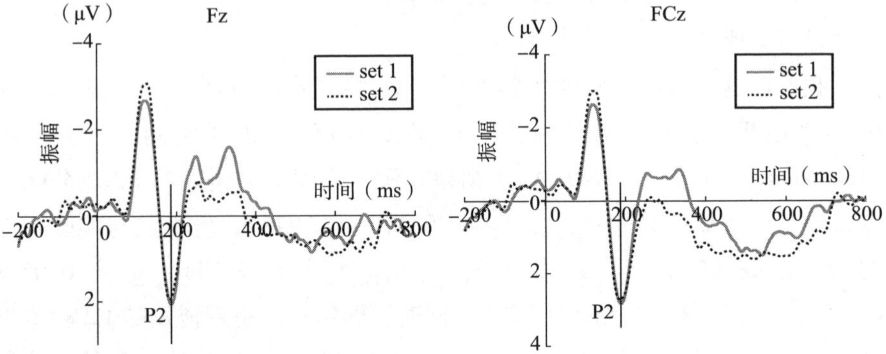

图 6.11　set 1 及 set 2 产品呈现时 Fz 及 FCz 电极点上 P2 的波形图

2）LPP 成分。

这一阶段，我们对脑电数据进行了 2（两个产品组别：set 1 和 set 2）× 9（9 个电极点：C1、Cz、C2、CP1、CPz、CP2、P1、Pz 和 P2）的重复测量方差分析。统计结果显示，set 1 及 set 2 两组产品诱发的 LPP 成分主效应不显著（如表 6.4 所示），同时，电极点效应及交互效应均不显著（$F_{set\ 1-set\ 2-LPP}=1.068$，$p=0.313$；$F_{set\ 1-set\ 2\_electrodes}=1.716$，$p=0.18$；$F_{interaction}=0.54$，$p=0.808$）。LPP 成分的脑电波形图及脑地形图如图 6.12 所示。

表 6.4　set 1 及 set 2 产品呈现时 9 个电极点 LPP 波幅的均值及标准差

电极点	set 1				set 2			
	均值	标准差	95%置信区间		均值	标准差	95%置信区间	
			下限	上限			下限	上限
C1	1.372	0.734	−0.155	2.899	1.805	0.523	0.718	2.892
Cz	1.197	0.742	−0.347	2.741	1.962	0.552	0.813	3.110
C2	1.685	0.751	0.124	3.246	2.214	0.583	1.002	3.427
CP1	2.124	0.745	0.575	3.673	2.518	0.535	1.405	3.632
CPz	2.349	0.694	0.906	3.793	2.913	0.598	1.670	4.156
CP2	2.443	0.754	0.875	4.011	3.069	0.638	1.742	4.395
P1	2.383	0.675	0.981	3.786	2.640	0.501	1.599	3.681
Pz	2.717	0.738	1.182	4.252	3.043	0.616	1.761	4.325
P2	2.834	0.679	1.422	4.246	2.787	0.526	1.693	3.882

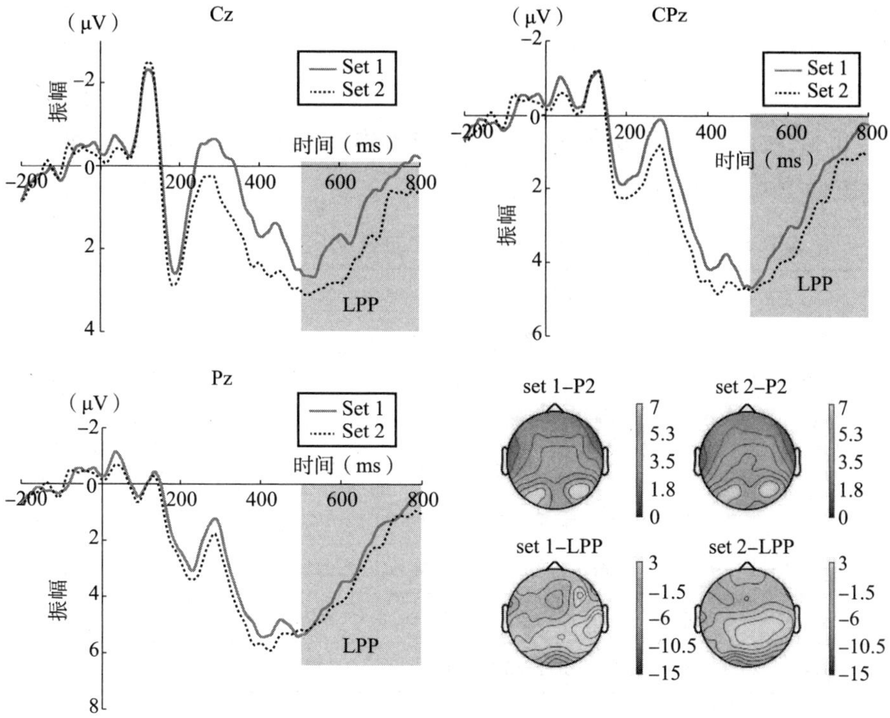

图 6.12　set 1 及 set 2 产品呈现时 Cz、CPz 及 Pz 电极点上 LPP 的波形图及脑地形图

（2）购买与不购买产品诱发的脑电波形分析。

对于选择购买与选择不购买产品诱发的脑电波幅的比较分析，我们主要分为两个环节，环节一是将 set 1 及 set 2 所有产品合并起来，观察总体的购买与否的大脑活动过程，环节二是在组内分别观察购买与不购买产品诱发的脑电波幅的差异。

1）环节一：两组产品合并后的脑电成分分析。

①P2 成分。

我们选取 2（产品购买情况：购买、不购买）×6（6 个电极点：F3、Fz、F4、FC3、FCz 和 FC4）进行这一阶段 P2 成分重复测量方差分析，发现选择购买产品诱发的 P2 成分波幅峰值要高于没有选择购买产品诱发的脑电峰值，且两种实验条件主效应差异显著（$F_{Buy-NotBuy-P2} = 19.599$，$p < 0.001$），然而，电极点效应及交互效应不显著（$F_{Buy-NotBuy-P2Electrodes} = 2.759$，$p = 0.053$；$F_{Buy-NotBuy-interaction} = 0.456$，$p =$

0.803）（如表 6.5 所示）。同时，统计发现，二者的潜伏期主效应、电极点效应及交互效应均无明显差异（$F_{Buy-NotBuy-P2Latency}=2.365$，$p=0.139$；$F_{Buy-NotBuy-P2Electrodes}=2.556$，$p=0.067$；$F_{Buy-NotBuy-interaction}=0.691$，$p=0.637$）（如表 6.6 所示）。购买与不购买情形下 P2 成分的脑电波形图如图 6.13 所示。

表 6.5　购买与不购买产品呈现时 6 个电极点 P2 波幅的均值及标准差

电极点	购买				不购买			
	均值	标准差	95%置信区间		均值	标准差	95%置信区间	
			下限	上限			下限	上限
F3	3.958	0.899	2.087	5.828	2.628	0.683	1.207	4.049
Fz	4.300	0.811	2.614	5.985	2.747	0.701	1.289	4.205
F4	4.067	0.831	2.338	5.796	2.442	0.766	0.849	4.035
FC3	4.053	0.866	2.253	5.854	2.932	0.746	1.381	4.483
FCz	5.415	0.945	3.451	7.380	3.817	0.905	1.935	5.698
FC4	4.838	0.942	2.880	6.797	3.537	0.908	1.650	5.424

表 6.6　购买与不购买产品呈现时 6 个电极点 P2 潜伏期均值及标准差

电极点	购买				不购买			
	均值	标准差	95%置信区间		均值	标准差	95%置信区间	
			下限	上限			下限	上限
F3	187.000	3.976	178.732	195.268	182.773	3.937	174.585	190.961
Fz	186.773	4.303	177.823	195.722	182.045	3.991	173.747	190.344
F4	185.500	4.042	177.093	193.907	181.182	3.772	173.338	189.026
FC3	191.227	4.132	182.634	199.820	184.455	4.054	176.024	192.886
FCz	189.000	4.515	179.610	198.390	182.318	4.218	173.547	191.090
FC4	187.000	4.851	176.911	197.089	183.727	4.545	174.275	193.180

②LPP 成分。

对于购买与不购买产品诱发的 LPP 成分的分析，我们仍然采用 2（产品购买情况：购买、不购买）×9（9 个电极点：C1、Cz、C2、CP1、CPz、CP2、P1、Pz 和 P2）的重复测量方差分析。如表 6.7 所示，购买与不购买产品诱发的 LPP 波幅主效应显著（$F_{Buy-NotBuy-LPP}=13.692$，

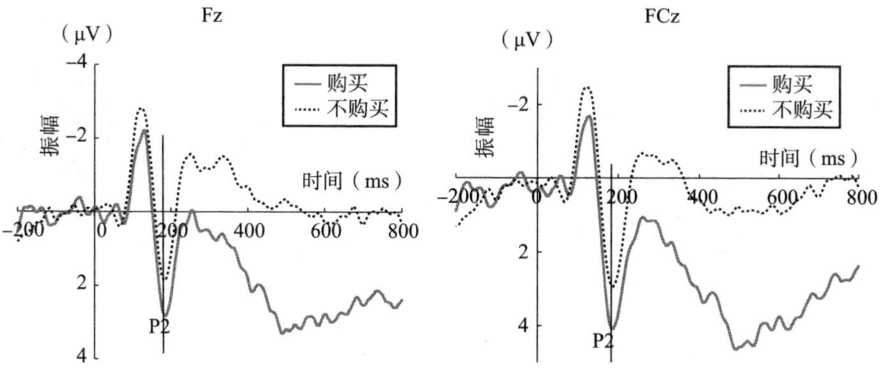

图 6.13　购买与不购买产品呈现时 Fz 及 FCz 电极点上 P2 的波形图

p=0.001），且选择购买产品诱发的 LPP 波幅更大，但电极点效应及交互效应不显著（$F_{Buy-NotBuy-LPP\ Electrodes}=1.412$，$p=0.273$；$F_{Buy-NotBuy-interaction}=2.557$，$p=0.06$）。购买与不购买情形下 LPP 成分的脑电波形图及脑地形图如图 6.14 所示。

表 6.7　购买与不购买产品呈现时 9 个电极点 LPP 波幅的均值及标准差

电极点	购买				不购买			
	均值	标准差	95%置信区间		均值	标准差	95%置信区间	
			下限	上限			下限	上限
C1	3.477	0.932	1.540	5.414	0.848	0.516	−0.225	1.920
Cz	3.569	0.937	1.619	5.518	0.789	0.553	−0.360	1.939
C2	3.888	1.004	1.799	5.977	1.214	0.585	−0.003	2.430
CP1	4.112	0.937	2.165	6.060	1.495	0.511	0.431	2.558
CPz	4.280	0.926	2.353	6.207	1.829	0.525	0.737	2.921
CP2	4.512	0.951	2.534	6.490	1.853	0.583	0.640	3.067
P1	3.833	0.840	2.086	5.580	1.993	0.587	0.773	3.213
Pz	4.502	0.905	2.620	6.384	2.206	0.654	0.847	3.566
P2	4.323	0.820	2.618	6.027	2.261	0.621	0.969	3.553

2）环节二：分组比较购买与不购买产品的脑电成分分析。

①P2 成分。

我们针对每组产品的购买情况分别进行 2（购买情况：购买、不购买）×6（6 个电极点：F3、Fz、F4、FC3、FCz 和 FC4）的重复测量方差

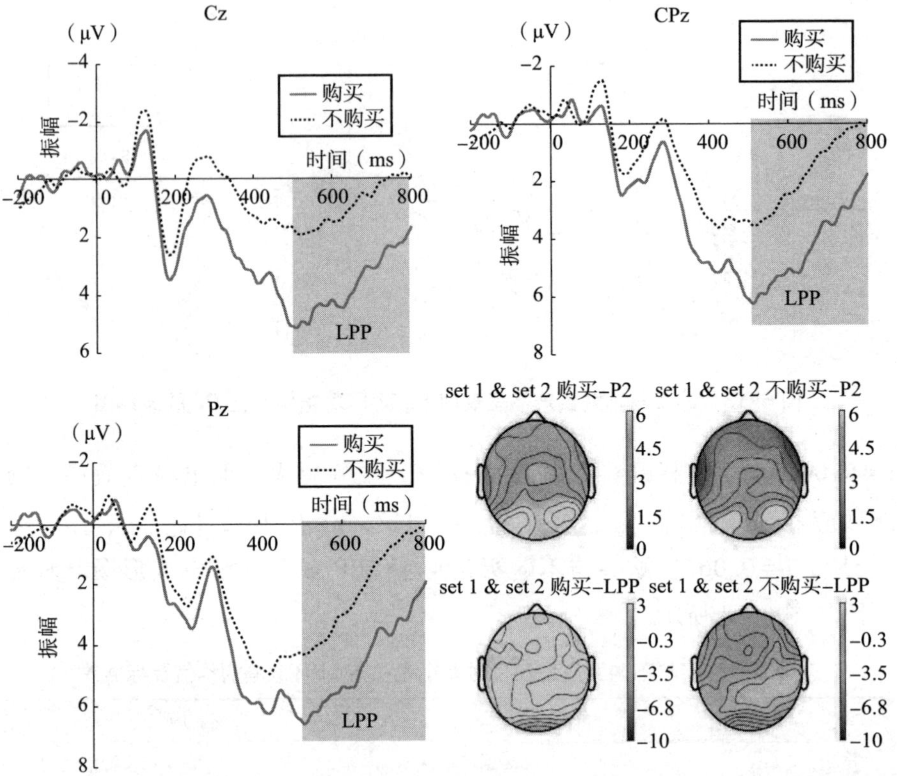

图 6.14　购买与不购买产品呈现时 Cz、CPz 及 Pz 电极点上 LPP 的波形图及脑地形图

分析。在 set 1 中，被试选择购买的产品诱发的 P2 峰值与不购买产品诱发的 P2 峰值主效应及电极点效应边际显著（$F_{set\ 1BuyorNot-P2}=4.141$，$p=0.055$；$F_{set\ 1BuyorNot-P2Electrodes}=2.754$，$p=0.053$），但交互效应不显著（$F_{set\ 1-interaction}=1.45$，$p=0.257$）。同时，统计发现，二者的潜伏期主效应差异显著（$F_{set\ 1BuyorNot-P2Latency}=5.934$，$p=0.024$），但电极点效应及交互效应均无明显差异（$F_{set\ 1BuyorNot-P2LatencyElectrodes}=1.559$，$p=0.225$；$F_{set\ 1BuyorNot-interaction}=1.787$，$p=0.169$）（如表 6.8 所示）。

set 2 中购买与不购买产品呈现后诱发的 P2 成分峰值主效应及电极点效应显著（$F_{set\ 2BuyorNot-P2}=23.59$，$p<0.01$；$F_{set\ 2BuyorNot-P2Electrodes}=5.161$，$p<0.01$），且购买产品诱发的 P2 峰值更大，交互效应不显著（$F_{set\ 2-interaction}=1.113$，$p=0.39$）。根据对潜伏期的统计分析，两个实验条件诱发的 P2 峰值的潜伏期主效应、电极点及交互效应差异均不显著（$F_{set\ 2BuyorNot-P2Latency}=$

0.194，$p=0.664$；$F_{set\ 2BuyorNot-P2LatencyElectrodes}=1.404$，$p=0.272$；$F_{set\ 2-interaction}=0.28$，$p=0.917$）（如表 6.9 所示）。

表 6.8 购买与不购买产品呈现时 6 个电极点 P2 波幅的均值及标准差

电极点	均值	标准差	95%置信区间		均值	标准差	95%置信区间	
			下限	上限			下限	上限
	set 1—购买				set 1—不购买			
F3	4.567	1.056	2.371	6.763	2.982	0.873	1.166	4.797
Fz	4.442	0.976	2.413	6.472	2.995	0.777	1.380	4.610
F4	4.262	0.929	2.329	6.195	3.225	0.960	1.228	5.221
FC3	4.336	1.024	2.208	6.465	3.087	0.905	1.205	4.969
FCz	5.660	1.089	3.396	7.925	3.877	0.959	1.883	5.872
FC4	4.742	1.024	2.612	6.872	4.021	1.069	1.799	6.244
	set 2—购买				set 2—购买			
F3	4.113	0.810	2.428	5.798	2.680	0.638	1.354	4.006
Fz	4.889	0.798	3.229	6.549	2.812	0.682	1.393	4.230
	set 2—购买				set 2—购买			
F4	4.786	0.882	2.952	6.621	2.035	0.795	0.382	3.689
FC3	4.642	0.844	2.886	6.398	3.054	0.680	1.640	4.469
FCz	5.834	0.930	3.899	7.769	4.086	0.910	2.194	5.978
FC4	5.735	0.902	3.858	7.612	3.320	0.886	1.477	5.162

表 6.9 购买与不购买产品呈现时 6 个电极点 P2 潜伏期的均值及标准差

电极点	均值	标准差	95%置信区间		均值	标准差	95%置信区间	
			下限	上限			下限	上限
	set 1—购买				set 1—不购买			
F3	183.727	3.643	176.151	191.304	180.955	3.227	174.244	187.665
Fz	189.136	3.858	181.113	197.160	180.636	3.377	173.613	187.659
F4	187.182	4.054	178.751	195.613	181.955	3.656	174.352	189.557
FC3	192.364	3.795	184.471	200.257	186.455	3.650	178.864	194.045
FCz	189.682	3.712	181.963	197.401	184.455	4.068	175.995	192.914
FC4	189.864	3.993	181.561	198.167	187.773	4.254	178.926	196.619

续表

电极点	均值	标准差	95%置信区间		均值	标准差	95%置信区间	
			下限	上限			下限	上限
	set 2—购买				set 2—不购买			
F3	183.227	4.943	172.948	193.507	182.318	4.362	173.248	191.389
Fz	184.227	4.808	174.228	194.227	181.273	4.530	171.851	190.694
F4	183.955	4.766	174.043	193.866	181.818	4.438	172.589	191.047
FC3	185.591	4.634	175.954	195.228	185.455	4.827	175.416	195.493
FCz	187.091	5.076	176.535	197.647	183.727	4.849	173.643	193.812
FC4	186.955	4.731	177.117	196.792	184.818	4.246	175.988	193.648

②LPP 成分。

对于 LPP 成分，我们在 set 1 和 set 2 中分别选取 2（购买情况：购买、不购买）×9（9 个电极点：C1、Cz、C2、CP1、CPz、CP2、P1、Pz 和 P2）进行重复测量方差分析。结果显示，set 1 中购买与不购买产品诱发的 LPP 波幅主效应显著（$F_{set1BuyorNot-LPP}=8.59$，$p=0.008$），且选择购买产品诱发的 LPP 波幅更大，但电极点效应及交互效应不显著（$F_{set1BuyorNot-LPP\ Electrodes}=1.555$，$p=0.224$；$F_{set\ 1BuyorNot-interaction}=0.863$，$p=0.567$）（如表 6.10 所示）。

如表 6.10 所示，set 2 中，购买与不购买产品诱发的 LPP 波幅主效应显著（$F_{set\ 2BuyorNot-LPP}=7.17$，$p=0.014$），且选择购买产品诱发的 LPP 波幅更大，但电极点效应及交互效应不显著（$F_{set\ 2BuyorNot-LPP\ Electrodes}=1.001$，$p=0.476$；$F_{set\ 2BuyorNot-interaction}=0.396$，$p=0.905$）。

表 6.10　购买与不购买产品呈现时 9 个电极点 LPP 波幅的均值及标准差

电极点	均值	标准差	95%置信区间		均值	标准差	95%置信区间	
			下限	上限			下限	上限
	set 1—购买				set 1—不购买			
C1	3.899	1.330	1.133	6.665	0.419	0.592	−0.812	1.650
Cz	3.736	1.329	0.972	6.499	0.216	0.644	−1.123	1.556
C2	4.109	1.380	1.240	6.979	0.865	0.612	−0.408	2.139
CP1	4.420	1.287	1.744	7.097	1.181	0.562	0.012	2.351
CPz	4.566	1.221	2.027	7.106	1.406	0.545	0.273	2.539
CP2	4.860	1.275	2.207	7.512	1.298	0.600	0.049	2.547

续表

电极点	均值	标准差	95%置信区间		均值	标准差	95%置信区间	
			下限	上限			下限	上限
P1	3. 801	1. 158	1. 394	6. 208	1. 990	0. 860	0. 201	3. 780
Pz	4. 678	1. 183	2. 218	7. 137	2. 043	0. 828	0. 321	3. 765
P2	4. 672	1. 098	2. 388	6. 956	2. 305	0. 843	0. 553	4. 057
	set 2—购买				set 2—不购买			
C1	2. 717	0. 694	1. 274	4. 159	1. 327	0. 552	0. 180	2. 475
Cz	3. 003	0. 679	1. 591	4. 414	1. 396	0. 601	0. 146	2. 646
C2	3. 208	0. 777	1. 592	4. 824	1. 589	0. 641	0. 257	2. 922
CP1	3. 486	0. 686	2. 059	4. 912	1. 842	0. 558	0. 682	3. 002
CPz	3. 664	0. 768	2. 067	5. 260	2. 291	0. 606	1. 031	3. 552
CP2	3. 708	0. 834	1. 975	5. 441	2. 433	0. 692	0. 993	3. 872
P1	3. 622	0. 643	2. 283	4. 960	2. 041	0. 506	0. 990	3. 093
Pz	4. 017	0. 820	2. 312	5. 721	2. 416	0. 608	1. 152	3. 680
P2	3. 695	0. 755	2. 124	5. 267	2. 246	0. 537	1. 130	3. 363

此外，我们还交叉对比了两组产品中购买与不购买产品的 ERP 成分波幅情况，发现无论是选择购买，还是选择不购买，两组产品诱发的 P2 峰值及 LPP 波幅均值主效应差异均不显著（$F_{set\ 1-set2Buy-P2}=0.261$，$p=0.615$；$F_{set\ 1-set2NotBuy-P2}=0.506$，$p=0.485$；$F_{set\ 1-set2Buy-LPP}=0.547$，$p=0.468$；$F_{set\ 1-set\ 2NotBuy-LPP}=2.373$，$p=0.138$），同时 P2 成分峰值出现的时间点（潜伏期）主效应差异也不显著（$F_{set\ 1-set\ 2Buy-P2Latency}=0.81$，$p=0.378$；$F_{set\ 1-set\ 2NotBuy-P2Latency}=0.035$，$p=0.853$）。set 1 及 set 2 购买与不购买情形下，产品在 Fz 点及 Cz 点上的 P2 及 LPP 脑电波形图及脑地形图如图 6.15 所示。

（3）男性与女性被试购买与否的脑电波形分析。

很多消费者行为的研究指出，男性消费者和女性消费者的购买决策过程不同。在一项对印度消费者购买方式的调查研究中发现，在购买行为上，男性消费者和女性消费者存在很大的差异。该研究通过对 166 名男性和 98 名女性的调查发现，在购买决策风格、冲动性购买决策、店铺忠诚度以及影响以上购买行为的因素上，男性和女性都存在显著差异（Jaidev & Amarnath，2018）。而一项针对亚洲零售平台的研究指出，网上零售平台的男女消费者在储蓄和消费之间权衡的思路也有不同（Li et al.，2019）。

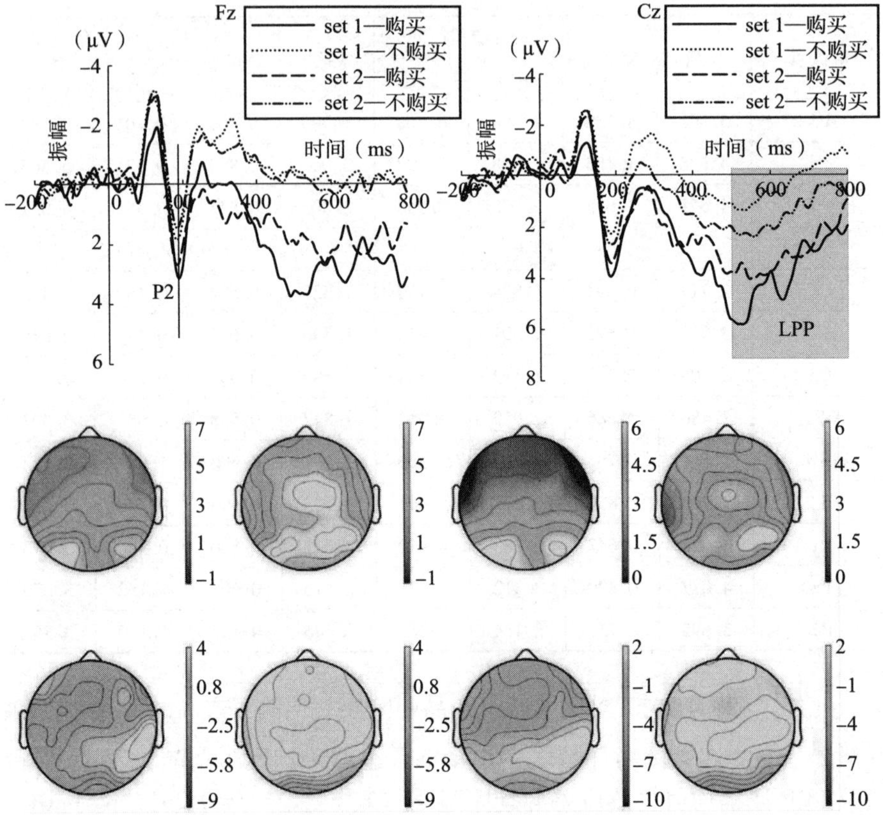

图 6.15 set 1 及 set 2 产品购买与否在 Fz 点及 Cz 点上的 P2 及 LPP 脑电波形图及脑地形图

Hasan（2010）的研究也指出，对于网络购买行为的研究，态度和性别都是影响该行为的重要因素。而不同性别在线上购买的态度也存在显著差异，女性比男性更看重网上购物的效用。Riedl 等（2010）应用 fMRI 实验，证实易趣网（Ebay.com）的用户线上信任感的感知行为，男性和女性也大有不同，同时发现性别之间引起的脑区激活的差异能有效预测被试后续的行为。因此，我们对实验一脑电数据进行分析时，还考察了男性被试和女性被试在选择购买与否的产品呈现时的脑电波形情况。我们同样分析了 P2 和 LPP 两个成分，对于 P2 成分，选择 150~220 毫秒 F3、Fz、F4、FC3、FCz 和 FC4 6 个电极点上诱发的 P2 峰值数据进行统计分析，对于 LPP 成分，选择 500~800 毫秒 C1、Cz、C2、CP1、CPz、CP2、P1、Pz 和 P2 9 个电极点上

LPP 波幅的均值进行重复测量方差分析。

1）P2 成分。

女性被试对于选择购买或不购买的产品呈现时的加工过程存在显著差异，当她们看到选择购买的产品时，会诱发幅值更大的 P2 峰值（$F_{Female-BuyorNot-P2}=24.035$，$p=0.001$），而男性被试的 P2 峰值在两个实验条件下没有显著差异（$F_{Male-BuyorNot-P2}=3.87$，$p=0.077$）。

对比女性被试与男性被试，无论是选择购买的产品，还是选择不购买的产品呈现时诱发的 P2 波幅峰值均存在显著差异（$F_{Male-Female-Buy-P2}=12.032$，$p=0.006$；$F_{Male-Female-NotBuy-P2}=4.896$，$p=0.05$），如表 6.11 所示。

表 6.11 男女被试购买与不购买产品呈现时 6 个电极点 P2 波幅的均值及标准差

电极点	均值	标准差	95%置信区间		均值	标准差	95%置信区间	
			下限	上限			下限	上限
	男性被试—购买				男性被试—不购买			
F3	1.701	1.236	−1.052	4.455	1.245	0.958	−0.890	3.379
Fz	2.228	1.061	−0.135	4.592	1.364	1.029	−0.928	3.655
F4	2.403	1.265	−0.416	5.223	1.227	1.207	−1.462	3.916
FC3	2.048	1.164	−0.546	4.641	1.949	1.238	−0.808	4.707
FCz	3.001	1.153	0.433	5.569	2.118	1.134	−0.408	4.643
FC4	2.599	1.130	0.082	5.117	2.340	1.398	−0.774	5.454
	女性被试—购买				女性被试—不购买			
F3	6.214	0.922	4.159	8.269	4.010	0.813	2.198	5.822
Fz	6.373	0.880	4.412	8.334	4.129	0.791	2.367	5.892
F4	5.731	0.865	3.804	7.658	3.658	0.844	1.777	5.540
FC3	6.058	0.995	3.841	8.276	3.915	0.781	2.174	5.655
FCz	7.828	1.121	5.331	10.325	5.514	1.256	2.715	8.312
FC4	7.077	1.203	4.398	9.757	4.735	1.104	2.274	7.195

2）LPP 成分。

与 P2 成分一样，女性被试对于选择购买或不购买的产品呈现时的加工过程存在显著差异，当她们看到选择购买的产品时，会诱发幅值更大的

LPP 成分（$F_{Female-BuyorNot-LPP}=14.776$，$p=0.003$），而男性被试的 LPP 波幅均值在两个实验条件下没有显著差异（$F_{Male-BuyorNot-LPP}=2.829$，$p=0.123$）。

女性与男性被试对比，选择购买的产品呈现时 LPP 波幅无显著差异（$F_{Male-Female-Buy-LPP}=2.766$，$p=0.127$），选择不购买的产品呈现时的 LPP 波幅也无明显差异（$F_{Male-Female-NotBuy-LPP}=3.241$，$p=0.102$），如表 6.12 所示。男性与女性被试购买与否在 Fz、Cz 点上 P2 及 LPP 的脑波形图如图 6.16 所示。

表 6.12　男女被试购买与不购买产品呈现时 9 个电极点 LPP 波幅的均值及标准差

电极点	均值	标准差	95%置信区间		均值	标准差	95%置信区间	
			下限	上限			下限	上限
	男性被试—购买				男性被试—不购买			
C1	1.811	1.109	-0.660	4.282	-0.271	0.585	-1.574	1.032
Cz	1.935	1.054	-0.413	4.284	-0.358	0.584	-1.660	0.944
C2	1.818	1.182	-0.816	4.452	-0.079	0.728	-1.700	1.542
CP1	2.407	1.188	-0.239	5.053	0.495	0.597	-0.835	1.824
CPz	2.815	1.162	0.227	5.404	0.979	0.606	-0.372	2.330
CP2	3.033	1.116	0.545	5.520	0.916	0.649	-0.529	2.362
P1	2.439	0.945	0.334	4.544	1.580	0.891	-0.405	3.565
Pz	3.263	1.056	0.909	5.616	1.859	0.956	-0.272	3.990
P2	3.254	1.062	0.887	5.621	2.125	0.961	-0.017	4.266
	女性被试—购买				女性被试—不购买			
C1	5.144	1.363	2.106	8.181	1.966	0.725	0.352	3.581
Cz	5.202	1.430	2.016	8.388	1.938	0.823	0.105	3.772
C2	5.960	1.408	2.823	9.097	2.506	0.757	0.820	4.193
CP1	5.818	1.301	2.919	8.718	2.497	0.736	0.857	4.137
CPz	5.745	1.351	2.734	8.755	2.677	0.804	0.885	4.470
CP2	5.990	1.455	2.749	9.231	2.794	0.912	0.762	4.825
P1	5.226	1.297	2.335	8.117	2.408	0.786	0.657	4.160
Pz	5.742	1.419	2.580	8.904	2.555	0.925	0.493	4.616
P2	5.391	1.210	2.696	8.086	2.398	0.833	0.542	4.255

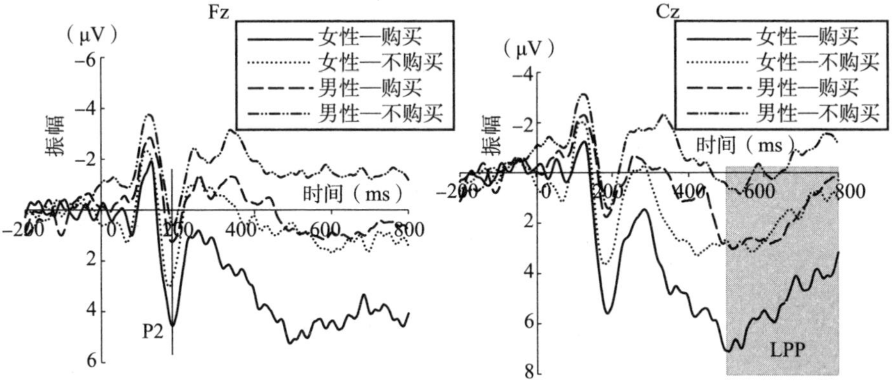

图 6.16 男性与女性被试购买与不购买在 Fz、Cz 点上 P2 及 LPP 的脑波形图

6.4.2.2 实验二脑电数据分析

本研究的实验二是在购买任务实验的基础上，引入互动式营销策略的刺激，即在被试观看产品图片之前，首先进行两轮猜拳游戏。对于研究一中脑电实验数据的分析，主要分为两个阶段——猜拳结果呈现阶段以及产品—价格信息呈现阶段。本研究的两项 ERP 实验，虽然与研究一价格感知的切入点不同，是从产品偏好的角度开展研究，但是从根本上说，都是探究互动式营销策略对个体购买行为的影响，因此，对于本研究实验二的脑电数据分析，我们也将借鉴研究一的分析模式，分为两个阶段，即猜拳结果呈现阶段以及产品信息呈现阶段。

(1) 猜拳结果呈现阶段。

这一阶段我们仍然重点考察“赢”“输”两种状态，四种实验条件（单胜、单败、连胜与连败）下的大脑活动情况。为了使后文更清晰对结果进行表述，我们为以上四种实验条件设定了与研究一一致的英文缩写，具体包括：SW 代表单胜，SL 代表单败，CW 代表连胜，CL 代表连败。

通过对本实验中四种猜拳结果呈现时脑电波形的观察，我们同样发现了与研究一脑电实验中猜拳结果呈现阶段诱发的两个晚期正成分一致的 P300 成分及 LPP 成分。因此，这一阶段，我们将对这两个成分进行具体的统计分析。对于 P300 成分和 LPP 成分，我们将选取 C1、Cz、C2、CP1、CPz、CP2、P1、Pz 和 P2 9 个电极点上的脑电数据进行重复测量方差分析（如图 6.17 所示）。

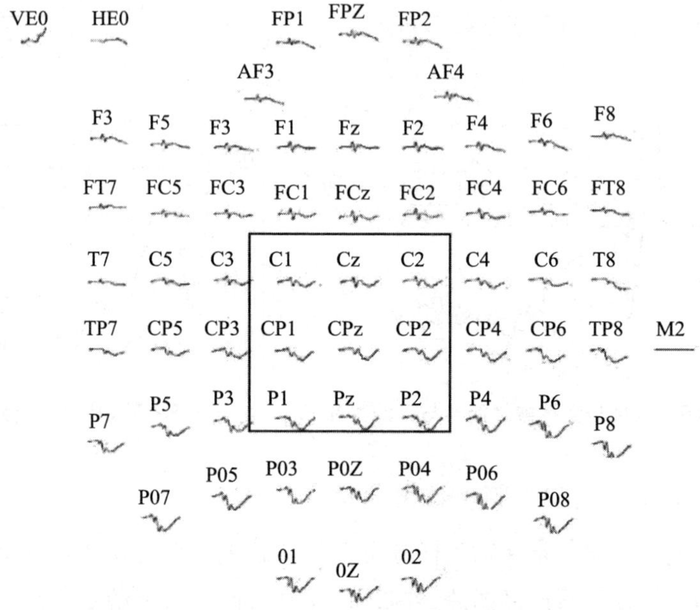

图 6.17　64 个电极点的分布情况以及 P300 成分和 LPP 成分的统计分析选取的电极点

根据对 P300 成分和 LPP 成分波形的观察，以及前人文献对于以上两个 ERP 成分的研究，我们为 P300 成分选取 310～420 毫秒作为时间窗，为 LPP 成分选取 500～800 毫秒作为时间窗，分别计算以上两个时间段内 P300 成分及 LPP 成分波幅的均值，进行 2（猜拳结果：SW vs. SL、CW vs. CL、CW vs. SW 或 CL vs. SL）×9（9 个电极点：C1、Cz、C2、CP1、CPz、CP2、P1、Pz 及 P2）的重复测量方差分析。图 6.18 展示了 Cz、CPz 电极点上 P300 成分及 LPP 成分的脑电波形图和脑地形图。

1）P300 成分。

经过对这一阶段 P300 成分的统计分析，我们发现与研究一略微不同的实验结果。研究一中，无论单胜与单败对比，还是连胜与连败对比，P300 成分的主效应差异均显著，然而，在本研究的实验二中，单胜与单败呈现时诱发的 P300 成分主效应差异不显著（$F_{SW-SL-P300}=2.912$，$p=0.103$），且电极点效应和交互效应均不显著（$F_{SW-SL-P300Electrodes}=2.09$，$p=0.109$；$F_{SW-SL-P300Interaction}=0.513$，$p=0.828$）。检验其他几个实验条件，发

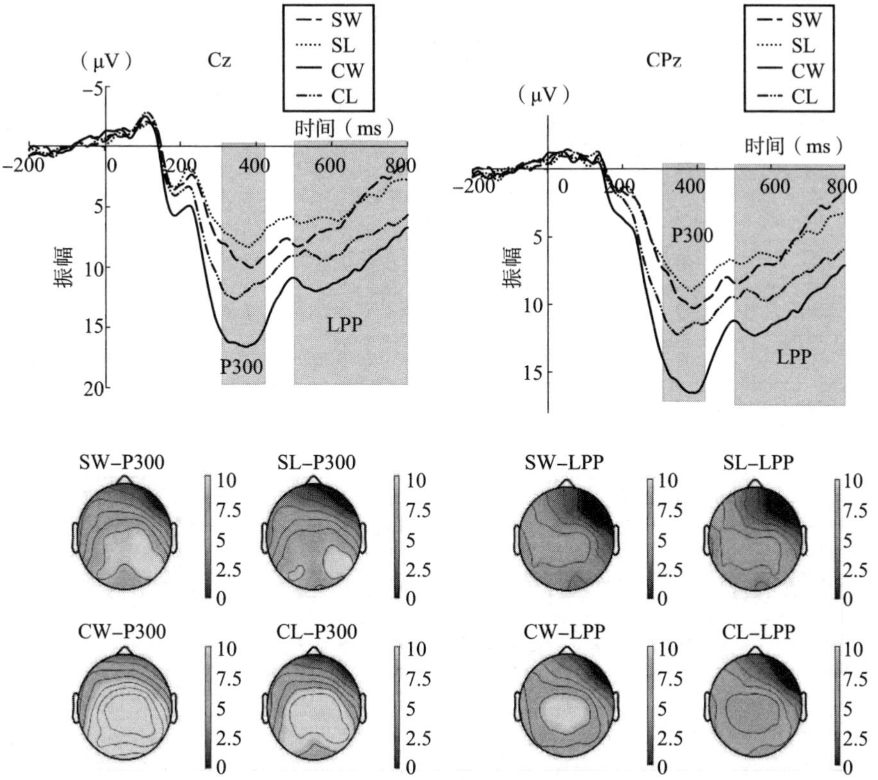

图 6. 18　实验二猜拳结果呈现阶段 Cz 及 CPz 电极点上

P300 和 LPP 脑电波形图及脑地形图

现连胜与连败结果相比，诱发的 P300 成分主效应显著，且连胜结果的振幅更大（$F_{CW-CL-P300}=13.457$，$p=0.001$），但电极点效应与交互效应不显著（$F_{CW-CL-P300Electrodes}=1.942$，$p=0.133$；$F_{CW-CL-P300Interaction}=2.5$，$p=0.064$）。同时，连胜/连败条件与单胜/单败条件相比，诱发的 P300 振幅均值更大，且主效应差异显著（$F_{CW-SW-P300}=47.102$，$p<0.001$；$F_{CL-SL-P300}=14.608$，$p=0.001$），但是电极点效应不显著（$F_{CW-SW-P300Electrodes}=1.478$，$p=0.25$；$F_{CL-SL-P300Electrodes}=1.696$，$p=0.185$）。我们检验交互效应的差异性时，发现连胜与单胜相比，交互效应不显著（$F_{CW-SW-P300Interaction}=2.41$，$p=0.072$），但连败与单败结果相比，猜拳结果与电极点之间的交互效应显著（$F_{CL-SL-P300Interaction}=3.481$，$p=0.02$）。如表 6.13 所示。

表 6.13　猜拳结果呈现时 9 个电极点 P300 波幅的均值及标准差

电极点	均值	标准差	95%置信区间		均值	标准差	95%置信区间	
			下限	上限			下限	上限
	单胜				单败			
C1	9.323	1.788	5.604	13.042	8.073	1.604	4.738	11.407
Cz	9.275	2.084	4.941	13.609	7.711	1.767	4.036	11.387
C2	9.720	2.053	5.451	13.990	8.335	1.724	4.749	11.921
CP1	9.599	1.569	6.335	12.862	8.549	1.456	5.522	11.576
CPz	9.408	1.764	5.740	13.076	8.257	1.605	4.919	11.594
CP2	9.842	1.739	6.226	13.458	8.796	1.570	5.531	12.060
P1	9.617	1.436	6.631	12.604	8.736	1.347	5.934	11.537
Pz	9.483	1.553	6.253	12.713	8.532	1.482	5.451	11.614
P2	9.839	1.566	6.582	13.097	9.041	1.495	5.932	12.151
	连胜				连败			
C1	9.323	1.788	5.604	13.042	8.073	1.604	4.738	11.407
Cz	9.275	2.084	4.941	13.609	7.711	1.767	4.036	11.387
C2	9.720	2.053	5.451	13.990	8.335	1.724	4.749	11.921
CP1	9.599	1.569	6.335	12.862	8.549	1.456	5.522	11.576
CPz	9.408	1.764	5.740	13.076	8.257	1.605	4.919	11.594
	连胜				连败			
CP2	9.842	1.739	6.226	13.458	8.796	1.570	5.531	12.060
P1	9.617	1.436	6.631	12.604	8.736	1.347	5.934	11.537
Pz	9.483	1.553	6.253	12.713	8.532	1.482	5.451	11.614
P2	9.839	1.566	6.582	13.097	9.041	1.495	5.932	12.151

2）LPP 成分。

通过重复测量方差分析的统计检验，我们发现单胜与单败诱发的 LPP 波幅主效应差异不显著（$F_{SW-SL-LPP}=0.001$，$p=0.972$），且电极点效应与交互效应均不显著（$F_{SW-SL-LPP\ Electrodes}=2.038$，$p=0.117$；$F_{SW-SL-LPP\ Interaction}=1.005$，$p=0.474$）。连胜与连败诱发的 LPP 波幅主效应差异及电极点效应均显著（$F_{CW-CL-LPP}=6.559$，$p=0.018$；$F_{CW-CL-LPP\ Electrodes}=3.668$，$p=0.016$），但交互

效应差异不显著（$F_{CW-CL-LPP\ Interaction}=0.919$，$p=0.529$）。同时，我们对比连胜/连败与单胜/单败条件，与研究一脑电实验数据的结果一致，发现诱发的LPP波幅差异主效应均显著（$F_{CW-SW-LPP}=28.785$，$p<0.001$；$F_{CL-SL-LPP}=13.048$，$p=0.002$），且连胜与单胜条件诱发的LPP波幅电极点效应也显著（$F_{CW-SW-LPP\ Electrodes}=4.102$，$p=0.01$），但连败与单败的LPP波幅电极点效应不显著（$F_{CL-SL-LPP\ Electrodes}=2.216$，$p=0.092$），而连胜/连败与单胜/单败条件各自的交互效应均不显著（$F_{CW-SW-LPP\ Interaction}=0.663$，$p=0.716$），如表6.14所示。

表6.14　猜拳结果呈现时9个电极点LPP波幅的均值及标准差

电极点	均值	标准差	95%置信区间		均值	标准差	95%置信区间	
			下限	上限			下限	上限
	单胜				单败			
C1	5.535	1.327	2.776	8.294	5.273	1.347	2.471	8.074
Cz	5.103	1.439	2.110	8.095	4.871	1.359	2.045	7.697
C2	5.122	1.440	2.127	8.118	5.068	1.335	2.293	7.844
CP1	5.807	1.270	3.167	8.448	5.644	1.292	2.957	8.331
	单胜				单败			
CPz	5.319	1.262	2.695	7.944	5.411	1.298	2.711	8.110
CP2	5.163	1.258	2.546	7.779	5.414	1.247	2.821	8.007
P1	5.245	1.107	2.944	7.547	5.213	1.147	2.828	7.598
Pz	5.025	1.187	2.556	7.494	5.208	1.224	2.663	7.752
P2	4.709	1.190	2.234	7.184	5.140	1.216	2.612	7.668
	连胜				连败			
C1	10.242	1.495	7.133	13.351	8.005	1.342	5.215	10.795
Cz	10.030	1.522	6.865	13.194	7.891	1.445	4.887	10.896
C2	9.885	1.386	7.003	12.767	7.854	1.323	5.102	10.606
CP1	10.043	1.336	7.264	12.822	7.934	1.217	5.404	10.464
CPz	10.319	1.427	7.352	13.287	8.180	1.204	5.676	10.685
CP2	10.155	1.355	7.338	12.971	8.188	1.186	5.722	10.655
P1	9.230	1.268	6.594	11.866	7.324	1.003	5.237	9.410
Pz	9.912	1.379	7.045	12.779	7.673	1.093	5.400	9.946
P2	9.095	1.254	6.486	11.704	7.293	1.103	5.000	9.586

（2）产品信息呈现阶段。

在产品信息呈现阶段，我们首先检验了猜拳游戏结束后呈现的产品图片诱发的脑电波形图。根据本书的研究目的，在这一阶段，我们仍然重点考察被试在连胜与连败结果呈现后对出现的产品图片的大脑认知加工过程。对于这一阶段的脑电数据分析，我们主要分为三个环节，首先，研究与连胜或连败结果匹配的产品诱发的ERP成分差异；其次，分别在两类输赢结果所匹配的产品组中比较选择购买或不选择购买产品诱发的脑电波形差异；最后，考察男性与女性被试选择产品购买与否诱发的脑电成分差异。

1）环节一：连胜与连败匹配的产品组的脑电数据分析。

通过对这一阶段脑电波形图的观察，我们发现两个有效的ERP成分，分别是早期的P2成分和晚期的LPP成分。这一发现与研究一脑电实验产品—价格信息呈现阶段诱发的ERP成分一致。因此，我们选取与研究一脑电实验中产品—价格信息呈现阶段对P2成分和LPP成分分析相同的电极点进行重复测量方差分析。为P2成分选择F3、Fz、F4、FC3、FCz和FC4 6个电极点上的脑电数据，并选取150~220毫秒作为时间窗，对出现的P2成分峰值和潜伏期进行分析；为LPP成分选取500~800毫秒作为时间窗，对C1、Cz、C2、CP1、CPz、CP2、P1、Pz及P2 9个电极点上波幅的平均值进行分析。此外，为了后文叙述更为清晰，为这个阶段的两组产品设定相匹配的英文缩写，具体为：CWP代表连胜匹配的产品组（Continuous Win-Product），CLP代表连败匹配的产品组（Continuous Lose-Product）。

①P2成分。

对于P2成分，我们进行2（产品组别：CWP和CLP）×6（6个电极点：F3、Fz、F4、FC3、FCz和FC4）的重复测量方差分析，结果显示，CWP和CLP产品组呈现后诱发的P2成分峰值主效应差异及电极点效应差异均显著（$F_{CWP-CLP-P2}=4.818$，$p=0.04$；$F_{CWP-CLP-P2Electrodes}=5.371$，$p=0.004$），但交互效应不显著（$F_{CWP-CLP-P2Interaction}=0.499$，$p=0.773$），如表6.15所示。同时，CWP和CLP两组P2成分峰值的潜伏期，经统计检验，二者主效应、电极点效应或是交互效应均没有明显差异（$F_{CWP-CLP-P2Latency}=0.039$，$p=0.845$；$F_{CWP-CLP-P2LatencyElectrodes}=2.241$，$p=0.097$；$F_{CWP-CLP-P2LatencyInteraction}=0.751$，$p=0.596$），如表6.16所示。产品呈现阶段Fz及FCz点上P2成分的脑电波形

图如图 6. 19 所示。

表 6. 15 产品信息呈现时 6 个电极点 P2 波幅均值及标准差

电极点	CWP				CLP			
	均值	标准差	95%置信区间		均值	标准差	95%置信区间	
			下限	上限			下限	上限
F3	0. 908	0. 648	-0. 440	2. 257	-0. 001	0. 497	-1. 035	1. 034
Fz	0. 833	0. 634	-0. 484	2. 151	0. 123	0. 532	-0. 983	1. 229
F4	0. 667	0. 642	-0. 667	2. 002	0. 117	0. 572	-1. 072	1. 307
FC3	1. 739	0. 759	0. 160	3. 318	0. 845	0. 662	-0. 532	2. 221
FCz	1. 839	0. 725	0. 331	3. 347	0. 983	0. 608	-0. 283	2. 248
FC4	2. 023	0. 776	0. 410	3. 637	1. 358	0. 681	-0. 058	2. 775

表 6. 16 产品信息呈现时 6 个电极点 P2 潜伏期均值及标准差

电极点	CWP				CLP			
	均值	标准差	95%置信区间		均值	标准差	95%置信区间	
			下限	上限			下限	上限
F3	184. 318	4. 240	175. 501	193. 135	181. 591	4. 215	172. 825	190. 357
Fz	179. 364	4. 160	170. 712	188. 015	182. 409	4. 371	173. 319	191. 499
F4	184. 636	4. 242	175. 815	193. 458	188. 091	4. 653	178. 414	197. 768
FC3	187. 545	4. 350	178. 498	196. 592	184. 636	4. 090	176. 131	193. 141
FCz	185. 636	4. 484	176. 311	194. 961	186. 364	4. 311	177. 399	195. 328
FC4	188. 500	4. 563	179. 011	197. 989	190. 591	4. 784	180. 642	200. 540

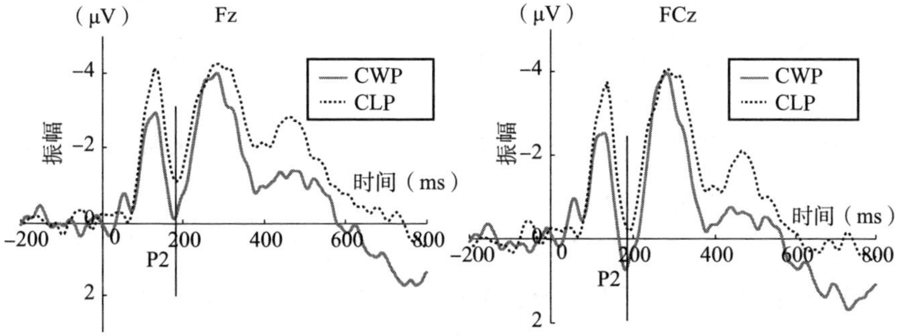

图 6. 19 产品呈现阶段 Fz 及 FCz 点上 P2 的脑电波形图

②LPP 成分。

对于 LPP 成分，我们进行 2（产品组别：CWP 和 CLP）×9（9 个电极点：C1、Cz、C2、CP1、CPz、CP2、P1、Pz 和 P2）的重复测量方差分析。如表 6.17 显示，连胜或连败匹配的产品组诱发的 LPP 成分主效应差异和电极点差异均显著（$F_{CWP-CLP-LPP}=4.751$，$p=0.041$；$F_{CWP-CLP-LPP\ Electrodes}=5.025$，$p=0.004$），且与连胜结果匹配的产品组诱发了振幅更大的 LPP 波幅，但产品组别与电极点之间的交互效应不显著（$F_{CWP-CLP-LPP\ Interaction}=0.429$，$p=0.885$）。图 6.20 显示了产品呈现阶段 Cz、CPz 及 Pz 点上 LPP 成分的脑电波形图及脑地形图。

表 6.17　产品信息呈现时 9 个电极点 LPP 波幅的均值及标准差

电极点	CWP				CLP			
	均值	标准差	95%置信区间		均值	标准差	95%置信区间	
			下限	上限			下限	上限
C1	2.602	0.922	0.685	4.520	1.232	0.844	−0.522	2.987
Cz	1.694	1.011	−0.408	3.796	0.683	0.979	−1.352	2.718
C2	2.541	1.006	0.450	4.632	1.515	0.867	−0.289	3.319
CP1	4.006	0.933	2.066	5.947	2.691	0.742	1.148	4.233
CPz	4.027	1.001	1.946	6.109	2.717	0.841	0.967	4.467
CP2	4.421	1.042	2.254	6.589	3.248	0.851	1.479	5.016
P1	4.494	0.884	2.655	6.333	3.352	0.737	1.819	4.884
Pz	4.463	0.968	2.449	6.477	3.154	0.751	1.593	4.715
P2	4.777	0.951	2.798	6.756	3.553	0.806	1.877	5.228

2）环节二：不同猜拳结果产品组中购买产品与不购买产品的脑电数据分析。

本研究中，实验一考察了无互动式营销策略刺激下，被试进行购买任务实验的大脑活动情况，发现被试选择购买的产品与没有选择购买产品相比，诱发了更大幅值的 P2 及 LPP 成分。实验二则是引入互动式营销策略的刺激，再次考察被试进行购买任务实验的大脑认知加工过程，因此，本环节将进一步研究两种猜拳结果影响下，不同组别选择购买产品与不购买产品间 ERP 成分脑电波形图的异同。通过对脑电波形图的观察，并为了便于后文与实验一的脑电数据结果进行联合比较分析，这一环节，我们也将主要考察 P2 及

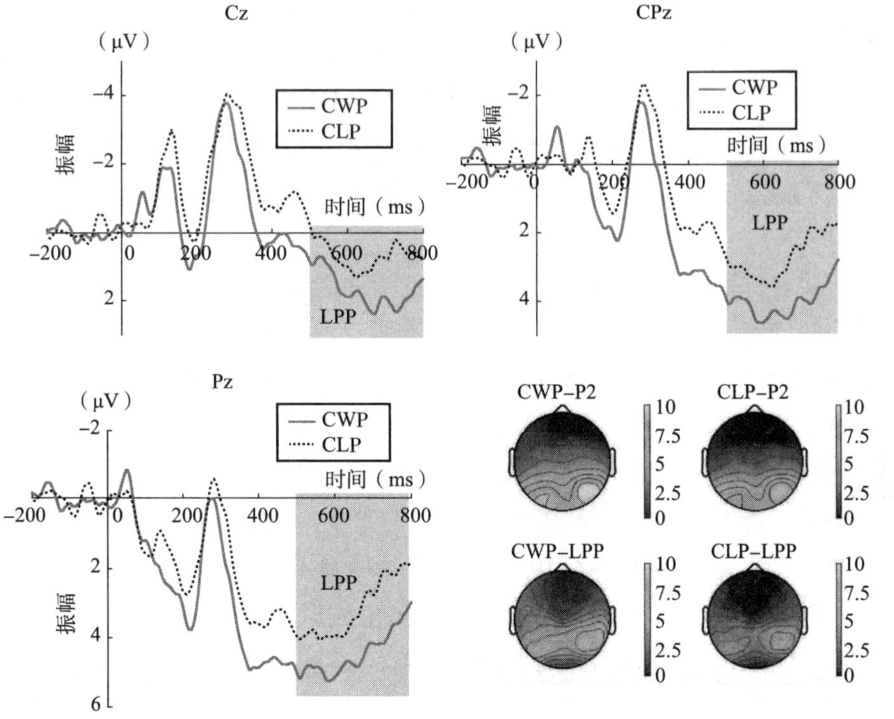

图 6.20　产品呈现阶段 Cz、CPz 及 Pz 点上 LPP 的脑电波形图及脑地形图

LPP 两个 ERP 成分，并选取与前文一致的电极点数据及时间窗进行重复测量方差分析，具体来说，包括 F3、Fz、F4、FC3、FCz 及 FC4 6 个电极点上 150~220 毫秒出现的 P2 成分峰值及潜伏期，以及 C1、Cz、C2、CP1、CPz、CP2、P1、Pz 和 P2 9 个电极点上 500~800 毫秒的 LPP 成分波幅的均值。

①P2 成分。

这一环节的 P2 成分，进行了不同组内及组间 2（购买情况：购买、不购买）×6（6 个电极点：F3、Fz、F4、FC3、FCz 及 FC4）的重复测量方差分析，统计结果显示，CWP 组别中，选择购买产品与不选择购买产品诱发的 P2 成分峰值主效应和交互效应差异不显著（$F_{CW\text{-}BuyorNot\text{-}P2}=2.104$，$p=0.166$；$F_{CW\text{-}BuyorNot\text{-}P2Interaction}=1.34$，$p=0.313$），电极点效应显著（$F_{CW\text{-}BuyorNot\text{-}P2Electrodes}=5.267$，$p=0.009$），而潜伏期主效应不显著（$F_{CW\text{-}BuyorNot\text{-}P2Latency}=0.739$，$p=0.403$；$F_{CW\text{-}BuyorNot\text{-}P2LatencyElectrodes}=3.196$，$p=0.046$；$F_{CW\text{-}BuyorNot\text{-}P2LatencyInteraction}=0.32$，$p=0.891$）。CLP 组别中，选择购买

产品与不选择购买产品诱发的 P2 波幅峰值主效应与交互效应也不显著（$F_{CL-BuyorNot-P2}=2.775$，$p=0.115$；$F_{CL-BuyorNot-P2Interaction}=0.652$，$p=0.666$），电极点效应显著（$F_{CL-BuyorNot-P2Electrodes}=14.484$，$p<0.001$），这一组别中，潜伏期主效应显著（$F_{CL-BuyorNot-P2Latency}=4.828$，$p=0.043$），电极点效应及交互效应不显著（$F_{CL-BuyorNot-P2LatencyElectrodes}=1.396$，$p=0.293$；$F_{CL-BuyorNot-P2LatencyInteraction}=0.956$，$p=0.481$）。

接着，我们进行了 CWP 和 CLP 购买产品与不购买产品诱发的 P2 峰值的组间比较，结果如下：CWP 中选择购买产品与 CLP 中选择购买产品诱发的 P2 峰值主效应不显著（$F_{CW-CL-Buy-P2}=0.382$，$p=0.545$），潜伏期的差异也不显著（$F_{CW-CL-Buy-P2Latency}=2.412$，$p=0.140$）；然而，没有选择购买产品之间诱发的 P2 成分波幅峰值主效应显著（$F_{CW-CL-NotBuy-P2}=5.087$，$p=0.038$），潜伏期之间的差异不明显（$F_{CW-CL-NotBuy-P2Latency}=1.404$，$p=0.253$），如表 6.18 及表 6.19 所示。图 6.21 显示了 CWP 及 CLP 购买产品与不购买产品在 Fz 及 FCz 点上的 P2 的脑电波形图。

表 6.18　实验二购买产品与不购买产品时 6 个电极点 P2 波幅均值及标准差

电极点	均值	标准差	95%置信区间		均值	标准差	95%置信区间	
			下限	上限			下限	上限
	CW—购买				CW—不购买			
F3	0.163	0.563	−1.030	1.356	0.947	0.676	−0.485	2.379
Fz	0.301	0.660	−1.098	1.700	0.849	0.662	−0.555	2.252
F4	−0.398	0.633	−1.741	0.944	0.570	0.657	−0.822	1.963
FC3	0.613	0.610	−0.679	1.906	1.555	0.649	0.179	2.930
FCz	1.328	0.811	−0.392	3.047	1.851	0.719	0.327	3.374
FC4	1.266	0.824	−0.481	3.014	1.862	0.816	0.132	3.592
	CL—购买				CL—不购买			
F3	0.676	0.719	−0.848	2.200	−0.733	0.675	−2.164	0.698
Fz	0.463	0.663	−0.942	1.868	−0.676	0.825	−2.424	1.072
F4	0.387	0.846	−1.407	2.181	−0.688	0.689	−2.148	0.771
FC3	0.732	0.591	−0.521	1.984	−0.130	0.768	−1.758	1.497
FCz	1.346	0.832	−0.418	3.110	0.168	0.909	−1.759	2.096
FC4	1.488	0.815	−0.239	3.215	0.381	0.807	−1.331	2.092

表 6.19 实验二购买产品与不购买产品呈现时 6 个电极点 P2 潜伏期均值及标准差

电极点	均值	标准差	95%置信区间		均值	标准差	95%置信区间	
			下限	上限			下限	上限
	CW—购买				CW—不购买			
F3	183.059	5.758	170.853	195.264	183.941	5.173	172.975	194.908
Fz	183.412	5.227	172.331	194.493	178.941	4.937	168.474	189.408
F4	183.941	4.506	174.389	193.494	180.000	5.095	169.200	190.800
FC3	188.471	4.906	178.071	198.870	185.529	4.994	174.942	196.117
FCz	188.235	5.016	177.602	198.868	183.059	5.160	172.121	193.997
FC4	190.882	4.944	180.401	201.364	184.000	5.406	172.539	195.461
	CL—购买				CL—不购买			
F3	178.941	4.837	168.686	189.196	183.412	4.570	173.724	193.099
Fz	177.059	4.282	167.982	186.136	186.176	5.162	175.233	197.120
F4	178.706	4.898	168.322	189.089	193.588	4.727	183.567	203.609
FC3	181.706	4.894	171.332	192.080	184.529	4.842	174.264	194.795
FCz	178.647	4.498	169.111	188.183	189.000	5.356	177.645	200.355
FC4	182.176	5.412	170.704	193.649	193.412	5.482	181.791	205.033

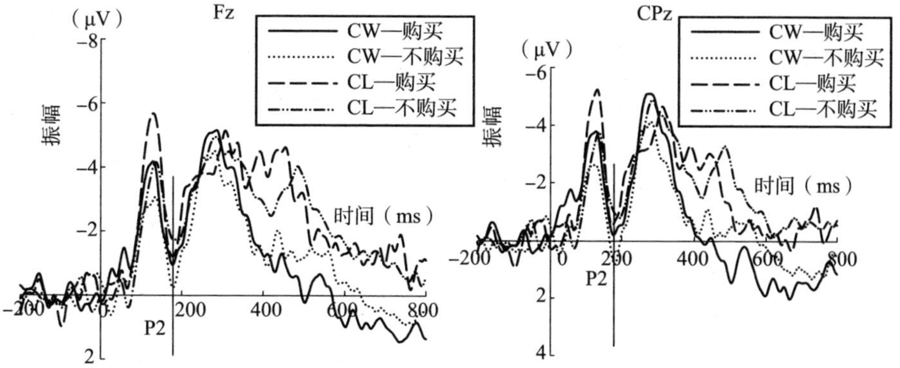

图 6.21 CWP 及 CLP 购买产品与不购买产品在 Fz 及 FCz 点上的 P2 脑电波形图

②LPP 成分。

对于 LPP 成分，同样进行了组内及组间 2（购买情况：购买、不购买）×9（9 个电极点：C1、Cz、C2、CP1、CPz、CP2、P1、Pz 及 P2）的重复测量方差分析，统计结果显示，CWP 中购买与否的产品组别诱发的 LPP 波幅峰值主效应不显著（$F_{CW-BuyorNot-LPP}=0.614$，$p=0.445$），CLP 中购买与不购买产品呈现后诱发的 LPP 波幅峰值主效应也不显著（$F_{CL-BuyorNot-LPP}=0.102$，$p=0.753$）。

进行组间比较后的统计结果显示，CWP 中购买产品与 CLP 中购买产品相比，诱发的 LPP 波幅峰值主效应显著（$F_{CW-CL-Buy-LPP}=6.173$，$p=0.024$），而没有选择购买产品在两种实验条件下主效应不显著（$F_{CW-CL-NotBuy-LPP}=2.968$，$p=0.104$），如表 6.20 所示。CWP 及 CLP 购买产品与不购买产品在 Cz、CPz 及 Pz 点上 LPP 的脑电波形图及脑地形图如图 6.22所示。

表 6.20　实验二购买产品与不购买产品时 9 个电极点 LPP 波幅的均值及标准差

电极点	均值	标准差	95%置信区间		均值	标准差	95%置信区间	
			下限	上限			下限	上限
	CW—购买				CW—不购买			
C1	2.883	1.380	−0.042	5.809	2.146	1.112	−0.211	4.504
Cz	2.400	1.569	−0.926	5.726	1.162	1.185	−1.349	3.673
C2	2.981	1.541	−0.286	6.248	2.142	1.091	−0.170	4.454
CP1	4.896	1.460	1.801	7.992	3.526	1.005	1.396	5.656
CPz	4.967	1.479	1.832	8.102	3.760	1.142	1.338	6.182
CP2	4.600	1.577	1.256	7.944	4.420	1.149	1.983	6.856
P1	5.351	1.329	2.534	8.168	4.296	0.816	2.566	6.026
Pz	5.357	1.519	2.138	8.576	4.410	0.956	2.384	6.437
P2	5.294	1.377	2.374	8.214	4.712	1.021	2.548	6.876
	CL—购买				CL—不购买			
C1	0.704	0.875	−1.150	2.558	0.589	1.255	−2.071	3.249
Cz	0.618	1.079	−1.668	2.904	−0.005	1.415	−3.004	2.994
C2	0.786	0.842	−0.999	2.572	1.094	1.211	−1.474	3.663
CP1	2.111	0.936	0.127	4.096	2.677	1.107	0.331	5.023
CPz	2.379	0.944	0.378	4.380	2.399	1.240	−0.229	5.028
CP2	2.590	0.950	0.577	4.603	2.993	1.181	0.489	5.497
P1	2.766	0.897	0.865	4.666	3.618	0.943	1.619	5.618
Pz	2.457	1.021	0.294	4.621	3.249	0.941	1.255	5.243
P2	2.927	0.974	0.861	4.993	3.678	0.986	1.587	5.769

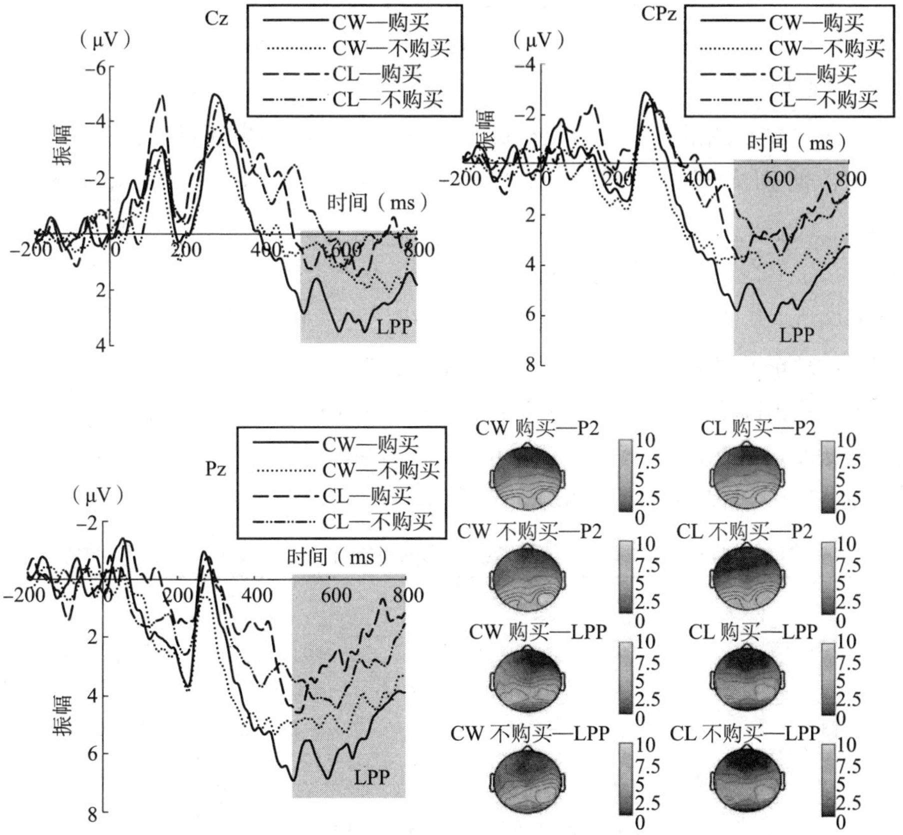

图 6.22　CWP 及 CLP 购买产品与不购买产品在 Cz、CPz 及 Pz 点上的 LPP 脑电波形图及脑地形图

3）环节三：男女被试对于不同猜拳结果产品组中购买产品与不购买产品的脑电数据分析。

在这一部分，我们将分别考察男性与女性被试对于 CWP 及 CLP 产品组别中选择购买产品与不购买产品时诱发的脑电波形图的异同。P2 成分及 LPP 成分仍然是这一环节脑电数据分析的重点，对于 P2 成分，我们进行 2（性别：男性、女性）×2（猜拳结果：连胜、连败）×2（购买情况：购买、不购买）×6（6 个电极点：F3、Fz、F4、FC3、FCz 及 FC4）的重复测量方差分析，而对于 LPP 成分，则进行 2（性别：男性、女性）×2（猜拳结果：连胜、连败）×2（购买情况：购买、不购买）×9（9 个电极点：C1、Cz、C2、CP1、CPz、CP2、P1、Pz 及 P2）的重复测量方差分析，并选取与前文研究一致的时间窗作为分析的时间段，包括 150~220 毫秒 P2 成分的峰值及潜伏期，以及 500~800 毫秒 LPP 成分波幅的均值。

①P2 成分。

通过重复测量方差分析的检验，无论是在连胜结果还是连败结果的影响下，性别差异在选择购买产品后诱发的 P2 峰值主效应不显著（$F_{CWBuy-Male-Female-P2}=0.039$，$p=0.848$；$F_{CLBuy-Male-Female-P2}=0.096$，$p=0.763$），P2 峰值出现的潜伏期主效应也不显著（$F_{CWBuy-Male-Female-P2Latency}=1.446$，$p=0.257$；$F_{CLBuy-Male-Female-P2Latency}=1.148$，$p=0.309$）。在没有选择购买的产品组中，性别差异主效应也不显著（$F_{CWNotBuy-Male-Female-P2}=1.541$，$p=0.243$；$F_{CLNotBuy-Male-Female-P2}=0.119$，$p=0.737$），潜伏期效应也都不显著（$F_{CWNotBuy-Male-Female-P2Latency}=1.446$，$p=0.257$；$F_{CLNotBuy-Male-Female-P2Latency}=1.026$，$p=0.335$），如表 6.21~表 6.24 所示。

表 6.21　男性被试购买产品与不购买产品时 6 个电极点 P2 波幅均值及标准差

电极点	均值	标准差	95%置信区间		均值	标准差	95%置信区间	
			下限	上限			下限	上限
	男性—CW—购买				男性—CW—不购买			
F3	0.835	1.322	−2.111	3.781	0.935	1.051	−1.408	3.277
Fz	0.948	1.320	−1.994	3.890	0.653	0.946	−1.455	2.760
F4	0.865	1.514	−2.509	4.238	−0.089	1.053	−2.436	2.258
FC3	1.397	1.454	−1.842	4.636	1.729	1.077	−0.671	4.129
FCz	1.606	1.465	−1.657	4.870	1.753	1.237	−1.004	4.510
FC4	1.450	1.510	−1.915	4.815	1.476	1.321	−1.466	4.419
	男性—CL—购买				男性—CL—不购买			
F3	1.345	1.078	−1.057	3.746	−0.524	0.952	−2.645	1.598
Fz	1.074	1.001	−1.156	3.304	−0.411	1.148	−2.968	2.146
F4	0.678	1.050	−1.661	3.018	0.155	1.201	−2.521	2.830
FC3	1.724	1.124	−0.781	4.228	0.033	0.991	−2.174	2.240
FCz	1.930	1.187	−0.715	4.575	0.471	1.175	−2.148	3.089
FC4	1.846	1.231	−0.897	4.590	0.857	1.160	−1.727	3.441

表 6.22 女性被试购买产品与不购买产品时 6 个电极点 P2 波幅均值及标准差

电极点	均值	标准差	95%置信区间		均值	标准差	95%置信区间	
			下限	上限			下限	上限
	女性—CW—购买				女性—CW—不购买			
F3	1.033	0.547	−0.187	2.252	1.024	0.781	−0.717	2.764
Fz	0.922	0.464	−0.113	1.956	1.005	0.864	−0.920	2.931
F4	0.411	0.439	−0.567	1.388	2.086	0.910	0.059	4.114
FC3	1.761	0.548	0.540	2.982	1.412	0.804	−0.379	3.203
FCz	2.314	0.639	0.890	3.737	2.200	1.068	−0.180	4.580
FC4	2.443	0.740	0.794	4.092	3.219	0.803	1.430	5.008
	女性—CL—购买				女性—CL—不购买			
F3	1.312	0.791	−0.450	3.073	−0.020	0.676	−1.526	1.486
Fz	1.395	0.762	−0.303	3.094	0.068	0.796	−1.705	1.842
F4	1.425	0.601	0.086	2.765	0.193	0.589	−1.119	1.505
FC3	2.070	0.848	0.181	3.959	0.555	0.832	−1.300	2.409
FCz	2.418	0.818	0.596	4.241	0.620	0.914	−1.417	2.657
FC4	2.538	0.964	0.390	4.686	1.302	0.844	−0.579	3.182

表 6.23 男性被试购买产品与不购买产品时 6 个电极点 P2 潜伏期均值及标准差

电极点	均值	标准差	95%置信区间		均值	标准差	95%置信区间	
			下限	上限			下限	上限
	男性—CW—购买				男性—CW—不购买			
F3	190.364	6.873	175.049	205.678	187.364	5.716	174.627	200.101
Fz	190.545	5.811	177.597	203.494	186.182	5.385	174.184	198.180
F4	190.818	6.081	177.269	204.367	184.727	5.583	172.288	197.166
FC3	193.818	6.085	180.259	207.377	186.545	4.789	175.875	197.216
FCz	192.091	6.068	178.569	205.612	187.545	5.342	175.643	199.448
FC4	191.455	5.807	178.517	204.392	184.727	5.250	173.029	196.426
	男性—CL—购买				男性—CL—不购买			
F3	180.636	6.523	166.102	195.171	187.909	5.832	174.915	200.903
Fz	173.727	5.781	160.846	186.608	185.636	6.776	170.539	200.734
F4	175.182	6.291	161.164	189.199	189.182	7.109	173.341	205.022
FC3	179.636	7.026	163.981	195.292	189.545	6.184	175.766	203.324
FCz	174.091	5.928	160.884	187.298	183.273	7.048	167.569	198.977
FC4	177.273	7.243	161.135	193.410	187.364	8.229	169.029	205.699

表 6. 24　女性被试购买产品与不购买产品时 6 个电极点 P2 潜伏期均值及标准差

电极点	均值	标准差	95%置信区间		均值	标准差	95%置信区间	
			下限	上限			下限	上限
	女性—CW—购买				女性—CW—不购买			
F3	177. 000	7. 543	160. 194	193. 806	175. 636	7. 057	159. 912	191. 361
Fz	176. 364	7. 519	159. 611	193. 117	170. 273	6. 006	156. 890	183. 655
F4	175. 636	5. 712	162. 910	188. 363	174. 727	7. 069	158. 977	190. 477
FC3	181. 545	6. 780	166. 438	196. 653	178. 909	6. 673	164. 040	193. 779
FCz	181. 727	7. 230	165. 618	197. 837	173. 909	5. 769	161. 055	186. 763
FC4	185. 818	7. 674	168. 720	202. 917	179. 091	7. 602	162. 153	196. 029
	女性—CL—购买				女性—CL—不购买			
F3	185. 636	6. 477	171. 205	200. 068	171. 727	6. 044	158. 261	185. 194
Fz	180. 636	6. 972	165. 102	196. 170	178. 091	7. 190	162. 070	194. 112
F4	185. 091	6. 080	171. 543	198. 639	186. 000	7. 081	170. 222	201. 778
FC3	187. 636	5. 965	174. 344	200. 928	172. 000	6. 015	158. 597	185. 403
FCz	190. 000	6. 119	176. 367	203. 633	184. 727	7. 705	167. 560	201. 895
FC4	189. 182	6. 062	175. 676	202. 688	187. 818	7. 053	172. 104	203. 533

②LPP 成分。

经过统计分析，无论是连胜结果还是连败结果，男性与女性被试对于选择购买产品诱发的 LPP 成分峰值主效应差异不显著（$F_{CWBuy-Male-Female-LPP}=0.556$，$p=0.473$；$F_{CLBuy-Male-Female-LPP}=0.005$，$p=0.943$）；而没有选择购买产品的两种猜拳结果后诱发的 LPP 成分主效应差异也不显著（$F_{CWNotBuy-Male-Female-LPP}=0.19$，$p=0.672$；$F_{CLNotBuy-Male-Female-LPP}=0.306$，$p=0.592$），如表 6. 25 及表 6. 26 所示。

表 6. 25　男性被试购买产品与不购买产品时 9 个电极点 LPP 波幅的均值及标准差

电极点	均值	标准差	95%置信区间		均值	标准差	95%置信区间	
			下限	上限			下限	上限
	男性—CW—购买				男性—CW—不购买			
C1	1. 689	1. 793	−2. 306	5. 684	2. 145	1. 890	−2. 067	6. 358
Cz	1. 187	1. 992	−3. 251	5. 625	1. 777	1. 930	−2. 523	6. 077
C2	1. 005	1. 977	−3. 401	5. 411	1. 934	1. 746	−1. 957	5. 825
CP1	2. 882	1. 661	−0. 819	6. 582	3. 404	1. 682	−0. 345	7. 152
CPz	2. 637	1. 739	−1. 237	6. 512	3. 768	1. 736	−0. 099	7. 635

续表

电极点	均值	标准差	95%置信区间		均值	标准差	95%置信区间	
			下限	上限			下限	上限
	男性—CW—购买				男性—CW—不购买			
CP2	2.598	1.812	−1.439	6.635	3.518	1.702	−0.274	7.311
P1	3.702	1.333	0.731	6.672	3.819	1.366	0.775	6.863
Pz	3.291	1.552	−0.167	6.749	3.651	1.751	−0.250	7.552
P2	3.375	1.504	0.025	6.726	3.585	1.636	−0.060	7.231
	男性—CL—购买				男性—CL—不购买			
C1	2.296	1.206	−0.390	4.982	0.442	1.263	−2.372	3.255
Cz	1.471	1.350	−1.538	4.479	−0.210	1.582	−3.735	3.315
C2	2.138	1.307	−0.774	5.050	0.683	1.461	−2.572	3.937
CP1	3.818	1.017	1.553	6.083	2.129	1.143	−0.418	4.676
CPz	3.445	1.325	0.493	6.396	1.643	1.438	−1.561	4.847
CP2	4.012	1.224	1.284	6.740	2.535	1.437	−0.665	5.736
P1	3.910	.875	1.961	5.859	2.712	0.993	0.499	4.925
Pz	4.025	1.052	1.681	6.368	2.845	1.048	0.510	5.179
P2	4.101	1.133	1.576	6.626	3.192	1.207	0.503	5.880

表 6.26　女性被试购买产品与不购买产品时 9 个电极点 LPP 波幅的均值及标准差

电极点	均值	标准差	95%置信区间		均值	标准差	95%置信区间	
			下限	上限			下限	上限
	女性—CW—购买				女性—CW—不购买			
C1	3.246	1.608	−0.336	6.829	2.617	0.922	0.562	4.672
Cz	2.605	1.792	−1.388	6.599	2.017	0.937	−0.072	4.106
C2	3.641	1.751	−0.261	7.542	2.389	0.777	0.658	4.120
CP1	5.021	1.994	0.578	9.464	3.432	1.145	0.881	5.983
CPz	5.131	1.950	0.787	9.475	3.688	1.153	1.118	6.258
CP2	4.737	2.108	0.040	9.435	3.932	0.936	1.846	6.018
P1	5.475	2.036	0.938	10.011	3.605	1.357	0.580	6.629
Pz	5.265	2.227	0.301	10.228	3.513	1.247	0.734	6.292
P2	5.052	2.180	0.194	9.910	3.687	1.044	1.361	6.013
	女性—CL—购买				女性—CL—不购买			
C1	3.039	1.358	0.013	6.065	1.502	1.739	−2.374	5.378
Cz	1.918	1.395	−1.189	5.026	1.021	1.814	−3.022	5.063
C2	3.577	1.254	0.784	6.371	2.386	1.501	−0.959	5.732

续表

电极点	均值	标准差	95%置信区间		均值	标准差	95%置信区间	
			下限	上限			下限	上限
	女性—CL—购买				女性—CL—不购买			
CP1	3. 971	1. 289	1. 098	6. 843	2. 997	1. 571	-0. 503	6. 498
CPz	4. 527	1. 245	1. 754	7. 301	3. 041	1. 585	-0. 491	6. 573
CP2	5. 205	1. 409	2. 065	8. 345	3. 695	1. 512	0. 325	7. 064
P1	4. 742	1. 008	2. 496	6. 988	4. 059	1. 409	0. 920	7. 198
Pz	4. 740	1. 187	2. 096	7. 384	3. 403	1. 358	0. 377	6. 429
P2	5. 301	1. 282	2. 445	8. 157	3. 945	1. 384	0. 860	7. 029

图 6. 23 展示了实验二第二阶段环节三的脑电波形图，上排两张脑电图是男性和女性被试在连胜条件下，选择购买产品与不购买产品的图片诱发的 Fz 点上的 P2 成分和 Cz 点上的 LPP 成分的脑电波形图；下排两张图则是在连败条件下，男性与女性被试选择购买产品与不购买产品的图片诱发的 P2 成分及 LPP 成分的脑电波形图。

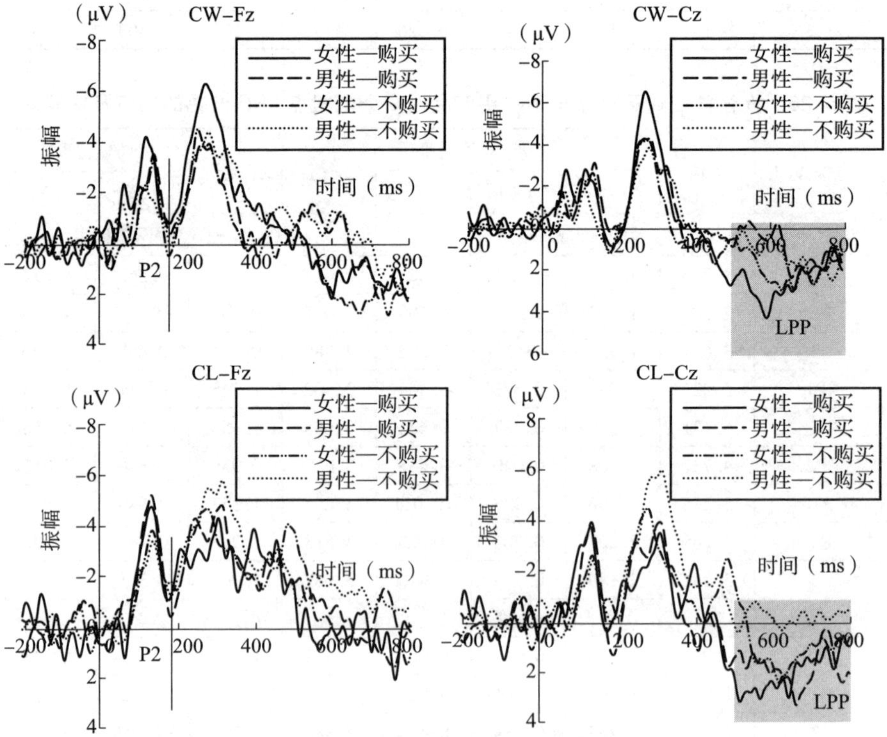

图 6. 23　男女输赢条件下购买产品与不购买产品时 Fz、Cz 点上 P2 和 LPP 成分的脑电波形图

6.4.2.3 实验一与实验二脑电数据联合分析

研究三脑电实验数据分析部分的前两个小结分别研究了实验一——无刺激条件下被试购买任务实验，以及实验二——短时情绪诱发下被试购买任务实验各个条件水平下的脑电波形及幅值异同的情况，并且二者都获得了丰富的实验结果。为了进一步检验短时情绪诱发对个体内在心理活动影响的神经机理和认知过程，在这一小节中，我们拟将实验一与实验二中产品信息呈现阶段的大脑神经元活动情况结合在一起进行比较和相关统计分析，期望获得更深入的神经层面的论据。

由于实验一及实验二在产品信息呈现阶段，均发现了早期的 P2 成分以及晚期的 LPP 成分，因此，我们也主要将这两个成分在不同实验条件下的异同作为联合分析的重点。同时，为了使数据具有可比性，我们继续选取 F3、Fz、F4、FC3、FCz 和 FC4 前额区的 6 个电极点上 150~220 毫秒之间振幅的峰值和潜伏期，以及 C1、Cz、C2、CP1、CPz、CP2、P1、Pz 和 P2 中央顶区的 9 个电极点上 500~800 毫秒的脑电数据波幅的平均值作为 P2 成分及 LPP 成分分析的电极点和时间窗（如图 6.24 所示）。

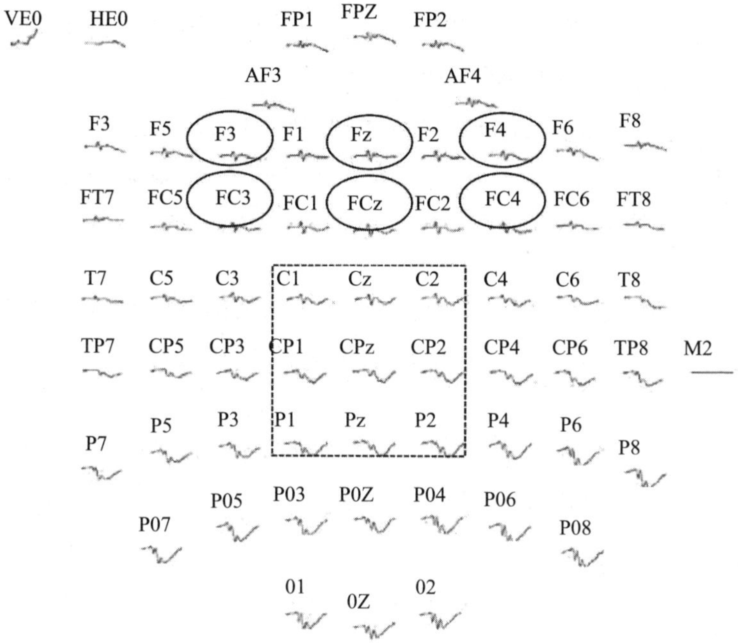

图 6.24 64 个电极点的分布情况以及 P2 成分和 LPP 成分的统计分析选取的电极点

针对以上两个 ERP 成分，我们将分别进行 P2 成分 3（实验条件：无刺激、连胜、连败）×2（购买情况：购买、不购买）×6（6 个电极点：F3、Fz、F4、FC3、FCz 及 FC4），以及 LPP 成分 3（实验条件：无刺激、连胜、连败）×2（购买情况：购买、不购买）×9（9 个电极点：C1、Cz、C2、CP1、CPz、CP2、P1、Pz 及 P2）的重复测量方差分析。同时，从实验一的脑电实验结果可知，set 1 及 set 2 两个产品组的脑电波形图和偏好评价均无显著差异，为了简化计算过程，我们分别将 CWP 组与 set 1 组、CLP 组与 set 2 组的脑电数据进行统计检验的比较分析，不再进行过多繁复的重复计算。具体的统计结果如下：

1）环节一：以产品组为单位，比较分析有短时情绪启动的产品组与无刺激的产品组诱发的 ERP 成分的差异性（如图 6. 25 所示）：

①P2 成分。

经过重复测量方差分析，无论 CWP 组还是 CLP 组，与无刺激的 set 1 组和 set 2 组相比，诱发的 P2 成分差异显著（$F_{CWP-set\ 1-P2}=10.668$，$p=0.004$；$F_{CWP-set\ 1-P2Electrodes}=4.442$，$p=0.009$；$F_{CWP-set\ 1-P2Interaction}=2.657$，$p=0.06$；$F_{CLP-set\ 2-P2}=18.066$，$p<0.001$；$F_{CLP-set\ 2-P2Electrodes}=18.066$，$p<0.001$；$F_{CLP-set\ 2-P2Interaction}=2.455$，$p=0.075$）。然而，P2 成分峰值的潜伏期差异不显著（$F_{CWP-set\ 1-P2Latency}=1.646$，$p=0.202$；$F_{CWP-set\ 1-P2LatencyElectrodes}=2.846$，$p=0.048$；$F_{CWP-set\ 1-P2LatencyInteraction}=2.657$，$p=0.06$；$F_{CLP-set\ 2-P2Latency}=0.551$，$p=0.466$；$F_{CLP-set\ 2-P2LatencyElectrodes}=3.31$，$p=0.029$；$F_{CLP-set\ 2-P2LatencyInteraction}=0.762$，$p=0.589$）。

②LPP 成分。

从脑电波形图及统计结果可知，有猜拳结果刺激的 CWP 组与无刺激的 set 1 组产品相比，诱发的 500～800 毫秒 LPP 波幅的均值差异显著（$F_{CWP-set\ 1-LPP}=5.006$，$p=0.036$；$F_{CWP-set\ 1-LPP\ Electrodes}=3.307$，$p=0.024$；$F_{CWP-set\ 1-LPP\ Interaction}=2.425$，$p=0.07$）。然而，比较 CLP 组与 set 2 组时，发现两组产品诱发的 LPP 成分差异不显著（$F_{CLP-set\ 2-LPP}=0.015$，$p=0.903$；$F_{CLP-set\ 2-LPP\ Electrodes}=4.122$，$p=0.01$；$F_{CLP-set\ 2-LPP\ Interaction}=2.744$，$p=0.047$）。

2）环节二：将不同产品组中选择购买产品与不购买产品进行有刺激和无刺激的组间比较：

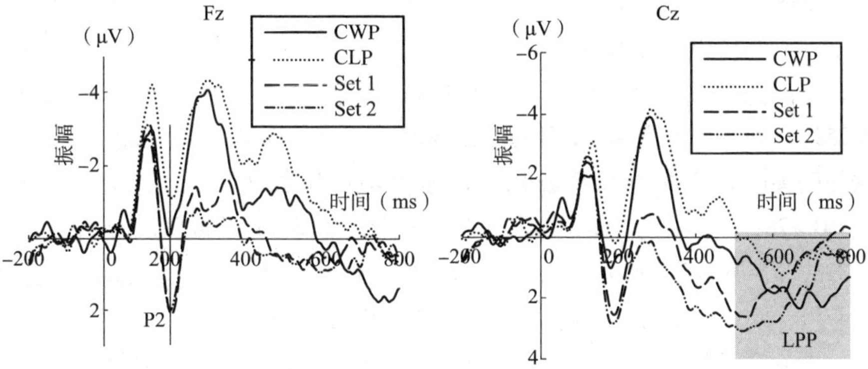

图 6.25　不同组别在 Fz 及 Cz 点上 P2 及 LPP 成分的脑电波形图

①P2 成分。

CWP 组中，无论选择购买产品还是没有选择购买产品与 set 1 组中购买产品与不购买产品诱发的 P2 成分峰值相比，主效应显著（$F_{CWP-set\ 1-BuyP2}=16.201$，$p=0.001$；$F_{CWP-set\ 1-BuyP2Electrodes}=4.625$，$p=0.008$；$F_{CWP-set\ 1-BuyP2Interaction}=1.739$，$p=0.18$；$F_{CWP-set\ 1-NotP2}=6.716$，$p=0.017$；$F_{CWP-set\ 1-NotP2Electrodes}=3.378$，$p=0.027$；$F_{CWP-set\ 1-NotP2Interaction}=0.848$，$p=0.535$）。然而，这两组中购买产品与不购买产品诱发的 P2 成分峰值的潜伏期差异均不显著（$F_{CWP-set\ 1-BuyP2Latency}=0.51$，$p=0.483$；$F_{CWP-set\ 1-BuyP2LatencyElectrodes}=2.692$，$p=0.057$；$F_{CWP-set\ 1-BuyP2LatencyInteraction}=0.554$，$p=0.734$；$F_{CWP-set\ 1-NotP2Latency}=0.255$，$p=0.619$；$F_{CWP-set\ 1-NotP2LatencyElectrodes}=2.874$，$p=0.047$；$F_{CWP-set\ 1-NotP2LatencyInteraction}=0.627$，$p=0.682$）。

CLP 组与 set 2 组进行比较后发现，购买产品与不购买产品的 P2 成分差异均显著（$F_{CLP-set\ 2-BuyP2}=24.286$，$p<0.001$；$F_{CLP-set\ 2-BuyP2Electrodes}=5.817$，$p=0.003$；$F_{CLP-set\ 2-BuyP2Interaction}=3.039$，$p=0.039$；$F_{CLP-set\ 2-NotP2}=12.907$，$p=0.002$；$F_{CLP-set\ 2-NotP2Electrodes}=7.571$，$p=0.001$；$F_{CLP-set\ 2-NotP2Interaction}=2.583$，$p=0.065$），潜伏期差异不显著（$F_{CLP-set\ 2-BuyP2Latency}=1.047$，$p=0.318$；$F_{CLP-set\ 2-BuyP2LatencyElectrodes}=1.388$，$p=0.278$；$F_{CLP-set\ 2-BuyP2LatencyInteraction}=0.483$，$p=0.784$；$F_{CLP-set\ 2-NotP2Latency}=0.006$，$p=0.94$；$F_{CLP-set\ 2-NotP2LatencyElectrodes}=1.731$，$p=0.181$；$F_{CLP-set\ 2-NotP2LatencyInteraction}=0.753$，$p=0.595$）。

②LPP 成分。

通过统计检验，CWP 组与 set 1 组中选择购买产品后诱发的 LPP 波幅差异不显著（$F_{CWP-set\ 1-Buy\ LPP}=0.341$，$p=0.565$；$F_{CWP-set\ 1-Buy\ LPP\ Electrodes}=1.275$，

$p=0.33$；$F_{CWP\text{-}set\ 1\text{-}Buy\ LPP\ Interaction}=2.548$，$p=0.06$），但是两组中选择不购买产品诱发的 LPP 波幅差异显著（$F_{CWP\text{-}set\ 1\text{-}Not\ LPP}=12.845$，$p=0.002$；$F_{CWP\text{-}set\ 1\text{-}Not\ LPP\ Electrodes}=6.676$，$p=0.001$；$F_{CWP\text{-}set\ 1\text{-}Not\ LPP\ Interaction}=2.675$，$p=0.051$）。而 CLP 组与 set 2 组的对比发现，无论是选择购买产品，还是没有选择购买产品诱发的 LPP 波幅均值差异均不显著（$F_{CLP\text{-}set\ 2\text{-}Buy\ LPP}=0.081$，$p=0.778$；$F_{CLP\text{-}set\ 2\text{-}Buy\ LPP\ Electrodes}=1.178$，$p=0.377$；$F_{CLP\text{-}set\ 2\text{-}Buy\ LPP\ Interaction}=1.328$，$p=0.307$；$F_{CLP\text{-}set\ 2\text{-}Not\ LPP}=0.195$，$p=0.663$；$F_{CLP\text{-}set\ 2\text{-}Not\ LPP\ Electrodes}=3.471$，$p=0.02$；$F_{CLP\text{-}set\ 2\text{-}Not\ LPP\ Interaction}=4.019$，$p=0.011$）。

图 6.26 展示了 set 1、set 2、CWP、CLP 四组产品中产品购买与否在 Fz 及 Cz 电极点上 P2 成分和 LPP 成分的脑电波形图，其中，上排两张图片是 CWP 与 set 1 产品组对比的脑电波形图，下排两张图片是 CLP 与 set 2 产品组对比的脑电波形图。

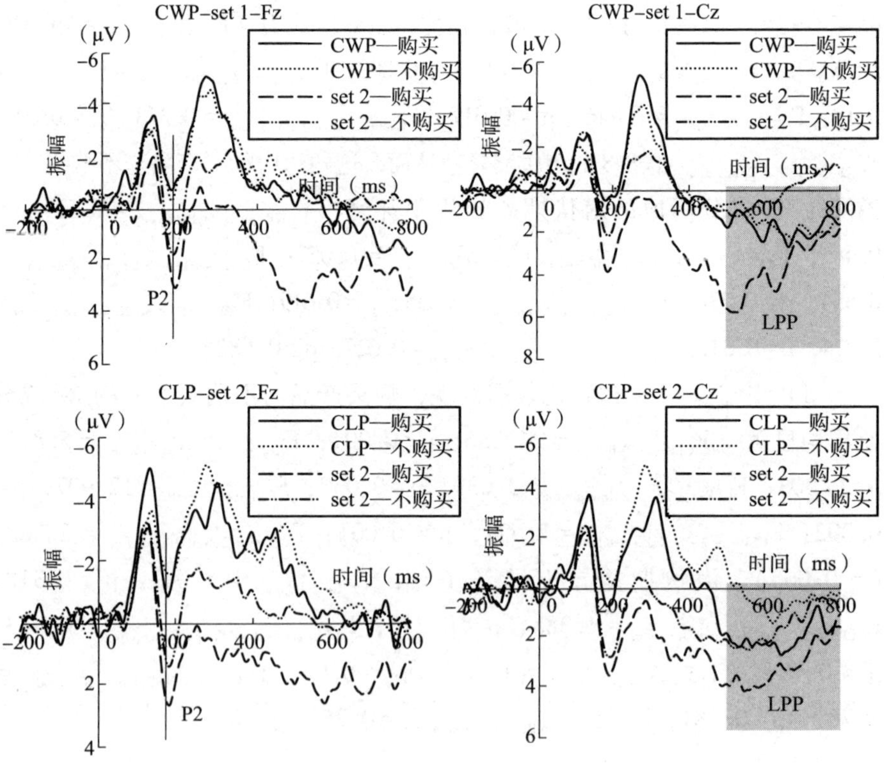

图 6.26 不同组别中购买与不购买产品在 Fz 和 Cz 点上 P2 及 LPP 成分的脑电波形图

6.5 利用脑电指标预测个体购买行为

在利用神经科学的相关数据和指标对个体行为进行预测的研究中，颇有建树的是美国斯坦福大学 Brian Knutson 教授所在的团队。在 Knutson 等（2007）以及 Genevsky 等（2017）发表的诸多神经科学相关的论文中，多次应用了基于神经科学数据进行行为预测的相关方法，他们发现相比于利用行为数据和自我报告的问卷数据，来自大脑活动所带来的脑区激活信号是更为有效的预测指标。

本书的理论框架模型是在消费者 S-O-R 模型的基础上建立的，并提出表征个体内在心理活动的脑电指标（ERP 成分）可以对个体购买行为进行预测的假设。在这一节，我们将利用逻辑回归法（Logistic Regression）的相关函数模型，设因变量为被试购买或不购买的行为结果，分别采用被试对每组产品在购买和不购买情况下的偏好评分以及产品呈现阶段诱发的两个有效 ERP 成分——P2 和 LPP 在 F3、Fz、F4、FC3、FCz、FC4 以及 C1、Cz、C2、CP1、CPz、CP2、P1、Pz、P2 等电极点上的脑电数据进行运算，比较产品偏好评分的自我报告数据及脑电数据作为预测指标结果，以此验证我们提出的假设。图 6.27 及图 6.28 分别展示了无刺激产品组和短时情绪诱发产品组中购买与不购买产品的偏好评价结果。配对样本 t 检验的结果显示，无刺激的两个产品组对购买与不购买产品的偏好评分存在显著差异，且选择购买产品的偏好评分高于没有购买产品（$Mean_{set\ 1\text{-}Buy}=3.18$，$Mean_{set\ 1\text{-}Not\ Buy}=1.71$，

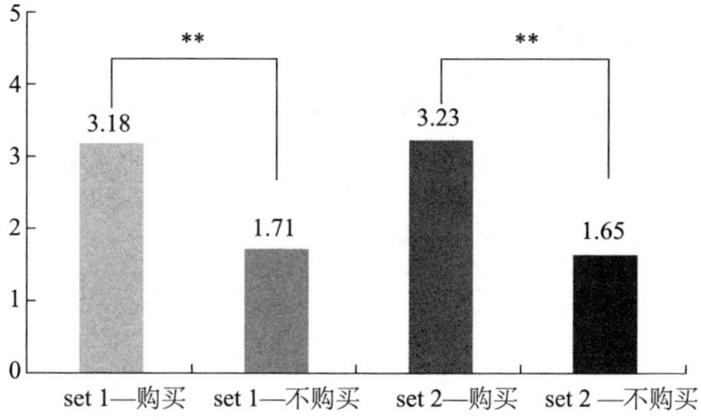

图 6.27 无刺激产品组购买与不购买产品的偏好评价

注：＊＊表示 p 值<0.01。

$Mean_{set\ 2\text{-}Buy}=3.23$，$Mean_{set\ 2\text{-}NotBuy}=1.65$；$t_{set\ 1\text{-}preference}<0.001$，$t_{set\ 2\text{-}preference}<0.001$）的评分。在引入短时情绪启动的产品组中，购买与不购买产品的偏好评价则无明显的高低差异（$Mean_{CW\text{-}Buy}=2.42$，$Mean_{CW\text{-}Not\ Buy}=2.26$，$Mean_{CL\text{-}Buy}=2.28$，$Mean_{CL\text{-}NotBuy}=2.1$；$t_{CWP\text{-}preference}=0.438$，$t_{CLP\text{-}preference}=0.425$）。

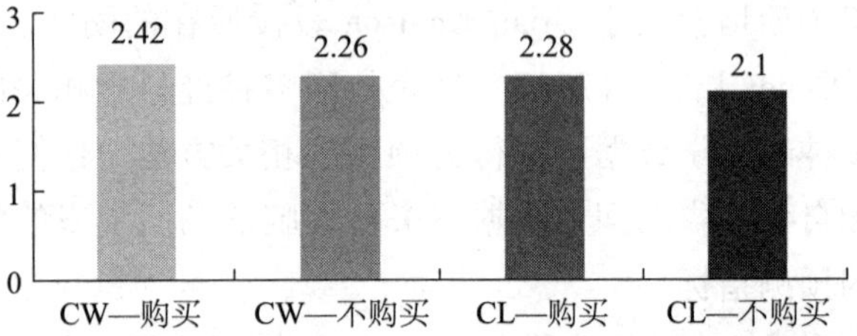

图 6.28　短时情绪诱发产品组购买与不购买产品的偏好评价

如表 6.27 所示，根据逻辑回归运算的结果，在无刺激条件的购买任务中，被试对两组产品的偏好评价均能很好地预测后续的购买行为，但是，在 set 1 中，P2 成分 6 个电极点上的脑电数据都不能有效预测购买行为，LPP 成分 9 个电极点上的脑电数据仅有 Cz、CP1、CPz、CP2 上的数据可以作为有效的行为预测指标；而 set 2 中则仅有 F4 电极点上的脑电数据能作为预测指标。有趣的是，短时情绪启动后的结果与无刺激条件下的结果差异很大。引入互动式营销策略中的输赢效应后，被试对该组产品购买与不购买的偏好评分不能有效预测后续的购买行为，脑电指标中，P2 成分的 6 个电极点与无刺激条件一样，不能有效预测购买与否的行为，但是 LPP 成分所在的 9 个电极点上的数据，除 P1 点外，其他 8 个电极点的脑电数据均能成为有效的预测指标。

表 6.27　逻辑回归预测被试购买行为结果

	无刺激条件下购买行为预测结果				短时情绪诱发下购买行为预测结果				
	set 1		set 2		CWP		CLP		联合分析
	行为数据	脑电数据	行为数据	脑电数据	行为数据	脑电数据	行为数据	脑电数据	脑电数据
常数项	-11.604	- [-0.573]	-9.282	-0.62 [-]	-	- [-]	-	- [-]	- [-6.489]
产品偏好评价	30.701**		29.477**		1.042		0.001		
F3		1.359		1.935		0.176		0.857	1.406
Fz		1.368		3.751		0.111		0.817	2.094
F4		0.622		4.985*		0.19		0.777	2.063
FC3		0.859		2.137		0.1		1.536	0.986

续表

	无刺激条件下购买行为预测结果				短时情绪诱发下购买行为预测结果				
	set 1		set 2		CWP		CLP		联合分析
	行为数据	脑电数据	行为数据	脑电数据	行为数据	脑电数据	行为数据	脑电数据	脑电数据
FCz		1.526		1.812		1.511		1.408	1.511
FC4		0.247		3.516		0.043		2.854	1.013
C1		2.759		2.431		0.019		0.94	5.577*
Cz		5.426*		3.06		0.016		0.915	5.916*
C2		2.397		2.55		0.117		0.21	4.925*
CP1		4.946*		3.345		0.001		0.4	5.513*
CPz		5.164*		1.969		0.004		0.919	4.929*
CP2		5.805*		1.405		0.335		0.198	5.239*
P1		1.591		3.587		0.038		0.69	3.136
Pz		3.233		2.435		0.005		0.122	4.024*
P2		2.864		2.421		0.103		0.003	3.841*
Nagelkerke-R^2	0.835	- [0.193]	0.811	0.151 [-]	-	- [-]	-	- [-]	- [0.487]

注：*表示显著性 $p<0.05$；**表示显著性 $p<0.01$；[ ] 中的数值表示 LPP 成分所在电极点的结果；[ ] 外的数值表示 P2 成分所在电极点的结果。

根据以上预测结果，在无刺激条件下，被试对自己偏好的产品具有很强的主观性，他们能很肯定地选择出自己偏好的产品，且这种偏好主导了后续的购买行为。然而，在互动式营销策略作为外部刺激时，短时情绪的诱发弱化了被试原本对产品偏好的程度，他们的购买选择更多地依赖于被激发的短时情绪差异，从行为上看，使得他们对产品购买与否的偏好评分没有明显区别，而更依赖于短时情绪的效价（更为正性或更为负性），使得他们在连胜时选购的商品更多。因此，基于输赢效应诱发的短时情绪，其代表的 ERP 成分反而能成为购买行为预测的有效指标，但是这种预测效果在本研究中仅体现在晚期成分上。综上所述，在 S-O-R 模型的框架下，基于用户参与的互动式营销策略中输赢效应诱发的短时情绪，其表征的 ERP 成分，尤其是晚期正成分（LPP）可以作为有效的购买行为预测指标。相比于行为数据，短时情绪诱发下，脑电数据的预测更为可行，准确率更高。

6.6 结论与讨论

研究三是在前两项研究的基础上，进一步考察互动式营销策略对个体购买决策行为影响的内在神经机制。本研究的实验任务设计主要是将研究一中提出的猜拳游戏刺激与 Knutson 等 2007 年提出的购买任务范式（SHOP Task）相结合，通过两项事件相关电位实验及一项产品偏好判断的行为学实验的开展，记录了 22 名被试的行为及脑电数据。行为数据包括被试对呈现产品的偏好程度评价以及购买决策任务的完成情况，脑电数据则包含了两项 ERP 实验的大脑认知加工情况。对于本章第 6.2 节中提出的研究假设的验证情况总结如表 6.28 所示：

表 6.28 研究三假设验证情况总结

假设对象	假设内容	验证情况
总体假设	H3：在 S-O-R 模型的理论框架下，互动式营销策略中输赢效应诱发的短时情绪，会影响个体的购买决策行为，其中诱发的脑电成分能有效预测个体的购买行为	成立
行为层面	H3-1：被试对各实验条件下产品偏好的组间差异不显著	成立
	H3-2：在无短时情绪启动时，被试在随机分组的两组产品中选择购买的数量无明显差异	成立
	H3-3：引入输赢效应作为短时情绪启动时，被试在连胜条件下选择购买的产品数量比连败条件下选购的多	成立
	H3-4：短时情绪诱发下，被试在连胜条件下选择购买的产品数量，比无刺激条件下任意一组选择购买的数量都多	成立
	H3-5：短时情绪诱发下，被试在连败条件下选择购买的产品数量，比无刺激条件下任意一组选择购买的数量都少	不成立
神经层面	H3-6a：在无短时情绪启动下，产品信息呈现阶段，被试的脑电波形和诱发的 ERP 成分幅值无明显差异	成立
	H3-6b：在无短时情绪启动下，对于选择购买的产品，与不购买的产品相比，其大脑认知加工过程不同，会诱发偏好相关的脑电成分，且存在明显差异	成立
	H3-7：对于输赢效应的认知过程，会诱发与奖励和情绪处理相关的晚期 ERP 成分，且不同实验条件下，诱发成分的幅值存在显著差异，诱发的成分主要包括 P300 和 LPP	成立

续表

假设对象	假设内容	验证情况
神经层面	H3-8a：引入输赢效应诱发短时情绪后，产品信息呈现阶段会诱发与研究一相似的表征情绪的脑电成分，且连胜与连败条件下诱发的脑电成分的振幅存在明显差异	成立
	H3-8b：不同实验条件匹配的产品组（连胜或连败），选择购买产品与不购买产品相比，脑电波形不同，且会诱发幅值有明显差异的 ERP 成分	不成立
	H3-8c：连胜与连败条件匹配的产品组相比，选择购买产品与不购买产品存在明显的组间差异	部分成立
	H3-9a：短时情绪启动下的产品，与无刺激条件下选择购买的产品相比，脑电波形存在差异，且诱发的有效 ERP 成分幅值差异显著	成立
	H3-9b：连胜条件匹配下购买的产品，与无刺激条件下选择购买的产品相比，脑电波形存在差异，且诱发的有效 ERP 成分幅值差异显著。	成立
	H3-9c：连败条件匹配下购买的产品，与无刺激条件下选择购买的产品相比，脑电波形存在差异，且诱发的有效 ERP 成分幅值差异显著	不成立
	H3-10：输赢效应作为短时情绪启动，诱发的情绪相关的 ERP 成分可以有效预测个体的购买决策行为	成立

通过对三项实验行为数据及脑电数据的分析讨论，本研究探讨了个体的购买行为在无刺激条件和有刺激条件下的异同，以及内在的大脑认知活动过程，总体来说，作为本书的核心内容，本研究获得了较为丰富的结论，接下来，我们将分别从行为和脑电两个层面对实验结果进行归纳总结及讨论。

6.6.1 行为数据的结论与讨论

对于行为数据的分析，与前两项研究一样，本研究主要采用描述性统计及配对样本 t 检验等两种方法，考察被试在无刺激和有刺激等各种条件下对所示产品选择购买的情况。通过产品偏好评价的行为学实验结果可知，被试对于实验设定的四组产品的偏好程度组间差异不明显，因此，排除了产品偏好组间差异可能会对实验结果造成影响的可能性，假设 H3-1 得以验证。通过实验一的行为数据，被试对随机分组的两组产品中选择购买的产品数量无明显差异，假设 H3-2 得到验证。而实验二的行为数据结果也验证了假设 H3-3，即引入短时情绪启动后，被试在连胜条件下选择购买的产品数量要比连败条件下选择购买的数量多，且差异显著。此外，通过对比实验一与实验二的数据结果，假设 H3-4 也得以验证，连胜条件下选购产品的数量比无刺激条件下任意两组选购的数量多，且统计结果差异显著。然而，连败条件选购的产品数量与无刺激条件下的 set 1 与 set 2 产品组相比，没有明显区别，因此，假设 H3-5 不成立。

综上所述，行为层面的假设除了 H3-5 外，均得到了验证，说明互动式营销策略中输赢效应诱发的短时情绪改变了被试对产品偏好的感知，继而影响了其购买决策行为，而这一过程中，连胜的情境对被试的影响更为强烈。

6.6.2 脑电数据的结论与讨论

在研究一的脑电实验中，当猜拳结果呈现时，诱发了两个晚期正成分：P300 和 LPP，且“输”“赢”结果（包括单胜 vs. 单败及连胜 vs. 连败）诱发的 P300 成分差异显著，而连胜/连败诱发的 LPP 成分的幅值也大于单胜/单败条件。由于研究三使用了与研究一相同的、以猜拳游戏表征互动式营销策略的实验刺激范式，本研究在猜拳结果呈现阶段提出与研究一实验结果一致的神经层面的假设。从实验二猜拳结果呈现阶段的脑电数据结果来看，假设 H3-7 得以验证，即猜拳结果会诱发 P300 和 LPP 等晚期正成分。然而，与研究一的结论略有不同，我们仅在连胜 vs. 连败的实验条件下发现了差异显著的 P300 振幅，而单胜结果诱发的 P300 振幅与单败结果相比，没有显著差异。

本研究对于购买决策行为的考察，建立在产品偏好的基础上，这与 Knutson 等（2007）的研究结论相契合。本研究没有关注价格呈现阶段诱发的 ERP 成分情况，原因在于，前两项子研究已经分别从脑电实验和 fMRI 实验的角度考察了短时情绪诱发对价格差异感知的影响，同时考虑到一项 ERP 实验不宜包含过多的实验条件，本研究仅从产品偏好的角度出发，以产品呈现阶段的脑电数据作为主要的分析对象，提出相关的研究假设。在本研究实验一和实验二的产品呈现阶段，我们均发现了两个有效的 ERP 成分，早期的 P2 成分和晚期的潜伏期成分，这与研究一中产品—价格信息呈现阶段发现的成分一致，通过重复测量方差分析得到，无刺激条件下，随机分组的两组产品诱发的脑电波形图无明显差异，假设 H3-6a 得到验证，而利用猜拳游戏诱发短时情绪后，产品呈现阶段诱发的脑电波形在不同输赢条件下存在显著差异，且与连胜条件匹配的产品诱发了更大幅值的 P2 成分和潜伏期成分，假设 H3-8a 成立。

在实验一中比较购买与不购买产品诱发的 ERP 成分差异，发现两组中各自选择购买产品与没有选择购买产品诱发的 P2 成分峰值及 LPP 波幅均值存在差异，假设 H3-6b 得以验证。但是在进行组间比较时，无论是购买产品还是不购买产品诱发的脑电波形图差异均不显著。

实验二中，我们同样对不同条件下是否购买产品进行了组内和组间比较，结果显示，连胜匹配的产品组中，购买与不购买产品诱发的 P2 成分和 LPP 成分差异均不显著，连败匹配的产品组除 P2 成分潜伏期有显著差异外，其峰值和 LPP 波幅均值均无显著差异，假设 H3-8b 不成立。在进行组间比较时，对于选择购买的产品，连胜条件下诱发的 LPP 振幅与连败条件相比，幅值更大且差异显著，P2 成分峰值与潜伏期均无明显差异；而对于不购买产品，P2 成分峰值差异显著，潜伏期没有明显区别，LPP 成分幅值差异也不显著。因此，假设 H3-8c 部分成立。

另外，我们还将实验二的脑电数据与实验一的脑电结果进行了联合比较分析，结果显示：当不考虑购买与否的情况时，观察四组产品诱发的脑电波形图时，发现连胜条件刺激下产品呈现时诱发的 P2 峰值和 LPP 均值与无刺激条件下产品相比，差异显著，P2 潜伏期没有差异；但是连败匹配的产品组与无刺激条件下产品呈现时相比，除了 P2 成分峰值外，LPP 均值没有明显的差异。当比较有刺激和无刺激组间购买与否产品大脑活动过程的异同时，发现连胜条件下购买的产品与无刺激条件下产品相比，P2 成分峰值有明显差异（潜伏期差异不显著），但 LPP 成分差异不显著；但对于没有选择购买产品，LPP 成分的差异在有刺激和无刺激条件下差异显著。同时，无论是选择购买还是不购买产品，连败条件与无刺激条件相比，无论是 P2 成分（包括潜伏期）还是 LPP 成分，差异均不显著。基于此，假设 H3-9a 为部分成立，而假设 H3-9b 不成立。

在以上实验结果的基础上，我们还利用脑电指标预测了个体购买行为。根据逻辑回归的预测结果，在无刺激条件下，被试对自己偏好的产品具有很强的主观性，他们能很肯定地选择出自己偏好的产品，且这种偏好主导了后续的购买行为。然而，在以互动式营销策略中的输赢效应作为外部刺激时，短时情绪的诱发弱化了被试原本对产品偏好的程度，他们的购买选择更多地依赖于被激发的短时情绪，从行为上看，使得他们对产品购买与否偏好的评分没有明显区别，而更依赖于短时情绪的效价（更为正性或更为负性），因此，短时情绪诱发下，ERP 成分反而能成为购买行为预测的有效指标，假设 H3-10 成立。

综上所述，本研究提出行为层面和神经层面的假设大部分获得了验证，为最终的研究结论提供了丰富的、科学的论据。

6.6.3 综合讨论

研究三通过两项事件相关电位实验，辅以一项行为学实验，在前两项研究的基础上，进一步考察了互动式营销策略中输赢效应对个体购买决策行为影响的内在神经过程。从研究一的结论可知，基于双人轻度对战的输赢效应会诱发被试的 P300 和 LPP 等 ERP 晚期正成分，通过对这两个成分研究已有成果的梳理，我们认为 P300 成分表征了奖励效应，赢的结果诱发的 P300 成分幅值更大，而 LPP 成分则表征了由于奖赏感带来的正性情绪的唤醒程度，连胜/连败的结果诱发的 LPP 比单胜/单败要大，被试的情绪唤醒度更强。在研究三的实验二中，我们在猜拳结果呈现阶段，同样发现了 P300 成分和 LPP 成分，从幅值大小来说，连胜/连败诱发的 LPP 幅值大于单胜/单败，这与研究一结论一致，但是，对于 P300 成分，我们仅发现在连胜和连败结果比较时的差异性，单胜与单败诱发的 P300 成分差异不显著，这就进一步说明本书设计的利用连续两轮猜拳游戏表征互动营销策略中的输赢效应，并以此作为短时情绪启动的实验范式的方案具有稳定性和可行性。此外，在研究一产品—价格信息呈现阶段，发现了两个有效的 ERP 成分，分别是早期的 P2 成分和晚期的 LPP 成分，通过研究二 fMRI 实验的检验，证实这两个脑电成分源于情绪脑区参与加工的结果，因此，我们认为猜拳结果阶段诱发了被试的不同情绪，而这种情绪变化延续到了产品—价格信息呈现阶段，继而对被试的价格感知产生了影响，从而改变了其购买意愿。通过对情绪相关的神经科学研究的整理和归纳，我们知道情绪有很多分类，包括定义最为宽泛的情感（affect），持续时间相对持久但情感反应强度较低的心情（moods），代表个体主观体验的一种心情或情绪感知的感觉（feelings），以及采用效价和唤醒度来评价的相对强烈、简洁的情感反应的情绪（emotions）（Winkielman et al.，2007；Juslin & Vastfja，2008）。从我们的研究结果可知，猜拳游戏诱发的情绪不属于心情和感觉的范畴，只是在结果呈现后，诱发的一种情绪状态，这种状态持续时间短，短期内唤醒度强，从效价上来看，也有区别，因此，我们认为，互动式营销策略中的输赢效应，其实也是一种短时情绪启动的实验范式。因此，在研究一和研究二结论的基础上，我们提出了研究三的总体假设H3，即在S-O-R模型的理论框架下，互动式营销策略中输赢效应诱发的短时情绪，会影响个体的购买决策行为，其中诱发的脑电成分能有效预测个体的购买行为。

通过对研究三几项实验结果的整理，我们提出的研究假设基本得到了验证。实验一与实验二的任务是参考SHOP任务的范式，即主试为被试提供20元的购物基金，产品图片和价格信息呈现后，被试选择是否进行购买，最终电脑程序在实验结束后从其选购的商品中随机抽取一件作为本次购买的商品，扣除商品单价后剩余的购物基金返还给被试。因此，我们认为，被试选择购买的商品是他需要的且是喜欢的，选择购买的行为可以表征其对所示产品的偏好。从行为结果来看，行为学实验首先证明，随机分配的四组产品的产品偏好评价组间差异不显著，排除了产品偏好组间差异可能对被试购买行为造成的影响。在无刺激条件的SHOP任务中，被试对两组中选择购买的产品数量大致相同，但引入互动式对战游戏刺激后，连胜匹配的产品组中购买的商品数量要高于连败条件下的产品组，再与无刺激任务相比，购买数量也高于set 1和set 2产品组，且差异显著。然而，连败组别中选择购买的产品数量与无刺激条件的两组产品相比，却没有明显差异，因此，我们提出的连败组别购买产品的数量要少于无刺激条件的假设没有得到验证。其中的原因，要以脑电数据的结果来进行解释。

实验一的脑电数据显示，在不考虑购买与否的情况时，set 1与set 2组产品诱发的脑电波幅没有显著差异，但是对比选择购买产品与没有选择购买产品诱发的ERP波形图，发现了两个有效的ERP成分——P2和LPP，同时，选择购买的产品诱发的P2的波峰和LPP波幅的数值均更大；进行set 1和set 2组间比较时，两组购买产品诱发的波形图无明显差异，不购买产品亦然。由于实验一没有相关的情绪启动阶段，被试仅通过产品图片和价格信息进行购买决策，因此，这一阶段诱发的P2成分和LPP成分，并非来自情绪的变化，而是源于对产品的偏好感知，在研究一中，我们就提到，P2成分和LPP成分在一些文献中被解释为个体偏好的表征，因此，我们认为，在实验一中，这两个成分的诱发代表被试对选择购买的产品更为偏爱，而对没有选择购买的产品喜好程度一般。

在实验二中，我们引入了短时情绪启动的外部刺激，仍然以猜拳游戏作为表征，购买任务与实验一相同，在这一实验的产品呈现阶段，我们发现连胜匹配的产品组相比连败产品组，诱发了幅值更大的 P2 成分和 LPP 成分，且差异显著。这一结果与研究一中脑电实验的结果非常相似，由于在猜拳结果呈现阶段，发现了与研究一一致的 P300 成分和 LPP 成分，代表连胜或连败的结果调动了被试的短时情绪，且连胜诱发了更为正性的情绪状态，这种情绪状态的变化延续到了产品呈现阶段，使得本无组间偏好差异的两组产品，在 P2 成分和 LPP 成分的幅值上产生了区别，由猜拳结果调动的短时情绪改变了被试对产品偏好的感知，而连胜结果带来的更为正性的情绪使得被试购买了更多的产品。然而，当我们比较有刺激和无刺激两个实验的数据结果时，发现虽然连胜与无刺激产品组在 P2 成分和 LPP 成分幅值上均有显著差异，但是无刺激组诱发的 ERP 成分幅值更大，这与我们提出的假设相悖。原因在于，实验一没有情绪的刺激，被试完全根据自己的判断进行选择是否购买，其中，对于产品的偏好是进行判断的重要依据，这可从购买与不购买产品诱发了幅值差异的 P2 成分和 LPP 成分进行解释，而实验二中产品呈现阶段出现的 P2 成分和 LPP 成分，更多的是由于猜拳结果诱发的短时情绪所致，而这种情绪的加入，使得被试原有的对产品偏好的感知相对减弱，进行购买决策时，更多地依赖被诱发的情绪状态。但是，连败匹配的产品组与无刺激产品组相比，LPP 成分差异不显著，P2 成分差异显著，且无刺激组的幅值更大，说明连败结果诱发的短时情绪，虽然不足以影响被试的购买决策判断，但还是在一定程度上弱化了偏好的感知，这可能是由于猜拳游戏本身不对被试带来任何金钱损益的设定，因此，在连败组别中选择购买产品的数量与无刺激组相比，差异不显著。

另外，我们对实验二中不同实验条件下的产品组别中选择购买产品与不购买产品进行了比较分析，也获得了丰富的结论。有趣的是，与实验一购买产品与不购买产品脑电波形图差异的结论不同，在有刺激的情况下，无论是连胜组，还是连败组，组内产品购买与否诱发的 P2 峰值和 LPP 均值差异均不显著，我们仅发现了连败组中，P2 峰值的潜伏期存在差异，且购买产品诱发的 P2 波幅的峰值出现得更早。这进一步说明在同种情绪状态，尤其是在连胜的条件下，被试对产品偏好的感知没有明显区别，选择购买与不购买可能更多的是依靠当下情绪调动的状态。在进行连胜和连败购买产品与不购买产品的组间比较时，选择购买产品，连胜条件下诱发的LPP幅值更大，而不购买产品，连胜组也诱发了幅值较大的P2峰值，这都说明连胜结果与连败相比，诱发了被试更正性且唤醒度更强的短时情绪，而这种短时情绪进而影响了被试对产品偏好的感知。

当我们将实验一和实验二中的购买与不购买产品的脑电数据结果进行联合分析时，发现对于购买的产品，CWP/CLP 与 set 1/set 2 相比，P2 成分峰值都有显著差异，但潜伏期没有区别，LPP 成分差异不显著。对于不购买的产品，P2 成分差异也都显著，而对于 LPP 成分，CWP 与 set 1 差异显著，CLP 与 set 2 则无明显不同。P2 成分是表征偏好的主要 ERP 成分，因此，从产品购买与否进行分类比较两个实验的脑电数据，再次说明情绪的调动弱化了原有的偏好感知，在连胜和连败的情境下都得到了体现，但是结合行为数据结果，连胜的情境体现得更为深刻。而连败的情绪状态对被试的购买决策影响不大，从其与 set 2 的 LPP 成分无显著差异可以得知。

很多关于消费者行为的研究指出，男性和女性消费者在行为模式上有很多不同。在一项对印度消费者购买方式的调查研究中发现，在购买行为上，男性消费者和女性消费者存在很大的差异。该研究通过对 166 名男性和 98 名女性的调查发现，在购买决策风格、冲动性购买决策、店铺忠诚度以及影响以上购买行为的因素上，男性和女性都存在显著差异（Jaidev & Amarnath，2018）。而一项针对亚洲零售平台的研究指出，网上零售平台的男女消费者在储蓄和消费之间权衡的思路也有不同（Li et al.，2019）。Hasan（2010）的研究也指出，对于网络购买行为的研究，态度和性别都是影响该行为的重要因素。而不同性别在线上购买产品的态度也存在显著差异，女性比男性更看重网上购物的效用。Riedl 等（2010）应用 fMRI 实验，证实易趣网（ebay. com）的用户线上信任感的感知行为，男性和女性大有不同，同时发现性别之间引起的脑区激活的差异能有效预测被试后续的行为。因此，在提出已有研究假设的基础上，本书也从性别的角度，分析了男性与女性被试在实验过程中大脑活动情况的异同。在实验一中，我们发现无论是选择购买产品还是不购买产品，男性与女性被试诱发的 P2 成分峰值差异显著，LPP 成分不显著；但是在实验二中，当引入互动式营销策略刺激后，在两种实验条件下（连胜和连败），无论是购买产品还是不购买产品，男性和女性被试的脑电波形图无明显差异。这一结果说明，原本存在于男女之间对产品偏好感知的区别，在短时情绪的调动后，受到情绪影响，这种差距缩小，使得互动式营销策略下，性别差异在购买决策时不会显著影响个体的购买行为。

在完成所有相关的数据分析之后，我们针对两个脑电实验中提取的有效 ERP 成分，与被试购买行为结果进行了逻辑回归建模，期望利用脑电指标对个体购买行为进行有效预测。结果显示，在无刺激条件下，被试对自己偏好的产品具有很强的主观性，他们能很肯定地选择出自己偏好的产品，且这种偏好主导了后续的购买行为，行为数据相较于脑电数据，更有效地预测了购买行为。然而，在互动式营销策略的刺激下，短时情绪的诱发弱化了被试原本对产品偏好的程度，他们的购买选择更多地依赖于被激发的短时情绪，从行为上看，使得他们对产品购买与否偏好的评分没有明显区别，而更依赖于短时情绪的效价（更为正性或更为负性），因此，互动式营销策略下，相比于行为层面的数据指标，ERP 成分反而能成为购买行为预测的有效指标。

6.7 本章小结

研究三在本书前两项研究的基础上，继续使用以猜拳游戏表征的互动式营销策略中的输赢效应作为外部刺激，结合购买任务范式（SHOP Task），通过两项事件相关电位实验和一项产品偏好评价行为实验，更深入地考察了短时情绪诱发对个体购买决策的影响及其内在神经机制。

从实验结果上来看，无论是行为层面，还是神经层面，均获得了丰富的研究结论。本研究进一步证明以双人轻度对战游戏（如猜拳等）作为短时情绪启动的实验范式是有效的、可行的、稳定的，能帮助研究者开展情绪相关的消费者行为研究。此外，无论是行为数据结果，还是脑电数据结果，都证实短时情绪诱发会改变个体产品偏好感知，从而影响其购买决策和行为。同时，通过利用 ERP 成分等脑电指标对被试购买行为进行预测的探索，我们也从脑电数据的角度，为神经预测方法的有效性和科学性提供了论据。

综上所述，研究三的总体假设 H3——“在 S-O-R 模型的理论框架下，互动式营销策略中输赢效应诱发的短时情绪，会影响个体的购买决策行为，其中诱发的脑电成分能有效预测个体的购买行为”得以验证。

7 研究结论与讨论

本章将从本书的整体结论、理论贡献、对管理实践的建议以及本书的局限性和未来研究展望等方面对全书内容进行总结归纳。

7.1 研究结论

本书从消费者一般行为模型 S-O-R 模型出发，以网购平台推出的互动式营销策略中的输赢效应对消费行为影响的有效性为切入点，主要通过神经科学实验，对个体购买行为的认知神经过程进行研究。我们将购买行为具体解构为以加入购物车任务为表征的购买意愿和以 SHOP 任务为代表的购买决策两个阶段，设计规则简单的猜拳游戏表征互动式营销策略中的输赢效应，分别从价格感知和产品偏好两个方面考察短时情绪诱发对个体购买行为过程影响的大脑认知活动情况，同时，通过对三项子研究行为层面和神经层面的数据分析和讨论，发现可以利用 ERP 脑电成分有效预测个体的购买行为。

研究一和研究二分别采用一项 ERP 实验和一项 fMRI 实验（ERP），从价格感知的视角出发，探讨了互动式营销策略中输赢效应对个体购买意愿影响的神经过程，发现输赢效应能有效诱发个体的短时情绪，从而改变被试对无明显偏好差异的产品的价格感知，进而影响其购买意愿的强弱。两项研究分别从认知时间加工的维度和脑功能区域定位的角度，对以上结论进行了相互验证。研究三在研究一和研究二的基础上，主要采用 ERP 实验，从产品偏好的角度，进一步探讨了短时情绪诱发对个体购买决策影响过程的内在神经机制，并利用相关脑电成分作为预测指标，成功预测了个体的购买行为，并通过逻辑回归法证实与自我报告等相关数据相比，发现脑电数据对行为预测的准确度更高。

本书通过综合考虑购买行为中影响个体决策的价格差异和产品偏好差异等因素，对实验中行为及神经两个层面的数据进行多维度的分析，获得了较为丰富的研究结论。

（1）互动式营销策略中的输赢效应能有效诱发个体的短时情绪，其可以作为短时情绪启动的研究范式推广至其他相关的研究中。

本书在S-O-R模型的理论框架下，考察短时情绪诱发对个体购买行为的影响，并且将研究设定在以淘宝网等网购平台推出的基于用户双人轻度对战游戏的互动式营销策略的情境之中。因此，本书首先要探讨的问题是互动式营销策略中的输赢效应是否能有效诱发被试的短时情绪。通过研究一和研究二神经科学实验获得的大脑活动信号数据，发现输赢效应确实能诱发个体的短时情绪，同时使得处理情绪信息相关的脑区得到激活，且输赢结果诱发的ERP成分振幅和激活的脑区存在明显区别（赢的结果诱发的振幅更大，前额叶皮层、眶部额回、脑岛、梭状回、枕回等参与情绪处理的脑区得以激活）。对于情绪的研究，已有的发表论文多采用情绪图片库作为启动范式，本书认为以猜拳游戏为代表的双人轻度对战游戏可以作为一种创新的、动态的短时情绪启动的实验范式应用到其他情绪相关的研究当中，也是对已有研究范式的一点补充。

（2）基于互动式营销策略中输赢效应诱发的短时情绪，会改变个体对价格的感知，影响其购买意愿。

研究一和研究二分别通过一项事件相关电位实验和一项任务相关功能性磁共振实验，考察了短时情绪诱发对个体价格感知及购买意愿的影响。行为层面，两项研究获得了一致的行为结果，即连胜与连败条件相比，被试将无明显偏好差异的产品加入购物车的数量更多。神经层面的结果对这一现象给出了内在机制的解释。游戏结果呈现阶段会诱发P300和LPP等晚期正成分，且赢的结果诱发的振幅更大，说明游戏结果先触发了被试的奖赏机制，继而转化为更为正性的情绪，而产品—价格信息呈现阶段诱发了P2和LPP等两个情绪相关的成分，这反映上一阶段启动的短时情绪延续到了产品—价格认知阶段，改变了被试原有的价格感知，在连胜的条件下，将产品更多地加入了购物车，产生了更强的购买意愿。研究二从大脑功能定位的角度验证了研究一的结论，进一步证实互动式营销策略中的输赢效应能有效诱发个体的短时情绪，短时情绪的改变会影响其价格感知，继而使得购买意愿在不同的情绪状态下有强有弱。

（3）基于互动式营销策略中输赢效应诱发的短时情绪，会弱化个体对产品偏好的感知，影响其购买决策行为。

研究三通过两项事件相关电位实验，在研究一与研究二结论的基础上，从产品偏好感知的角度，进一步考察短时情绪诱发对个体购买决策影响的神经过程。研究三的实验一是无刺激的购买任务，在两组偏好组间差异不明显的产品中，被试选购的数量无显著区别；实验二是引入短时情绪启动的购买任务实验，结果显示，连胜条件下选购的产品数量高于无刺激条件和连败条件，但连败条件的选购数量与无刺激时的购买数量没有差异。从神经层面来看，游戏结果呈现阶段，同样诱发了 P300 成分和 LPP 成分，而产品呈现阶段也与研究一一致，诱发了 P2 成分和 LPP 成分。这几个 ERP 成分的诱发进一步证实该范式的可靠性和稳定性，同时，也揭示了短时情绪诱发对个体偏好感知的影响，继而影响其购买决策。

（4）通过逻辑回归法的运算，证实短时情绪诱发下，相关脑电成分可以作为个体购买行为预测的有效指标。

研究三中利用逻辑回归的运算，对比检验了行为数据（产品偏好评价）与脑电数据（产品呈现阶段诱发的 P2 成分和 LPP 成分分别在相应电极点上的数据）分别对于无刺激条件和互动式营销策略下被试购买与否行为的预测效果。结果显示，在无刺激条件的购买任务中，被试对呈现产品的偏好评价能很好地预测后续的购买行为，但是 P2 成分 6 个电极点上的脑电数据都不能有效预测购买行为；LPP 成分 9 个电极点上的脑电数据仅有 Cz、CP1、CPz、CP2 上的数据可以作为有效的行为预测指标。有趣的是，互动式营销策略下的结果与无刺激条件下的结果差异很大。引入互动式营销策略后，被试对该组产品购买与不购买的偏好评价不能有效预测后续的购买行为，脑电指标中，P2 成分的 6 个电极点与无刺激条件一样，不能有效预测购买与否的行为，但是 LPP 成分所在的 9 个电极点上的数据，除 P1 点外，其他 8 个电极点的脑电数据均能成为有效的预测指标。基于此，本书提出的在 S-O-R 模式的理论框架下，当外部刺激诱发个体的短时情绪时，相关的ERP成分可以作为有效的预测指标，对个体购买行为进行预测。

综上所述，互动式营销策略中的输赢效应可以有效诱发个体的短时情绪，短时情绪的变化进一步使得个体对产品价格和偏好的感知发生变化，最后影响其购买意愿和购买决策等行为。同时，表征短时情绪变化的ERP成分能有效预测个体的购买行为，因此，本书第3章提出的理论模型得以验证，即互动式营销策略中输赢效应诱发的短时情绪，能有效影响及预测个体的购买行为。

7.2 理论贡献

本书主要通过神经科学实验，分别从价格感知和产品偏好感知两个影响消费行为的因素出发，探讨了基于互动式营销策略中输赢效应诱发的短时情绪对个体购买意愿和购买决策行为影响的内在机理，并从认知加工的时间维度和大脑功能定位的空间维度等视角获得了神经科学的相关证据。本书是在前人的研究基础上展开的，对于营销学、消费者行为学和认知神经科学领域做出了以下几点贡献：

(1) 从认知神经科学的视角丰富了消费者行为S-O-R模型的理论。通过对大脑活动信号的分析，本书获得的研究结论证实互动式营销策略中输赢效应作为营销刺激，能有效诱发个体的短时情绪，且输赢结果诱发的短时情绪存在明显差异，使得个体对刺激的反应所有不同，从而在购买行为上产生差别。对于S-O-R模型的应用，现有的研究大多采用情景模拟问卷、态度或情绪相关量表等研究方法，这些研究方法虽然可以从行为层面推断个体的内在心理活动，通过行为反应判断刺激的有效性，但对于其内在机理的探查，不容易获得更为直接的证据，对于个体真实的内在心理活动及打开消费者购买决策“黑箱”的研究，上述方法的作用较小。本书所采用的认知神经科学中的事件相关电位和功能性磁共振实验，可以从大脑活动信号层面直观地获得个体对刺激认知加工过程的全部数据，加之行为数据的同时采集，能真实、有效地揭示认知加工过程的内在机制，为消费者行为学的研究提供可靠的、直观的、科学的认知神经科学证据，同时，从神经科学层面，进一步论证S-O-R模型的科学性。

（2）从研究三的结论可知，表征个体内在心理活动变化的相关脑电成分可以作为反应及行为预测的有效指标，因此，本书从神经科学的角度丰富了消费者行为预测学的相关理论。通过研究三中短时情绪诱发后进行购买任务的事件相关电位实验获得的有效 ERP 成分，成功对个体购买行为进行了有效预测，与偏好程度自我报告的数据相比，脑电指标的准确率更高，证实表征个体内在心理活动变化的神经层面数据可以有效预测刺激后的行为，为营销学和消费者行为学等方面的研究提供了新的研究思路。神经预测学作为认知神经科学研究领域的一个分支，近年来日益受到研究人员的关注，然而，在营销学和消费者神经科学领域应用神经预测学的相关方法的文献还不是很多，Knutson 等（2007）以及 Genevsky 等（2017）在这一研究领域颇有建树，但该团队更多的是应用功能性磁共振技术获得的脑区激活数据进行预测研究。本书参考已有的神经预测学常用的逻辑回归的算法，应用 ERP 成分在多个电极点上的脑电数据作为指标，同样成功预测了个体购买与否的行为，从另一个角度丰富了神经预测学的研究成果，也为拓宽神经预测学的研究领域和研究方法提供了新的思路。

（3）证实互动式营销策略中的输赢效应对个体的内在心理活动的影响来源于短时情绪的诱发，丰富了情绪与消费者决策相关的研究成果。情绪历来是认知心理学和认知神经科学研究的重要领域，本书所讨论的情绪，不同于个体本来的持续时间较长的情感状态（如幸福、沮丧、愤怒等），而着重于研究来自相关营销刺激触发的、短时间内作用于个体的一种情绪变化（正性或负性），并讨论这种短时情绪变化对个体购买意愿和购买决策行为的影响。通过神经层面的实验和数据分析结果，证实基于双人轻度对战游戏中输赢效应所诱发的短时情绪会改变个体对产品价格高低的感知，对同质产品在不同实验条件下被加入购物车的比例大有不同；此外，短时情绪的触发也会改变个体对产品偏好的感知，在情绪诱发下，个体选择购买的产品数量高于无刺激条件的购买数量，情绪的变化弱化了原有的产品偏好感知，同样影响了后续的购买行为。不同于大多数已有的情绪相关研究采用情绪图片库等作为情绪启动的实验材料，本书创新地使用一种动态的、互动式的双人轻度对战游戏作为启动范式，同样成功诱发了个体的短时情绪，同时，将这种启动范式与实验任务进行了合理的关联，最大限度上在实验室环境内模拟了真实的线上购物体验，在实验操作上增加被试的临场感，令实验范式更为合理。本书所获得的研究结论也丰富了情绪中的短时情绪对消费者决策、消费者行为影响的相关研究成果和研究理论。

7.3 对管理实践的建议

根据本书的主要研究结论及理论贡献，我们对管理实践提出以下几条建议：

（1）短时情绪的改变会影响个体的价格感知和偏好感知，营销人员可以利用这一特性通过恰当的营销策略实现营销目的。消费者决策受到很多因素的影响，菲利普·科特勒（2009）认为需求带来购买。市场营销学的经典理论 4P 理论认为产品、价格、促销方式和购买渠道都是影响消费者行为和消费者决策的重要因素。然而，随着互联网技术的不断进步，信息搜集和获取更加高效，使得大多数商品间具有很高的同质性，这种情况下，营销策略就显得尤为重要。企业和营销人员在推广品牌和产品时，可以考虑从短时情绪诱发的角度出发，结合自身品牌和产品的特点，制定融入感强、能激发消费者体验情绪的策略和方案，更加高效地完成营销任务。

（2）认知神经科学工具能帮助营销人员更好地理解消费者行为及其内在的神经机制，并根据该机制制定更有效的营销策略，实现企业目标。传统的调查问卷、行为观察和访谈等研究方法，很难真实地获得消费者对品牌或产品的态度和想法。利用认知神经科学工具，可以科学有效地获取认知加工过程的大脑活动信号，从而发现行为决策过程中的内在机理，通过对神经机制的归纳总结，可以打开消费者“黑箱”，帮助营销人员科学、客观地判断策略的有效性和影响力。营销策略进行推广的时间成本和资金成本都是企业不容忽视的重要支出，营销策略是否有效，直接决定了产品的销量、品牌的市场地位甚至企业的发展前景，与其盲目地推广，不如利用神经科学的相关工具和技术，在营销策略正式推广前，做好把关工作，使得所有策略有的放矢，助力目标群体大脑中购买按钮的触发。

（3）本书的研究框架和任务设计的思路能有效应用于中国市场，同时，能更有效地帮助中国企业实现营销目标。认知神经科学领域的其中一个分支——决策神经科学在欧美国家的企业界已经得到了比较广泛的应用。很多知名企业或专业机构，如微软、可口可乐、宝洁等都在开展相关的研究。我国神经科学的理论和方法在企业中应用起步较晚，但也已经开始发端，例如知名的咨询公司——德勤中国已经建立了相关的研究院，开展基于认知神经科学的市场调查和咨询工作。相比于这些公司，本书的任务设计和实验实施，其成本更低，研究时间更短，被试的可获得性更便捷，同时，通过易于理解的实验任务，能精确地从时间维度和空间维度上了解消费者的内在认知过程。本书发现的 P2 成分和 LPP 成分，能成为营销人员考察目标消费群体情绪状态的指标，同时，LPP 成分还能有效预测消费个体的购买行为。营销人员将本书的研究框架应用于其他类似的营销问题，同时，可以将本书的发现和结论作为营销问题判断和决策的参考与指标，在制定相关营销策略前，利用认知神经科学的相关工具和方法验证其有效性，有的放矢，更好地实现企业的营销目标。

7.4 研究局限

本书的三项研究主要在实验室环境下开展，虽然实验范式设计严谨、实验操作规范，但由于人力、物力、设备要求等方面的限制，本书研究存在很多不足和缺憾。

（1）实验室环境下的研究对真实消费行为情境的模拟不足。

本书的研究重点是探讨互动式营销策略对网络消费行为，特别是购买意愿和购买决策方面的影响。由于本研究采用的神经科学研究方法主要是事件相关电位和功能性磁共振成像扫描两项技术，而这两项技术对实验室环境均有着非常严格的限制，要想在实验室环境完全真实地模拟和还原消费者现实中的购买行为比较困难，因此，我们对网络情境下的购买行为这一研究对象，进行了购买意愿和购买决策两阶段的划分，同时分别控制产品偏好和价格感知两个主要影响消费购买行为的因素，在不同的神经科学实验中高度抽象和简化主要的研究问题，以此完成研究任务，实现研究目的。然而在实际购买中，这两项因素，甚至还有其他因素是共同作用的，利用传统的 ERP 和 fMRI 设备很难采集到被试真实购买环境下的大脑活动情况的相关数据，此为本书第一个不足。

（2）实验样本的局限性。

首先，本书三项实验研究招募的被试均是在校大学生，这与国际上多数相关研究发表论文的被试群体一致，同时，在校大学生也属于网络消费者的范畴，具有一定的代表性。然而，网络消费者的规模是庞大的，其中教育程度、所属行业、收入水平、地域差异等因素可能会对消费行为模式和大脑认知加工过程造成影响，因此，本研究采用的大学生这一样本群体存在一定的局限性。其次，虽然根据认知神经科学的国际惯例可知，与问卷研究等管理学中常见的方法相比，神经科学实验的样本数目可以通过实验条件试次叠加次数进行弥补（Luck，2005），可以相对较少（一般 12~20 名被试），但是，无论是 ERP 实验，还是 fMRI 实验，如果能获得更多的被试量，那对今后获得更稳定的实验结果多有助益。本书的三项研究招募的被试数都在 20 人左右，适当增加被试数目后，是否能获得更稳定的实验结果，是今后研究可以考量的问题。

（3）实验任务的局限性。

本书研究主题的提出，主要是以淘宝网推出的基于用户参与的互动式营销策略为参考，主要考察其中双人轻度对战游戏中输赢效应对个体购买行为的影响。考虑到所用研究工具的具体要求和限制，同时，为了对其他因素进行更有效的控制，本书的三项子研究均采用了大众熟知的“猜拳游戏”来替代其他对战游戏，这种范式能更纯粹地帮助我们了解被试大脑认知活动情况，然而，游戏的难易程度可能会对个体认知层面的影响没有作为研究关注的重点，任务难度比较大的对战游戏是否会对个体产生更深刻抑或不同的结果，也是未来研究可以关注的问题。

7.5 研究展望

本书以消费者行为的 S-O-R 模型及情绪与决策相关理论为基础，从价格感知和产品偏好两个方面，主要通过认知神经科学方法，在个体认知层面研究了消费者行为中购买意愿和购买决策过程的神经机制，为基于互动式营销策略中输赢效应诱发的短时情绪改变个体心理活动继而影响其后续行为反应的内在机制，提供了认知神经科学层面的证据，证实个体短时情绪的诱发，会不同程度地改变其价格感知和偏好认知，同时，行为过程中诱发的脑电成分可以作为个体购买行为预测的有效指标。根据本书的研究结论和研究局限，后续的研究可以从以下几个方面进行拓展延伸：

（1）继续应用认知神经科学的研究方法，探讨短时情绪诱发在其他营销情境下的适用性。

本书提出的短时情绪诱发对个体购买行为影响的论点，仅基于研究中关注的互动式营销策略的情境，而没有对以其他情境作为外部刺激对个体消费行为的影响展开研究，因此，结合已有的情绪与消费行为关联的研究成果，需要以其他营销情境为背景，继续应用认知神经科学的相关手段，考察短时情绪诱发对消费者行为影响的神经机制，进一步帮助营销人员打开购买者“黑箱”。

（2）多种研究方法相结合，在市场环境中进一步验证本书的研究结论。

在本章研究局限的相关讨论中，我们提到认知神经科学实验的一大局限性在于无法在实验室环境完全真实地模拟市场环境和还原消费者的真实购买行为。基于此，本书的研究结论仅停留在个体层面，而没有放大至整个消费者层面，在将本书的研究结论直接应用于营销实践之前，需要结合多种不同的研究方法，包括问卷研究、田野调查、现场实验、VR 情景模拟等，同时结合大数据分析，在营销情境中对本书获得的研究结论进行更深入的验证。

（3）从情绪的不同维度展开研究，进一步考察其对消费者行为影响的认知和神经机制。

情绪在人类决策中扮演着举足轻重的角色，消费者行为在一定程度上也受到情绪的影响。对于情绪的描述有不同的维度，本书考察的短时情绪主要来源于外部营销情境的刺激，人类还有一部分情绪是内生性的，产品本身的属性，诸如外观、包装、功能等是否也会改变消费者的情绪状态，其内在认知过程与神经机制是否与外在刺激诱发的情绪相似，在营销实践中如何进行应用均是今后研究中值得考察的课题。

7.6 本章小结

在本书的最后一个章节，我们首先将三项子研究的结论整合在一起，对全书的主要研究结论进行了归纳概括。在三项子研究成果的基础上，提炼了本书对消费者行为学相关领域的理论贡献及对以市场营销为主要对象的管理实践的指导和借鉴意义。最后，我们提出了本书研究的局限性，并展望了未来研究的前景和方向。

附录　研究二中情绪效价和唤醒度评价问卷

请尽量回忆实验中的情况，真实填写以下问卷：

1. 猜拳赢的时候，你感觉：

非常不愉快			一般			非常愉快
1	2	3	4	5	6	7

请评价上述感觉的强烈程度：

非常平静			一般			非常强烈
1	2	3	4	5	6	7

2. 猜拳输的时候，你感觉：

非常不愉快			一般			非常愉快
1	2	3	4	5	6	7

请评价上述感觉的强烈程度：

非常平静			一般			非常强烈
1	2	3	4	5	6	7

3. 连续两轮赢的时候，你的情绪状态：

非常不愉快			一般			非常愉快
1	2	3	4	5	6	7

请评价上述感觉的强烈程度：

非常平静			一般			非常强烈
1	2	3	4	5	6	7

4. 连续两轮输的时候，你的情绪状态：

非常不愉快			一般			非常愉快
1	2	3	4	5	6	7

请评价上述感觉的强烈程度：

非常平静			一般			非常强烈
1	2	3	4	5	6	7

参考文献

［1］AAKER J L, WILLIAMS P. Empathy versus pride: The influence of emotional appeals across cultures ［J］. Journal of Consumer Research, 1998, 25 (12): 241-261.

［2］ABENDROTH L J, DIENHL K. Now or never: Effects of limited purchase opportunities on patterns of regret over time ［J］. Journal of Consumer Research, 2006, 33 (12): 342-351.

［3］AJZEN I. From intentions to actions: A theory of planned behavior ［Z］. Kuhl, J, Beckmann J. Action control. Berlin Heidelberg: Spinger, 1985: 11-39.

［4］AJZEN I. The theory of planned behavior ［J］. Organizational Behavior and Human Decision Processes, 1991, 50 (2): 179-211.

［5］AMBLER T, BRAEUTIGAM S, STINS J, et al. Salience and choice: Neural correlates of shopping decisions ［J］. Psychology and Marketing, 2004, 21 (4): 247-261.

［6］AMOULD E J, THOMPSON C G. Consumer culture theory (CCT): Twenty years of research ［J］. Journal of Consumer Research, 2005, 31 (4): 868-882.

［7］AMRHEIN C, MUHLBERGER A, PAULI P, et al. Modulation of event-related brain potentials during affective picture processing: A complement to startle reflex and skin conductance response? ［J］. International Journal of Psychophysiology, 2004, 54 (3): 231-240.

［8］AN EDITORIAL. Neuromarketing: Beyond branding ［J］. Lancet Neurology, 2004, 3 (2): 71.

［9］ARIELY D, BERN G S. Neuromarketing: The hope and hype of neuroimaging in business ［J］. Nature Reviews Neuroscience, 2010, 11 (4): 284-292.

[10] ARROYO S, LESSER R P, GORDON B, et al. Mirth, laughter and gelastic seizures [J]. Brain: A Journal of Neurology, 1993, 116 (Pt.4): 757–780.

[11] ATTALI Y. Perceived hotness affects behavior of basketball players and coaches [J]. Psychological Science, 2013, 24 (7): 1151–1156.

[12] AVIEZER H, MESSINGER D S, ZANGYIL S, et al. Thrill of victory or agony of defeat? Perceivers fail to utilize information in facial movements [J]. Emotion, 2015 (15): 791–797.

[13] AVIEZER H, TROPE Y, TODOROV A. Body cues, not facial expressions, discriminate between intense positive and negative emotions [J]. Science, 2012 (338): 1225–1229.

[14] AXELROD V, BAR M, REES G. Exploring the unconscious using faces [J]. Trends in Cognitive Sciences, 2015, 19 (1): 35–45.

[15] AYTON P, FISCHER I. The hot hand fallacy and the gambler's fallacy: Two faces of subjective randomness? [J]. Memory & Cognition, 2004, 32 (8): 1369–1378.

[16] BABILONI F. Consumer neuroscience: A new area of study for biomedical engineers [J]. IEEE Pulse, 2012, 3 (3): 21–23.

[17] BABIN B J, DARDEN W R. Consumer self–regulation in a retail environment [J]. Journal of Retailing, 1995, 71 (1): 47–71.

[18] BAGOZZI R P, GOPINATH M, NYER P U. The role of emotions in marketing [J]. Journal of The Academy of Marketing Science, 1999, 27 (2): 184–206.

[19] BAMFORD S, BROYD S J, BENIKOS N, et al. The late positive potential: A neural marker of the regulation of emotion–based approach–avoidance actions? [J]. Biological Psychology, 2015 (105): 115–123.

[20] BARDACK N R, MCANDREW F T. The influence of physical attractiveness and manner of dress on success in a simulated personnel decision [J]. The Journal of Social Psychology, 1985, 125 (6): 777–778.

[21] BART Y, SHANKER V, SULTAN F, et al. Are the drivers and role of online trust the same for all web sites and consumers? A large scale exploratory empirical study [J]. Journal of Marketing, 2005, 69 (4): 133–152.

[22] BARTELS R. The history of marketing thought (3rd ed) [M]. Co-

lumbus: Publishing Horizons, 1988: 194-198.

[23] BEGLEITER H, GROSS M M, KISSIN B. Evoked cortical responses to affective visual stimuli [J]. Psychophysiology, 1967, 3 (4): 336-344.

[24] BEGLEITER H, GROSS M M, PROJESZ B, et al. The effects of awareness on cortical evoked potentials to conditioned affective stimuli [J]. Psychophysiology, 1969, 5 (5): 517-529.

[25] BELK R W. Situational variables and consumer behavior [J]. Journal of Consumer Research, 1975, 2 (3): 157-164.

[26] BELK R W, GER G, ASKEGAARD S. The fire of desire: A multi-sited inquiry into consumer passion [J]. Journal of Consumer Research, 2003, 30 (3): 326-351.

[27] BELLO E, HILIMIRE M R. Unrevelling the consumer brain: The role of emotion in purchase behavior [J]. Psychophysiology (SI), 2014 (51): 75-76.

[28] BENSAFI M, ROUBY C, FARGET V, et al. Autonomic nervous system responses to odours: The role of pleasantness and arousal [J]. Chemical Senses, 2002 (27): 703-709.

[29] BERNS G S, MOORE S E. A neural predictor of cultural popularity [J]. Journal of Consumer Psychology, 2012, 22 (1): 154-160.

[30] BERRIDGE K C, ROBINSON T E, ALDRIDGE J W. Dissecting components of reward: "liking", "wanting", and "learning" [J]. Current Opinion in Pharmacology, 2009, 9 (1): 65-73.

[31] BISHOP R C, HEBERLEIN T. Measuring values of extramarket goods: Are indirect measures biased? [J]. American Journal of Agriculture Economics, 1979 (61): 926-930.

[32] BITNER M. Servicescapes: The impact of physical surroundings on consumers and employees [J]. Journal of Marketing, 1992, 56 (2): 57-71.

[33] BLEICHNER M G, LUNDBECK M, SELISKY M, et al. Exploring miniaturized EEG electrodes for brain-computer interfaces [J]. Physiological Reports, 2015 (3): 4.

[34] BÖCKER K B E, BAAS J M P, KENEMANS J L, et al. Stimulus-preceding negativity induced by fear: A manifestation of affective anticipation

[J]. International Journal of Psychophysiology, 2001, 43 (1): 77-90.

[35] BOKSEM M A S, SMIDTS A. Brain responses to movie trailers predict individual preferences for movies and their population-wide commercial success [J]. Journal of Marketing Research, 2015 (52): 482-492.

[36] BRAEUTIGAM S, ROSE S P, SWITHENBY S J, et al. The distributed neuronal systems supporting choice-making in real-life situations: Differences between men and women when choosing groceries detected using magnetoencephalography [J]. European Journal of Neuroscience, 2004, 20 (1): 293-302.

[37] BRAEUTIGAM S, STINS J F, ROSE S P, et al. Magnetoencephalo graphic signals identify stages in real-life decision processes [J]. Neural Plasticity, 2001, 8 (4): 241-254.

[38] BRAVER T S, BARCH D M. A theory of cognitive control, aging cognition, and neuromodulation [J]. Neuroscience Biobehaviour, 2002, 26 (7): 809-817.

[39] BUCKLIN R E, SISMEIRO C. Click here for Internet insight: Advances in clickstream data analysis in marketing [J]. Marketing Letters, 2002, 23 (1): 35-48.

[40] BURGER J M. Negative reactions to increases in perceived personal control [J]. Journal of Personality and Social Psychology, 1989 (56): 246-256.

[41] BURNS B D, CORPUS B. Randomness and inductions from streaks: "Gambler's fallacy" versus "hot hand" [J]. Psychonomic Bulletin & Review, 2004, 11 (1): 179-184.

[42] BUSCHMAN T J, MILLER E K. Top-down versus bottom-up control of attention in the prefrontal and posterior parietal cortices [J]. Science, 2007, 315 (5820): 1860-1862.

[43] BUSH G P, LUU P, POSNER M I. Cognitive and emotional influences in anterior cingulated cortex [J]. Trends Cognitive Science, 2000 (4): 215-222.

[44] CACIOPPO J T, CRITES S L, GARDNER W L. Attitudes to the right: Evaluative processing is associated with lateralized late positive event-related brain potentials [J]. Personality and Social Psychology Bulletin, 1996,

22 (12): 1205-1219.

[45] CAHILL L. Sex-and hemisphere-related influences on the neurobiology of emotionally influenced memory [J]. Progress in Neuro-Psychopharmacology and Biological Psychiatry, 2003, 27 (8): 1235-1241.

[46] CALVERT G A. Predicting consumer behavior: Using novel mind-reading approaches [J]. Pluse IEEE, 2012, 3 (3): 38-41.

[47] CAMARA E, RODRIGUEZ-FORNELLS A, MUNTE T F. Functional connectivity of reward processing in the brain [J]. Frontiers in Human Neuroscience, 2009 (2): 19.

[48] CAMERER C, YOON C. Introduction to the journal of marketing research special issue on neuroscience and marketing [J]. Journal of Marketing Research, 2015 (52): 423-426.

[49] CARLSON J M, FOTI D, MUJICA-PARODI L R, et al. Ventral striatal and medial prefrontal BOLD activation is correlated with reward-related electrocortical activity: A combined ERP and fMRI study [J]. NeuroImage, 2011 (57): 1608-1616.

[50] CARRETIÉ L, HINOJOSA J A, MERCADO F. Cerebral patterns of attentional habituation to emotional visual stimuli [J]. Psychophysiology, 2003, 40 (3): 381-388.

[51] CARRETIÉ L, HINOJOSA J A, ALBERT J, et al. Neural response to sustained affective visual stimulation using an indirect task [J]. Experimental Brain Research, 2006, 174 (4): 630-637.

[52] CARRETIÉ L, MARíN-LOECHES M, HINOJOSA J A, et al. Emotion and attention interaction studied through event-related potentials [J]. Journal of Cognitive Neuroscience, 2001, 13 (8): 1109-1128.

[53] CARRETIÉ L, MERCADO F, TAPIA M, et al. Emotion, attention, and the "negativity bias", studied through event-related potentials [J]. International Journal of Psychophysiology, 2001 (41): 75-85.

[54] CARRETIÉ L, RUIZ-PADIAL E, LóPEZ-MARTíN S, et al. Deco mposing unpleasantness: Differential exogenous attention to disgusting and fearful stimuli [J]. Biological Psychology, 2001, 86 (3): 247-253.

[55] CARSTENSEN L L, ISAACOWITZ D M, CHARLES S T. Taking

time seriously: A theory of socioemotional selectivity [J]. American Psychologist, 1999, 54 (3): 165-181.

[56] CARUANA F, AVANZINI P, GOZZO F, et al. Mirth and laughter elicited by electrical stimulation of the human anterior cingulated cortex [J]. Cortex, 2015 (71): 323-331.

[57] CARUANA F, AVANZINI P, GOZZO F, et al. A mirror mechanism for smiling in the anterior cingulated cortex [J]. Emotion, 2016a, 17 (2): 187-190.

[58] CARUANA F, GOZZO F, PELLICCIA V, et al. Smile and laughter elicited by electrical stimulation of the frontal operculum [J]. Neuropsychologia, 2016b (89): 364-370.

[59] CARVENS D W, HOLLAND C W, LAMB JR C W, et al. Marketing's role in product and service quality [J]. Industrial Marketing Management, 1988, 17 (4): 285-304.

[60] CASCIO C N, O'DONNELL M B, BAYER J, et al. Neural Correlates of Susceptibility to Group Opinions in Online Word-of-Mouth Recommendations [J]. Journal of Marketing Research, 2015 (52): 559-575.

[61] CERF M, GREENLEAF E, MEYYIS T, et al. Using single-neuron recording in marketing: Opportunities, challenges, and an application to fear enhancement in communications [J]. Journal of Marketing Research, 2015 (52): 530-545.

[62] CHANES L, WORMWOOD J B, BETZ N, et al. Facial expression predictions as drivers of social perception [J]. Journal of Personality and Social Psychology, 2018, 114 (3): 380-396.

[63] CHAPIN H, JANTZEN K, KELSO J A, et al. Dynamic emotional and neural responses to music depend on performance expression and listener experience [J]. Plos ONE, 2010, 5 (12): e13812.

[64] CHARLES S T, MATHER M, CARSTENSEN L L. Aging and emotional memory: The forgettable nature of negative images for older adults [J]. Journal of Experimental Psychology General, 2003, 132 (2): 310-324.

[65] CHAUDHURI A, HOLBROOK M B. The chain of effects from brand trust and brand affect to brand performance: The role of brand loyalty [J].

Journal of Marketing, 2001, 65 (2): 81-93.

[66] CHEBAT J C, MICHON R. Impact of ambient odors on mall shoppers' emotions, cognition, and spending: A test of competitive causal theories [J]. Journal of Business Research, 2003, 56 (7): 529-539.

[67] CHEN J, ZHONG J, ZHANG Y, et al. Electrophysiological correlates of processing facial attractiveness and its influence on cooperative behavior [J]. Neuroscience Letters, 2012 (517): 65-70.

[68] CHEN M, MA Q, LI M, et al. Cognitive and emotional conflicts of counter-conformity choice in purchasing books online: An event-related potentials study [J]. Biological Psychology, 2010, 85 (3): 437-445.

[69] CHEN Y, NELSON L D, HSU M. From "Where" to "What": Distributed Representations of Brand Associations in the Human Brain [J]. Journal of Marketing Research, 2015 (52): 453-466.

[70] CHIANG K. Effects of price product type and convention on consumer intention to shop online [J]. American Marketing Association. Conference Proceedings, 2001 (12): 163-169.

[71] CHIB V S, RANGEL A, SHIMOJO S, et al. Evidence for a common representation of decision values for dissimilar goods in human ventromedial prefrontal cortex [J]. The Journal of Neuroscience, 2009, 29 (39): 12315-12320.

[72] CHIKARA R K, CHANG E C, LU Y C, et al. Monetary reward and punishment to response inhibition modulate activation and synchronization within the inhibitory brain network [J]. Frontiers in Human Neuroscience, 2018 (12): 27.

[73] CHOI D, WATANUKI S. Effect of empathy trait on attention to faces: An event-related potential (ERP) study [J]. Journal of Physiological Anthropology, 2014, 33.

[74] CHU W, CHOI B, SONG M. The role of online retailer brand and infomediary reputation in increasing consumer purchase intention [J]. International Journal of Electronic Commerce, 2005, 9 (3): 115-127.

[75] COOK I A, WARREN C, PAJOT S K, et al. Regional brain activation with advertising images [J]. Journal of Neuroscience, Psychology, and Economics, 2011, 4 (3): 147.

[76] COURSEY D L, HOVIS J L, SCHULZE W D. The disparity between willingness to accept and willingness to pay measures of value [J]. The Quarterly Journal of Economics, 1987 (102): 679-690.

[77] CRAIG A D. How do you feel-now? The anterior insula and human awareness [J]. Nature Reviews Neuroscience, 2009, 10 (1): 59-70.

[78] CRAIG A D. The sentient self [J]. Brain Structure & Function, 2010, 214 (5-6): 563-577.

[79] CRAIG A W, LOUREIRO Y K, WOOD S, et al. Suspicious minds: Exploring neural processes during exposure to deceptive advertising [J]. Journal of Marketing Research, 2012, 49 (3): 361-372.

[80] CRITCHLEY H, WIENS S, ROTSHTEIN P, et al. Neural systems supporting interoceptive awareness [J]. Nature Neuroscience, 2004, 7 (2): 189-195.

[81] CROWLEY K E, COLRAIN I M. A review of the evidence for P2 being an independent component process: Age, sleep and modality [J]. Clinical Neurophysiology, 2004, 115 (4): 732-744.

[82] CUTHBERT B N, SCHUPP H T, BRADLEY M M, et al. Brain potentials in affective picture processing: Covariation with autonomic arousal and affective report [J]. Biological Psychology, 2000, 52 (2): 95-111.

[83] D'ARDENNE K, MCCLURE S M, NYSTROM L E, et al. BOLD responses reflecting dopaminergic signals in the human ventral tegmental area [J]. Science, 2008, 319 (5867): 1264-1267.

[84] DALTON A N. Look on the bright side: Self-expressive consumption and consumer self - worth [Z]. Doctoral Dissertation, Duke University, Durham, North CA, 2008.

[85] DAMASIO A. Mental self: The person within [J]. Nature, 2003 (423): 227.

[86] DE MARTINO B, KUMARAN D, HOLT B, et al. The neurobiology of reference-dependent value computation [J]. Journal of Neuroscience, 2009, 29 (12): 3833-3842.

[87] DELPHANQUE S, LAVOIE M E, HOT P, et al. Modulation of cognitive processing by emotional valence studied through event-related potentials in

humans [J]. Neuroscience Letters, 2004, 356 (1): 1-4.

[88] DENNIS T A, CHEN C. Neurophysiological mechanisms in the emotional modulation of attention: The interplay between threat sensitivity and attentional control [J]. Biological Psychology, 2007, 76 (1): 1-10.

[89] DEPPE M, SCHWINDT W, KUGEL H, et al. Nonlinear responses within the medial prefrontal cortex reveal when specific implicit information inluences economic decision making [J]. Neuroimaging, 2005 (15): 171-182.

[90] DIEGUEZ-RISCO T, AGUADO L, ALBERT J, et al. Judging emotional congruency: Explicit attention to situational context modulates processing of facial expressions of emotion [J]. Biological Psychology, 2015 (112): 27-38.

[91] DION K K. Cultural perspectives on facial attractiveness [Z]. Facial attractiveness: Evolutionary, cognitive, and social perspectives. 2002, Westport, CT.

[92] DODDS W B, MONROE K B, GREWAL D. Effects of price, brand, and store information on buyers' product evaluations [J]. Journal of Marketing Research, 1991, 28 (3): 307-319.

[93] DOLCOS F, CABEZA R. Event related potentials of emotional memory: Encoding pleasant, unpleasant, and neural pictures [J]. Cognitive, Affective and Behavioral Neuroscience, 2002, 2 (3): 252-263.

[94] DORON J, GAUDREAU P. A point-by-point analysis of performance in a fencing match: Psychological processes associated with winning and losing streaks [J]. Journal of Sport & Exercise Psychology, 2014, 36 (1): 3-13.

[95] DUGATKIN L A, REEVE H K. Winning, losing, and reaching out [J]. Behavioral Ecology, 2014, 25 (4): 675-679.

[96] EAGLY A H, ASHMORE R D, MAKHIJANI M G, et al. What is beautiful is good, but...: A meta-analytic review of research on the physical attractiveness stereotype [J]. Psychology Bulletin, 1991 (110): 109-128.

[97] ELLIOT A J, COVINGTON M V. Approach and avoidance motivation [J]. Educational Psychology Review, 2001, 13 (2): 73-92.

[98] ENGEL J F, KOLLAT D T, BLACKWELL R D. Consumer behavior [M]. New York: Holt, Rinehart & Winston, 1968.

[99] EROGLU S A, MACHLEIT K A, DAVIS L M. Atmospheric qualities

of online retailing: A conceptual model and implications [J]. Journal of Business Research, 2001, 54 (2): 177-184.

[100] ESCH F R, MOLL T, SCHMITT B, et al. Brands on the brain: What happens neurophysiologically when consumers process and evaluate brands [J]. Journal of Consumer Psychology, 2012, 22 (1): 75-85.

[101] ETKIN A, WAGER T D. Funtional neuroimaging of anxiety: A meta-analysis of emotional processing in PTSD, social anxiety disorder, and specific phobia [J]. American Journal of Psychiatry, 2007 (164): 1476-1488.

[102] ETKIN A, EGNER T, KALISCH R. Emotional processing in anterior cingulated and medial prefrontal cortex [J]. Trends in Cognitive Sciences, 2011, 15 (2): 85-93.

[103] EVERAND A, GALLETTA D F. How presentation flaws affect perceived site quality, trust, and intention to purchase from an online store [J]. Journal of Management Information Systems, 2005, 22 (3): 56-95.

[104] FAUSTO C. The integration of emotional expression and experience: A pragmatist review of recent evidence from brain stimulation [J]. Emotion Review, 2019, 11 (1): 27-38.

[105] FEN C, LI W. TIAN T, et al. Arousal modulates valence effects on both early and late stages of affective picture processing in a passive viewing task [J]. Social Neuroscience, 2014, 9 (4): 364-377.

[106] FENG C. WANG L, LIU C, et al. The time course of the influence of valence and arousal on the implicit processing of affective pictures [J]. Plos One, 2012, 7 (1).

[107] FERNÁNDEZ-BACA VACA G, LÜDERS H O, BASHA M M, et al. Mirth and laughter elicited during brain stimulation [J]. Epileptic Disorders: International Epilepsy Journal with Videotape, 2011, 13 (4): 435-440.

[108] FIELDS H L, HJELMSTAD G O, MARGOLIS E B, et al. Ventral tegmental area neurons in learned appetitive behavior and positive reinforcement [J]. Annual Review Neuroscience, 2007, 30 (1): 289-316.

[109] FISHBEIN M, AJZEN I. Belief, attitude, intention, and behavior: An introduction to theory and research [Z]. MA: Addison-Wesley, 1975.

[110] FISHER C E, CHIN L, KLITZMAN R. Defining neuromarketing: Practices and professional challenges [J]. Harvard Review of Psychiatry, 2010, 18 (4): 230-237.

[111] FLAISCH T, STOCKBURGER J, SCHUPP H T. Affective prime and target picture processing: An ERP analysis of early and late interference effects [J]. Brain Topography, 2008, 20 (4): 183-191.

[112] FOLSTEIN J R, VAN PETTEN C. Influence of cognitive control and mismatch on the N2 component of the ERP: A review [J]. Psychophysiology, 2008, 45 (1): 152-170.

[113] FOTI D, HAJCAK G, DIEN J. Differentiating neural responses to emotional pictures: Evidence from temporal-spatial PCA [J]. Psychophysiology, 2009, 46 (3): 521-530.

[114] FOX E. Emotion science: An integration of cognitive and neuroscientific approaches [M]. New York, Palgrave MacMillan, 2008: 16-17.

[115] FUGATE D L. Neuromarketing: A layman's look at neuroscience and its potential application to marketing practice [J]. Journal of Consumer Marketing, 2007, 24 (7): 385-394.

[116] FULLERTON R A. The birth of consumer behavior: Motivation research in the 1940s and 1950s [J]. Journal of Historical Research in Marketing, 2013, 5 (2): 212-222.

[117] FUSAR-POLI P, PLACENTINO A, CARLETTI F, et al. Laterality effect on emotional faces processing: ALE meta-analysis of evidence [J]. Neuroscience Letters, 2009 (452): 262-267.

[118] GAJEWSKI P D, DRIZINSKY J, ZÜLCH J, et al. ERP correlates of simulated purchase decisions [J]. Frontiers in Neuroscience, 2016 (10): 360.

[119] GARCIA-LARREA L, LUKASZEWICZ A C, MAUGUIERE F. Revisiting the oddball paradigm. Non-target vs. neutral stimuli and the evaluation of ERP attentional effects [J]. Neuropsychologia, 1992, 30 (8): 723-741.

[120] GENEVSKY A, KNUTSON B. Neural affective mechanisms predict market - level microlending [J]. Psychological Science, 2015, 26 (9): 1411-1422.

[121] GENEVSKY A, YOON C, KNUTSON B. When brain beats behavior:

Neuroforecasting crowdfunding outcomes [J]. The Journal of Neuroscience, 2017, 37 (36): 8625-8634.

[122] GERSTNER E. Do higher prices signal higher quality? [J]. Journal of Marketing Research, 1985, 22 (2): 209-215.

[123] GOLDIN P R, MCRAE K, RAMEL W, et al. The neural bases of emotion regulation: Raeppraisal and suppression of negative emotion [J]. Biological Psychiatry, 2008, 63 (6): 577-586.

[124] GRAIG A W, LOUREIRO Y K, WOOD S. et al. Suspicious minds: Exploring neural processes during exposure to deceptive advertising [J]. Journal of Marketing Research, 2012, 49 (3): 361-372.

[125] GRODD W, SCHNEIDER F, KLOSE U, et al. Functional magnetic-resonance-imaging of psychological functions with experimentally induced Emotion [J]. Radiologe, 1995, 35 (4): 283-289.

[126] GUO F, DING Y, WANG T, et al. Applying event related potentials to evaluate user preferences toward smartphone form design [J]. International Journal of Industrial Ergonomics, 2016b (54): 57-64.

[127] GUO F, ZHANG X, DING Y, et al. Recommendation influence: Differential neural responses of consumers during shopping online [J]. Journal of Neuroscience Psychology and Economics, 2016a, 9 (1): 29-37.

[128] GUO J, LI D, BI Y, et al. Modulating effects of contextual emotions on the neural plasticity induced by word learning [J]. Frontiers in Human Neuroscience, 2018 (12): 464.

[129] HAJCAK G, HOLROYD C B, MOSER J S, et al. Brain potentials associated with expected and unexpected good and bad outcomes. 44th Annual Meeting of the Society-for-Psychophysiological-Research [Z]. Santa Fe, NM, 2004.

[130] HAJCAK G, HOLROYD C B, MOSER J S, et al. Brain potentials associated with expected and unexpected good and bad outcomes [J]. Psychophysiology, 2005 (42): 161-170.

[131] HAJCAK G, MACNAMARA A, OLVET D M. Event-related potentials, emotion, and emotion regulation: An integrative review [J]. Developmental Neuropsychology, 2010, 35 (2): 129-155.

[132] HALGREN E, DALE A M, SERENO M I, et al. Location of human face - selective cortex with respect to retinotopic areas [J]. Human Brain Mapping, 1999, 7 (1): 29-37.

[133] HAMANN S. Cognitive and neural mechanisms of emotional memory [J]. Trends in Cognitive Sciences, 2001, 5 (9): 394-400.

[134] HAMERMESH D S, BIDDLE J E. Beauty and the labor market [J]. National Bureau of Economic Research, 1993 (84): 1174-1194.

[135] HANDY T C, SMILEK D, GEIGER L, et al. ERP evidence for rapid hedonic evaluation of logos [J]. Journal of Cognitive Neuroscience, 2010, 22 (1): 124-138.

[136] HANEMANN M. Willingness to pay and willingness to accept: How much can they differ? [J]. American Economics Review, 1991 (81): 635-647.

[137] HARE T A, CAMERER C F, RANGEL A. Self-control in decision-making involves modulation of the vmPFC valuation system [J]. Science, 2009, 342 (5927): 646-648.

[138] HARE T A, MALMAUD J, RANGEL A. Focusing attention on the health aspects of foods changes value signals in vmPFC and improves dietary choice [J]. The Journal of Neuroscience, 2011, 31 (30): 11077-11087.

[139] HARE T A, O'DOHERTY J, CAMERER C F, et al. Dissociating the role of the orbitofrontal cortex and the striatum in the computation of goal values and prediction errors [J]. The Journal of Neuroscience, 2008, 28 (22): 5623-5630.

[140] HASAN B. Exploring gender differences in online shopping attitude [J]. Computers in Human Behavior, 2010, 26 (4): 597-601.

[141] HAXBY J V, HOFFMAN E A, GOBBINI M I. Human neural systems for face recognition and social communication [J]. Biological Psychiatry, 2002, 51 (1): 59-67.

[142] HEIJDEN H V D. Factors influencing the usage of websites: The case of a generic portal in the Netherlands [Z]. Elservier Science Publishers B. V, 2003.

[143] HEIJDEN H V D, VERHAGEN T, CREEMERS M. Understanding online purchase intentions: Contributions from technology and trust perspectives

[J]. European Journal of Information Systems, 2003, 12 (1): 41-48.

[144] HENNING-THURAU T, GROTH M, PAUL M. Are all smiles created equal? How emotional contagion and emotional labor affect service relationship [J]. Journal of Marketing, 2006, 70 (3): 58-73.

[145] HERZ R S, SCHANKLER C, BELAND S. Olfaction, emotion and associative learning: Effects on motivated behavior [J]. Motivation and Emotion, 2004 (28): 363-383.

[146] HILLYARD S A, SQUIRES K C, BAUR J W, et al. Evoked potential correlates of auditory signal detection [J]. Science, 1971, 172 (3990): 1357-1360.

[147] HIRSCHMAN E C, HOLBROOK M B. Hedonic consumption: Emerging concepts, methods and propositions [J]. Journal of Marketing, 1982, 46 (3): 92-101.

[148] HOFFMAN E, HAXBY J. Distinct representations of eye gaze and identity in the distributed human neural system for face perception [J]. Nature Neuroscience, 2000 (3): 80-84.

[149] HOT P, SAITO Y, MANDAI O, et al. An ERP investigation of emotional processing in European and Japanese individuals [J]. Brain Research, 2006, 1122 (1): 171-178.

[150] HOWARD J A, SHETH J N. The Theory of Buyer Behavior [M]. New York: Wiley, 1969: 101-104.

[151] HSU H Y, TSOU H T. The effect of website quality on consumer emotional states and repurchase intention [J]. African Journal of Business Management, 2011, 5 (15): 6195-6200.

[152] HSU M Y, CHENG J M. fMRI neuromarketing and consumer learning theory: Word-of-mouth effectiveness after product harm crisis [J]. European Journal of Marketing, 2018, 52 (1-2): 199-223.

[153] HSU Y, WOLF L I. The winner and loser effect: What fighting behaviours are influenced? [J]. Animal Behaviour, 2001 (61): 777-786.

[154] HUANG M. The theory of emotions in marketing [J]. Journal of Business and Psychology, 2001, 16 (2): 239-247.

[155] HUANG Y, LUO Y. Temporal course of emotional negativity bias:

An ERP study [J]. Neuroscience Letters, 2006, 398 (1-2): 91-96.

[156] HUANG Y, LUO Y. New development in ERP studies of emotion [J]. Journal of Graduate School CAS, 2004, 21 (4): 433-440.

[157] HUBERT M, KENNING P. A current overview of consumer neuroscience [J]. Journal of Consumer Behaviour, 2008, 7 (4-5): 272-292.

[158] HUBERT M, HUBERT M, FLORACK A, et al. Neural correlates of impulsive buying tendencies during perception of product packaging [J]. Psychology & Marketing, 2013, 30 (10): 861-873.

[159] IBANEZ A, MELLONI M, HUEPE D, et al. What event-related potentials (ERPs) bring to social neuroscience? [J]. Social Neuroscience, 2012, 7 (6): 632-649.

[160] IIDAKA T, OKADA T, MURATA T, et al. Age-related differences in the medial temporal lobe responses to emotional faces as revealed by fMRI [J]. Hippocampus, 2002, 12 (3): 352-362.

[161] ISHAI A, UNGERLEIDER L G, MARTIN A, et al. Distributed representation of objects in the human ventral visual pathway [J]. Proceedings National Academy Sciences USA, 1999 (96): 9379-9384.

[162] IZARD C. Basic emotions, relations among emotions, and emotion cognition relations [J]. Psychological Review, 1992, 99 (3): 561-565.

[163] JACKSON L A. Gender, physical attractiveness, and sex roles in occupational treatment discrimination: The influence of trait and role assumption [J]. Journal of Applied Social Psychology, 1983 (13): 443-458.

[164] JAIDEV U P, AMARNATH D D. Gender differences in consumer shopping styles in India [J]. Pertanika Journal of Social Science and Humanities, 2018, 26 (3): 1971-1993.

[165] JIN J, DOU X, MENG L, et al. Environmental-friendly eco-labeling matters: Evidences from an ERPs study [J]. Frontiers in Human Neuroscience, 2018 (12): 417.

[166] JIN J, WANG C, YU L, et al. Extending or creating a new brand: Evidence from a study on event-related potentials [J]. NeuroReport, 2015, 26 (10): 572-577.

[167] JOHNSTON V S, OLIVER-RODRIGUEZ J C. Facial beauty and the

late positive component of event – related potentials [J]. Journal of Sex Research, 1997 (34): 188-198.

[168] JONES M A, REYNOLDS K E, WEUN S, et al. The product specific nature of impulse buying tendency [J]. Journal of Business Research, 2003, 56 (7): 505-511.

[169] JONES W J, CHILDERS T L, JIANG Y. The shopping brain: Math anxiety modulates brain responses to buying decisions [J]. Biological Psychology, 2012, 89 (1): 201-213.

[170] JUSLIN P N, VASTFJA D. Emotional response to music: The need to consider underlying mechanisms [J]. Research and Brain Science, 2008, 31 (5): 559-621.

[171] KAHNEMAN D, TVERSKY A. Prospect theory: An analysis of decision under risk [J]. Econometrica, 1979, 47 (2): 263-292.

[172] KAHNEMAN D, KNETSCH J L, THALER R H. Experimental tests of the endowment effect and the coase theorem [J]. Journal of Political Economics, 1990 (98): 1325-1348.

[173] KAMEI M, MATSUMOTO S, SAKUMA H. The effect of a pseudo winning or losing streak on mental attitudes and the evaluation of results [J]. Psychological Reports, 2017, 121 (3): 488-510.

[174] KARMARKAR U R, SHIV B, KNUTSON B. Cost conscious? The neural and behavioral impact of price primacy on decision making [J]. Journal of Marketing Research, 2015, 52 (4): 467-481.

[175] KELLER K L. Brand equity management in a multichannel, multimedia retail environment [J]. Journal on Interactive Market, 2010 (24): 58-70.

[176] KENNING P. What advertisers can do and cannot do with neuroscience [J]. International Journal of Advertising, 2008, 27 (3): 472-473.

[177] KENNING P, LINZMAJER M. Consumer neuroscience: An overview of an emerging discipline with implications for consumer policy [J]. Journal of Consumer Protection and Food Safety, 2011 (6): 111-125.

[178] KENNING P, PLASSMANN H, AHLERT D. Applications of functional magnetic resonance imaging for market research [J]. Qualitative Market

Research, 2007 (10): 135-152.

[179] KHUSHABA R N, GREENACRE L, AI_TIMEMY A, et al. Event-related potentials of consumer preferences [J]. 2015 IEEE International Symposium on Robotics and Intelligent Sensors, 2015 (76): 68-73.

[180] KHUSHABA R N, WISE C, KODAGODA S, et al. Consumer neuroscience: Assessing the brain response to marketing stimuli using electroencephalogram (EEG) and eye tracking [J]. Expert Systems with Applications, 2013, 40 (9): 3803-3812.

[181] KIM H C, BANDETTNI P A, LEE J H. Deep neural network predicts emotional responses of the human brain from functional magnetic resonance imaging [J]. Neuroimage, 2019 (186): 607-627.

[182] KIM J, FIORE A M, LEE H H. Influences of online store perception, shopping enjoyment, and shopping involvement on consumer patronage behavior towards an online retailer [J]. Journal of Retailing & Consumer Services, 2007, 14 (2): 95-107.

[183] KLING C L, LIST J A, ZHAO J. The WTP/WTA disparity: Have we been observing dynamic values but interpreting them as static? [R]. Working Paper, Iowa State University, 2004.

[184] KNETSCH J L, SINDEN J A. Willingness to pay and compensation demanded: Experimental evidence of an unexpected disparity in measures of value [J]. Quarterly Journal of Economics, 1984 (99): 507-521.

[185] KNETSCH J L. The endowment effect and evidence of nonreversible in difference curves [J]. American Economic Review, 1989, 79 (5): 1277-1284.

[186] KNUTSON B, COOPER J C. Functional magnetic resonance imaging of reward prediction [J]. Current Opinion Neurology, 2005, 18 (4): 411-417.

[187] KNUTSON B, BOSSAERTS P. Neural antecedents of financial decisions [J]. The Journal of Neuroscience, 2007, 27 (31): 8174-8177.

[188] KNUTSON B, RICK S, WIRNMER G E, et al. Neural predictors of purchases [J]. Neuron, 2007, 53 (1): 147-156.

[189] KOELSCH S, SIEBEL W A. Towards a neural basis of music perception [J]. Trends in Cognitive Sciences, 2005, 9 (12): 578-584.

[190] KOENIGS M, TRANEL D. Prefrontal cortex damage abolishes brand-

cued changes in cola preference [J]. Social Cognitive and Affective Neuroscience, 2008, 3 (1): 1-6.

[191] KOLLER M. A future research agenda for mixed-method-designs in business research [J]. International Journal of Business Research, 2008, 8 (4): 50-60.

[192] KOTCHOUBEY B. Event-related potentials, cognition, and behavior: A biological approach [J]. Neuroscience & Biobehavioral Reviews, 2006, 30 (1): 42-65.

[193] KRINGELBACH M L. The human orbitofrontal cortex: Linking reward to hedonic experience [J]. Nature Reviews Neuroscience, 2005, 6 (9): 691-702.

[194] KROSS E, DAVISON M, WEBER J, et al. Coping with emotions past: The neural bases of regulating affect associated with negative autobiographical memories [J]. Biological Psychiatry, 2009 (65): 361-366.

[195] KUHNEN C M, KNUTSON B. The neural basis of financial risk taking [J]. Neuron, 2005 (47): 763-770.

[196] KUJAWA A, KLEIN D N, PROUDFIT G H. Two-year stability of the late positive potential across middle childhood and adolescence [J]. Biological Psychology, 2013, 94 (2): 290-296.

[197] KUTAS M, FEDERMEIER K D. Thirty years and counting: Finding meaning in the N400 component of the event related brain potential (ERP) [J]. Annual Review of Psychology, 2011, 62 (1): 621-647.

[198] KUTAS M, FEDERMEIER K D. Electrophysiology reveals semantic memory use in language comprehension [J]. Trends in Cognitive Science, 2000, 4 (12): 463-470.

[199] KRAM U, KHAN M K, HUI P, et al. Development of E-commerce: Factors influencing online impulse shopping in China [J]. Journal of Electronic Commerce in Organizations, 2018, 16 (2): 29-47.

[200] LANCASTER K J. A new approach to consumer theory [J]. The Journal of Political Economy, 1966 (74): 132-157.

[201] LANE R D, REIMAN E M, BRADLEY M M, et al. Neuroanatomical correlates of pleasant and unpleasant emotion [J]. Neuropsychologia, 1997, 32

(11): 1437-1444.

[202] LANG P J, BRADLEY M M, CUTHBERT B. International affective picture system (IAPS): Instruction manual and affective ratings [Z]. The Center for Research in Psychophysiology, University of Florida, 1999.

[203] LANGLOIS J H, KALAKANIS L, RUBENSTEIN A J, et al. Maxims or myths of beauty? A meta-analytic and theoretical review [J]. Psychological Bulletin, 2000 (126): 390-423.

[204] LAWSON R. Consumer behavior [Z]. Baker M J, Saren, M. Marketing theory. A student text. London: SAGE, 2010: 246.

[205] LEDOUX J E. Rethinking the emotional brain [J]. Neuron, 2012, 73 (4): 653-676.

[206] LEE N, BRODERICK A J, CHAMBERLAIN L. What is "neuromarketing"? A discussion and agenda for future research [J]. International Journal of Psychophysiology, 2007, 63 (2): 199-204.

[207] LEE N, BUTLER M J R, SENIOR C. The brain in business: Neuromarketing and organisational cognitive neuroscience [J]. Marketing, 2010 (49): 129-131.

[208] LEE S, HA S, WIDDOWS R. Consumer responses to high-technology products: Product attributes, cognition, and emotions [J]. Journal of Business Research, 2011 (64): 1195-1200.

[209] LERNER J S, SMALL D A, LOEWENSTEIN G. Heart strings and purse strings-Carryover effects of emotions on economic decisions [J]. Psychological Science, 2004, 15 (5): 337-341.

[210] LI M, PATEL P C, WOLFE M T. A penny saved is a penny earned? Differences in male and female savings and consumption trade offs on online retail platforms [J]. Journal of Retailing and Consumer Services, 2019 (46): 79-86.

[211] LI R, QIN R, ZHANG J, et al. The esthetic preference of Chinese typefaces-an event-related potential study [J]. Brain Research, 2015 (1598): 57-65.

[212] LI X, LI X, LUO Y. Anxiety and attentional bias for threat: An event-related potential study [J]. Neuroreport, 2005, 16 (13): 1501-1505.

[213] LIDDELL B J, WILLIAMS L M, RATHJEN J, et al. A temporal dissociation of subliminal versus supraliminal fear perception: An event-related potential study [J]. Journal of Cognitive Neuroscience, 2004 (16): 479-486.

[214] LIFSHITZ K. The averaged evoked cortical response to complex visual stimuli [J]. Psychophysiology, 1966, 3 (1): 55-68.

[215] LIMAYEM M, CHEUNG C M K, CHAN G W W. A meta-analysis of online consumer behavior empirical research [Z]. Paper in 8th AIM Conference, 2003, Grenoble, France.

[216] LIN H, SCHULZ C, STRAUBE T. Cognitive tasks during expectation affect the congruency ERP effects to facial expressions [J]. Frontiers in Human Neuroscience, 2015 (9).

[217] LIN M H, CROSS S N N, CHILDERS T L. Understanding olfaction and emotions and the moderating role in individual differences, working paper [R]. College of Business, Iowa State University, Ames, 2016.

[218] LIN M H, CROSS S N N, JONES W J, et al. Applying EEG in consumer neuroscience [J]. European Journal of Marketing, 2018, 52 (1-2): 66-91.

[219] LIN C H, CHUANG S C. The effect of individual differences on adolescents' impulsive buying behavior [J]. Adolescence, 2005, 159 (4): 551-558.

[220] LIU C, ARNETT K P. Exploring the factors associated with web site success in the context of electronic commerce [Z]. Elsevier Science Publishers B. V, 2000.

[221] LOCHER P, UNGER R, SOCIEDADE P, et al. At first glance: Accessiility of the physical attractiveness stereotype [J]. Sex Roles, 1993 (28): 729-743.

[222] LOLE L, GONSALVEZ C J, BARRY R J, et al. Can event-related potentials serve as neural markers for wins, losses, and near-wins in a gambling task? A principal components analysis [J]. International Journal of Psychophysiology, 2013 (89): 390-398.

[223] LICE M F. Choosing to avoid: Coping with negatively emotion-laden consumer decisions [J]. Journal of Consumer Research, 1998 (24): 409-433.

[224] LUCK S J. An introduction to the event-related potential technique [M]. MIT Press, 2005.

[225] LUO Q, QU C. Comparison enhances size sensitivity: Neural correlates of outcome magnitude processing [J]. PLoS ONE, 2013 (8): 8.

[226] MA Q, HU Y. Beauty matters: Social preferences in a three-person ultimatum game [J]. PLoS ONE, 2015 (10): 5.

[227] MA Q, WANG X, DAI S, et al. Event-related potential n270 correlates of brand extention [J]. Neuroreport, 2007 (10): 1031-1034.

[228] MA Q, HU Y, JIANG S, et al. The undermining effect of facial attractiveness on brain responses to fairness in the Ultimatum Game: An ERP study [J]. Frontiers in Neuroscience, 2015, 9 (77).

[229] MA Q, QIAN D, HU L, et al. Hello handsome! Male's facial attractiveness gives rise to females fairness bias in Ultimatum Game scenarios-An ERP study [J]. PlosOne, 2017, 12 (7).

[230] MA Q, SHEN Q, XU Q, et al. Empathic responses to others' gains and losses: An electrophysiological investigation [J]. NeuroImage, 2011 (54): 2472-2480.

[231] MA Q, WANG K, WANG X, et al. The influence of negative emotion on brand extension as reflected by the change of N2: A preliminary study [J]. Neuroscience Letters, 2010 (485): 237-240.

[232] MA Q, WANG X, SHU L, et al. P300 and categorization in brand extension [J]. Neuroscience Letters, 2008, 431 (1): 57-61.

[233] MA Q, ZHANG L, PEI G, et al. Neural process of the preference cross-category transfer effect: Evidence from an event-related potential study [J]. Scientific Reports, 2017 (7): 3177.

[234] MACNAMARA A, VERGES A, KUJAWA A, et al. Age-related changes in emotional face processing across childhood and into young adulthood: Evidence from event-related potentials [J]. Developmental Psychobiology, 2016 (58): 27-38.

[235] MARLOWE C M, SCHNEIDER S L, NELSON C E. Gender and attractiveness biases in hiring decisions: Are more experienced managers less biased? [J]. Journal of Applied Psychology, 1996, 81 (1): 11-21.

[236] MATTILA A S, WIRTZ J. Congruency of scent and music as a driver of in-store evaluations and behavior [J]. Journal of Retailing, 2001, 77 (2): 273-289.

[237] MAYBERG H S. Limbic-cortical dysregulation: A proposed model of depression [J]. Journal of Neuropsychiatry, 1997, 9 (471).

[238] MCCLURE S M, TOMLIN D, CYPERT K S, et al. Neural correlates of behavioral preference for culturally familiar drinks [J]. Neuron, 2014 (44): 379-387.

[239] MCDERMOTT J M, EGWUATU A C. More than a face: Neural markers of motivated attention toward social and non-social reward-related images in children [J]. Biological Psychology, 2019 (140): 1-8.

[240] MCGAUGH J L. Memory-a century of consolidation [J]. Science, 2000, 287 (5451): 248-251.

[241] MCLELLAN T L, WILCKE J C, JOHNSTON L, et al. Sensitivity to posed and genuine displays of happiness and sadness: A fMRI study [J]. Neuroscience Letters, 2012, 531 (2): 149-154.

[242] MECHIAS M L, ETKIN A, KALISCH R, et al. A meta-analysis of instructed fear studies: Implications for conscious appraisal of threat [J]. Neuroimage, 2010 (49): 1760-1768.

[243] MEHRABIAN A, RUSSELL J A. An approach of environmental psychology [M]. Cambridge, MA, MIT Press, 1974.

[244] MENG L, MA Q. Live as we choose: The role of autonomy support in facilitating intrinsic motivation [J]. International Journal of Psychophysiology, 2015, 98 (3): 441-447.

[245] MENNELLA J A, BEAUCHAMP G K. Understanding the origin of flavour preferences [J]. Chemical Senses, 2005 (30): 242-243.

[246] MENON S, KAHN B. Cross-category effects of induced arousal and pleasure on the internet shopping experience [J]. Journal of Retailing, 2002, 78 (1): 31-40.

[247] MENON V, LEVITIN D J. The rewards of music listening: Response and physiological connectivity of the mesolimbic system [J]. NeuroImage, 2005 (28): 175-184.

[248] MERKX P P A B, TRUONG K P, NEERINCX M A. Inducing and measuring emotion through a multiplayer first-person shooter computer game [J]. Computer Games Workshop, 2007: 231-242.

[249] MICK D G, FOURNIER S. Paradoxes of technology: Consumer cognizance, emotions, and coping strategies [J]. Journal of Consumer Research, 1998, 25 (2): 123-143.

[250] MOE W W, FADER P S. Dynamic conversion behavior at E-commerce sites [J]. Marketing at the University of Texas, 2003 (5): 12-15.

[251] MONROE K B. Pricing: making profitable decisions (2nd ed.) [M]. New York: McGraw-Hill Book Company, 1990.

[252] MONTAGUE P R, BERNS G S, COHEN J D, et al. Hyperscanning: Simultaneous fMRI during linked social interactions [J]. Neuroimage, 2002 (16): 1159-1164.

[253] MOORE K. Maybe it is like brain surgery [J]. Marketing Magazine, 2005, 110 (15): 12.

[254] MORATTI S, SAUGAR C, STRANGE B A. Prefrontal-occipitoparietal coupling underlies late latency human neuronal responses to emotion [J]. Journal of Cognitive Neuroscience, 2011 (31): 17278-17286.

[255] MORIN C. Neuromarketing: The new science of consumer behavior [J]. Society, 2011 (48): 131-135.

[256] MORITA Y, MORITA K, YAMAMOTO M, et al. Effects of facial affect recognition on the auditory P300 in healthy subjects [J]. Neuroscience Research, 2001, 41 (1): 89-95.

[257] MORROW P. Physical attractiveness and selection decision making [J]. Journal of Management, 1990 (16): 45-60.

[258] MORROW P, MCELROY J, STAMPER B, et al. The effects of physical attractiveness and other demographic characteristics on promotion decisions [J]. Journal of Management, 1990 (16): 723-736.

[259] MOULSON M C, FOX N A, ZEANAH C H, et al. Early adverse experiences and the neurobiology of facial emotion processing [J]. Developmental Psychology, 2009, 45 (1): 17-30.

[260] MULLET G. Consumer attitudes about food production [J]. Trends

in Food Science & Technology, 2006 (16): 466-474.

[261] NÄÄTÄNEN R, PICTON T W. N2 and automatic versus controlled processes [J]. Electroencephalography Clinical Neurophysiology, 1986 (38): 169-186.

[262] NIEUWENHUIS S, ASTON-JONES G, COHEN J D. Decision making the P3 and the locus coeruleus-norepinephrine system [J]. Psychological Bulletin, 2005 (131): 510-532.

[263] NIEUWLAND M S. Do "early" brain responses reveal word form prediction during language comprehension? A critical review [J]. Neuroscience and Biobehavioral Reviews, 2019 (96): 367-400.

[264] NOVAK G, RITTER W, VAUGHAN JR H G. Mismatch detection and the latency of temporal judgements [J]. Psychophysiology, 1992, 29 (4): 398-411.

[265] NOWLIS S M, SHIV B. The influence of consumer distractions on the effectiveness of food-sampling programs [J]. Journal of Marketing Research, 2005, 42 (2): 157-168.

[266] O'DOHERTY J P, DEICHMANN R, CRITCHLEY H D, et al. Neural responses during anticipation of a primary taste reward [J]. Neuron, 2002, 33 (5): 815-826.

[267] OCHSNER K N, RAY R D, COOPER J C, et al. For better or for worse: Neural systems supporting the cognitive down-and up-regulation of negative emotion [J]. Neuroimage, 2004, 23 (2): 483-499.

[268] OGAWA S, LEE T M, KAY A R, et al. Brain magnetic resonance imaging with contrast dependent on blood oxygenation [J]. Proceedings of National Academy of Science of United States of America, 1990, 87 (24): 9868-9872.

[269] OHGAMI Y, KOTANI Y, TSUKAMOTO T, et al. Effects of monetary reward and punishment on stimulus-preceding negativity [J]. Psychophysiology, 2006, 43 (3): 227-236.

[270] OLIVOLA C Y, TODOROV A. Elected in 100 milliseconds: Appearance-based trait inferences and voting [J]. Journal of Nonverbal Behavior, 2010, 34 (2): 83-110.

[271] OLOFSSON J K, POLICH J. Affective visual event-related potentials: Arousal, repetition, and time-on-task [J]. Biological Psychology, 2007, 75 (1): 101-108.

[272] OLOFSSON J K, NORDIN S, SEQUEIRA H, et al. Affective picture processing: An integrative review of ERP findings [J]. Biological Psychology, 2008, 77 (3): 247-265.

[273] OLSON I R, MARSHUETZ C. Facial attractiveness is appraised in a glance [J]. Emotion, 2005 (5): 498-502.

[274] OLSON I R, PLOAKER A, EZZYAT Y. The enigmatic temporal pole: A review of findings on social and emotional processing [J]. Brain, 2007 (130): 1718-1731.

[275] PAGNONI G, ZINK C F, MONTAGUE P R, et al. Activity in human ventral striatum locked to errors of reward prediction [J]. Nature Neuroscience, 2002, 5 (2): 97-98.

[276] PALMER C, PETERSON R D. Halo Effects and the attractiveness premium in perceptions of political expertise [J]. American Politics Research, 2016, 44 (2): 353-382.

[277] PANTANO E, TIMMERMANS H. What is smart for retailing? [J]. Procedia Environment Science, 2014 (22): 101-107.

[278] PANTANO E, VIASSONE M. Engaging consumers on new integrated multichannel retail settings: Challenges for retailers [J]. Journal of Retailing and Consumer Services, 2015 (25): 106-114.

[279] PARRA M A, DELLA S, LOGIE R H. Neural correlates of shape-color binding in visual working memory [J]. Neuropsychologia, 2014, 52 (2): 27-36.

[280] PESSOA L. Précis on the cognitive-emotional Brain [J]. Behavioral and Brain Sciences, 2015 (38).

[281] PESSOA L. The cognitive-emotional brain: From interactions to integration [M]. Cambridge: MIT Press, 2013.

[282] PETERBURS J, SUCHAN B, BELLEBAUM C. You do the math: Coding of bets and outcomes in a gambling task in the feedback-related negativity and P300 in healthy adults [J]. PLoS ONE, 2013 (8): 11.

[283] PETRUZZELLIS L, CHEBAT J C, PALUMBO A. Paradoxical effects of famous music in retail venues [J]. Journal of Consumer Behaviour, 2018, 17 (2): 161-174.

[284] PHAN K L, WAGER T, TAYLOR S F, et al. Functional neuroanatomy of emotion: A meta-analysis of emotion activation studies in PET and fMRI [J]. Neuroimage, 2002 (16): 331-348.

[285] PHELPS E A, LEDOUX J E. Contributions of the amygdala to emotion processing: From animal models to human behavior [J]. Neuron, 2005, 48 (2): 175-187.

[286] PICTON T W, BENTIN S, BERG P, et al. Guidelines for using human event-related potentials to study cognition: Recording standards and publication criteria [J]. Psychophysiology, 2000, 37 (2): 127-152.

[287] PLASSMANN H, WEBER B. Individual differences in marketing placebo effects: Evidence from brain imaging and behavioral experiments [J]. Journal of Marketing Research, 2015 (52): 493-510.

[288] PLASSMANN H, O'DOHERTY J, RANGEL A. Orbitofrontal cortex encodes willingness to pay in everyday economic transactions [J]. The Journal of Neuroscience, 2007, 27 (37): 9984-9988.

[289] PLASSMANN H, O'DOHERTY J, SHIV B, et al. Marketing actions can modulate neural representations of experienced pleasantness [J]. PNAS, 2008, 105 (3): 1050-1054.

[290] PLASSMANN H, RAMSØY T Z, MILOSAVLJEVIC M. Branding the brain: A critical review and outlook [J]. Journal of Consumer Psychology, 2012, 22 (1): 18-36.

[291] PLASSMANN H, VENKATRAMAN V, HUETTEL S, et al. Consumer neuroscience: Applications, challenges, and possible solutions [J]. Journal of Marketing Research, 2015 (52): 427-435.

[292] POLICH J. EEG and ERP assessment of normal aging [J]. Electroence phalography and Clinical Neurohysiology/Evoked Potentials Section, 1997, 104 (3): 224-256.

[293] POLICH J. Updating P300: An integrative theory of P3a and P3b [J]. Clinical Neurophysiology Official Journal of the International Federation of

Clinical Neurophysiology, 2007, 118 (10): 2128-2148.

[294] POZHARLIEV R, VERBEKE W J M I, VAN STRIEN J W, et al. Merely being with you increases my attention to luxury products: Using EEG to understand consumers' emotional experience with luxury branded products [J]. Journal of Marketing Research, 2015 (52): 546-558.

[295] PREUSCHOFF K, BOSSAERTS P, QUARTZ S R. Neural differentiation of expected reward and risk in human subcortical structures [J]. Neuron, 2006 (51): 381-390.

[296] RAABET G, CHRISTIAN E E, NEUNER M, et al. A neurological study of compulsive buying behaviour [J]. Journal of Consumer Policy, 2011 (34): 401-413.

[297] RAMSØY T Z. Introduction to nueromarketing & consumer neuroscience [Z]. Ahlgade: Neurons Inc., 2015.

[298] RANDALL A, STOLL J. Consumer surplus in commodity space [J]. American Economics Review, 1980 (70): 449-455.

[299] RANKIN K P, KRAMER J H, MYCHACK P, et al. Double dissociation of social functioning in frontotemporal dementia [J]. Neurology, 2003 (60): 266-271.

[300] RAZ S, DAN O, ARAD H, et al. Behavioral and neural correlates of emotional intelligence: An Event-Related Potentials (ERP) study [J]. Brain Research, 2013 (1526): 44-53.

[301] RAZA S M, CARPENTER B N. A model of hiring decisions in real employment interviews [J]. Journal of Applied Psychology, 1987, 72 (4): 596-603.

[302] REIMANN M, CASTANO R, ZAICHKOWSKY J, et al. Novel versus familiar brands: An analysis of neurophysiology, response latency, and choice [J]. Marketing Letters, 2012, 23 (3): 745-759.

[303] RELLECKE J, BARKIRTAS A M, SOMMER W, et al. Automaticity in attractive face processing: Brain potentials from a dual task [J]. Neuroreport, 2011 (22): 706-710.

[304] RIEDL R, HUBERT M, KENNING P. Are there neural gender differences in online trust? An fMRI study on the perceived trustworthiness of

Ebay offers [J]. MIS Quarterly, 2010, 34 (2): 397-428.

[305] ROBBINS T W, EVERITT B J. A role for mesencephalic dopamine in activation: Commentary on Berridge (2006) [J]. Psychopharmacology, 2007, 191 (3): 433-437.

[306] ROSS J, FERRIS K R. Interpersonal attraction and organizational outcomes: A field examination [J]. Administrative Science Quarterly, 1981 (26): 617-632.

[307] RUBIN-FALCONE H, WEBER J, KISHON R, et al. Longitudinal effects of cognitive behavioural therapy for depression on the neural correlates of emotion regulation [J]. Psychiatry Research - Neuroimaging, 2018 (271): 82-90.

[308] RUCKER D D, PETTY R E. Increasing effectiveness of communications to consumers: Recommendations based on the elaboration likelihood and attitude certainty perspectives [J]. Journal of Public Policy and Marketing, 2006, 25 (1): 29-52.

[309] RUSSELL J A, MEHRABIAN L F. Core affect, prototypical emotional episodes, and other things called emotion: Dissecting the elephant [J]. Journal of Personality and Social Psychology, 1999, 76 (5): 805-819.

[310] RUTTE C, TABORSKY M, BRINKHOF M W G. What sets the odds of winning and losing? [J]. Trends in Ecology & Evolution, 2006 (21): 16-21.

[311] SACRÉ P, KERR M S D, SUBRAMANIAN S, et al. Winning versus losing during gambling and its neural correlates [Z]. 2016 Annual Conference on Information Science and Systems (CISS). Princeton University, Department of Electronical and Engineering, Princeton, NJ, 2016.

[312] SALAMONE J D, CORREA M, FARRAR A, et al. Effort-related functions of nucleus accumbens dopamine and associated forebrain circuits [J]. Psychopharmacology, 2007, 191 (3): 461-482.

[313] SANTOS J P, SEIXAS D, BRAND O S, et al. Neuroscience in branding: A functional magnetic resonance imaging study on brands' implicit and explicit impressions [J]. Journal of Brand Management, 2012, 19 (9): 735-757.

[314] SATO A, YASUDA A, OHIRA H, et al. Effects of value and reward magnitude on feedback negativity and P300 [J]. Neuroreport, 2005, 16 (4): 407-411.

[315] SCHACHTER S, SINGER J E. Cognitive, social, and physiological determinants of emotional state [J]. Psychological Review, 1962, 69 (5): 379-399.

[316] SCHAEFER A, BURATTO L G, GOTO N, et al. The feedback-related negativity and the P300 brain potential are sensitive to price expectation violations in a virtual shopping task [J]. Plos One, 2016, 11 (9).

[317] SCHAEFER M, ROTTE M. Thinking on luxury or pragmatic brand products: Brain responses to different categories of culturally based brands [J]. Brain Research, 2007, 1165 (1): 98-104.

[318] SCHMITT B, ZARANTONELLO L. Consumer experience and experimental marketing: A critical review [J]. Review of Marketing Research, 2013 (10): 25-61.

[319] SCHNEIDER F, GRODD W, WEISS U, et al. Functional MRI reveals left amygdala activation during emotion [J]. Psychiatry Research-Neuroimaging, 1997, 76 (2-3): 75-82.

[320] SCHUPP H T, CUTHBERT B N, BRADLEY M M, et al. Affective picture processing: The late positive potential is modulated by motivational relevance [J]. Psychophysiology, 2000, 37 (2): 257-261.

[321] SCHUPP H T, JUNGHÖFER M, WEIKE A I, et al. Attention and emotion: An ERP analysis of facilitated emotional stimulus processing [J]. Neuroreport, 2003, 14 (8): 1107-1110.

[322] SCHUPP H T, JUNGHÖFER M, WEIKE A I, et al. The selective processing of briefly presented affective pictures: An ERP analysis [J]. Psychophysiology, 2004, 41 (3): 441-449.

[323] SCHUPP H T, ÖHMAN A, JUNGHÖFER M, et al. The facilitated processing of threatening faces: An ERP analysis [J]. Emotion, 2004 (4): 189-200.

[324] SEMLITSCH H V, ANDERER P, SCHUSTER P, et al. A solution for reliable and valid reduction of ocular artifacts, applied to the P300 ERP

[J]. Psychophysiology, 1986, 23 (6): 695-703.

[325] SHANG Q, PEI G, DAI S, et al. Logo effects on brand extension evaluations from the electrophysiological perspective [J]. Frontiers in Neuroscience, 2017 (11).

[326] SHEN Y, SHAN W, LUAN J. Influence of aggregated ratings on purchase decisions: An event-related potential study [J]. European Journal of Marketing, 2018, 52 (1-2): 147-158.

[327] SHERMAN E, MATHUR A, SMITH R B. Store environment and consumer purchase behavior: Mediating role of consumer emotions [J]. Psychology and Marketing, 1997, 14 (4): 361-378.

[328] SHIV B, NOWLIS S M. The effect of distractions while tasting a food sample: The interplay of informational and affective components in subsequent choice [J]. Journal of Consumer Research, 2004, 31 (3): 599-608.

[329] SHIV B. Emotions, decisions, and the brain [J]. Journal of Consumer Psychology, 2007, 17 (3): 174-178.

[330] SHIV B, FEDORIKHIN A. Heart and mind in conflict: The interplay of affect and cognition in consumer decision making [J]. Journal of Consumer Research, 1999, 26 (3): 278-292.

[331] SHIV B, BECHARA A, LEVIN I, et al. Decision Neuroscience [J]. Marketing Letters, 2005, 16 (3/4): 375-386.

[332] SIRGY J M. Self-concept in consumer behavior: A critical review [J]. Journal of Consumer Research, 1982, 9 (3): 287-300.

[333] SIVANATHAN N, PETTIT N C. Protecting the self through consumption: Status goods as affirmational commodities [J]. Journal of Experimental Social Psychology, 2010 (46): 564-570.

[334] SLOVIC P. The construction of preference [J]. American Psychologist, 1995 (50): 364-371.

[335] SMIDTS A, HSU M, SANFEY A G, et al. Advancing consumer neuroscience [J]. Marketing Letters, 2014, 25 (3): 257-267.

[336] SMITH E, WEINBERG A, MORAN T, et al. Electrocortical responses to NIMSTIM facial expressions of emotion [J]. International Journal of Psychophysiology, 2013 (88): 17-25.

[337] SMITH G, LEVERE M, KURTZMAN R. Poker player behavior after big wins and big losses [J]. Management Science, 2009, 55 (9): 1547-1555.

[338] SUI J, LIU C. Can beauty be ignored? Effects of facial attractiveness on covert attention [J]. Psychonomic Bulletin & Review, 2009 (16): 276-281.

[339] SUN D, CHAN C H, FAN J, et al. Are happy faces attractive? The roles of early vs. late processing [J]. Frontiers in Psychology, 2015b (6).

[340] SUN Z, BAI T, YU W, et al. Attentional bias in competitive situations: Winner does not take all [J]. Frontiers in Psychology, 2015a (6): 1469.

[341] SWEENET J C, SOUTAR G N. Consumer perceived value: The development of a multiple item scale [J]. Journal of Retailing, 2001, 77 (2001): 203-220.

[342] SWEENY T D, GRABOWECKY M, SUZUKI S, et al. Long-lasting effects of subliminal affective priming from facial expressions [J]. Consciousness and Cognition, 2009, 18 (4): 929-938.

[343] TARAFDAR M, ZHANG J. Analyzing the influence of website design parameters on website usability [J]. Information Resources Management Journal, 2005, 18 (4): 62-80.

[344] TAYLOR S F, LIBERZON I, FIG L M, et al. The effect of emotional content on visual recognition memory: A PET activation study [J]. Neuroimage, 1998, 8 (2): 188-197.

[345] TELPAZ A, WEBB R, LEVY D J. Using EEG to predict consumers' future choices [J]. Journal of Marketing Research, 2015, 52 (4): 511-529.

[346] THALER R. Some empirical evidence on dynamic inconsistency [J]. Economic Letters, 1981 (8): 201-207.

[347] THORNDIKE E L. A constant error in psychological ratings [J]. Journal of Applied Psychology, 1920 (4): 25-29.

[348] THORPE S, FIZE D, MARLOT C. Speed of processing in the human visual system [J]. Nature, 1996 (381): 520-522.

[349] TOMER R, SLAGTER H A, CHRISTIAN B T, et al. Love to win or hate to lose? Asymmetry of dopamine D2 receptor binding predicts sensitivity to reward versus punishment [J]. Journal of Cognitive Neuroscience, 2014, 26 (5): 1039-1048.

[350] TORTOSA M I, LUPIANEZ J, RUZ M. Race, emotion and trust: An ERP study [J]. Brain Research, 2013, 1494 (4): 44-55.

[351] TRELEAVEN-HASSARD S, GOLD J, BELLMAN S, et al. Using the P3a to gauge automatic attention to interactive television advertising [J]. Journal of Economic Psychology, 2010, 31 (5): 777-784.

[352] TUNCEL T, HAMMITT J K. A new meta-analysis on the WTP/WTA disparity [J]. Journal of Environmental Economics and Management, 2014 (68): 175-187.

[353] TUSCHE A, BODE S, HAYNES J D. Neural responses to unattended products predict later consumer choices [J]. The Journal of Neuroscience, 2010, 30 (23): 8024-8031.

[354] TVERSKY A, KAHNEMAN D. The framing of decision and the psychology of choice [J]. Science, 1981 (211): 453-458.

[355] VAN DE VLIET L, JASTORFF J, HUANG Y A, et al. Anterior temporal lobectomy impairs neural classification of body emotions in right superior temporal sulcus and reduces emotional enhancement in distributed brain areas without affecting behavioural classification [J]. Journal of Neuroscience, 2018, 38 (43): 9263-9274.

[356] VAN HOOFF J C, CRAWFORD H, VAN VUGT M. The wandering mind of men: ERP evidence for gender differences in attention bias towards attractive opposite sex faces [J]. Social Cognitive and Affective Neuroscience, 2011 (6): 477-485.

[357] VAN STRIEN J W, DE SONNEVILLE L M J, FRANKEN I H A. The late positive potential and explicit versus implicit processing of facial valence [J]. Neuroreport, 2010, 21 (9): 656-661.

[358] VAN STRIEN J W, LANGESLAG S J, STREKALOVA N J, et al. Valence interacts with the early ERP old/new effect for affective pictures [J]. Brain Research, 2009, 1251 (C): 223-235.

[359] VENKATRAMAN V, DIMOK A, PAVLOU P A, et al. Predicting advertising success beyond traditional measures: New insights from neurophysiological methods and market response modelling [J]. Journal of Marketing Research, 2015 (52): 436-452.

[360] VERHULST B, LODGE M, LAVINE H. The attractiveness halo: Why some candidates are perceived more favorably than others [J]. Journal of Nonverbal Behavior, 2001, 34 (2): 111-117.

[361] VIEIRA V A. Stimuli - organism - response framework: A meta - nalytic review in the store environment [J]. Journal of Business Research, 2013 (66): 1420-1426.

[362] VON NEUMANN J, MORGENSTERN O. Morgenstern, theory of games and economic behaviour [M]. Princeton: Princeton University Press, 1944.

[363] VUILLEUMIER P, ARMONY J L, DRIVER J, et al. Effects of attention and emotion on face processing in the human brain: An event-related fMRI study [J]. Neuron, 2001, 30 (3): 829-841.

[364] WADE T J, DIMARIA C. Weight halo effects: Individual differences in perceived life success as a function of women's race and weight [J]. Sex Roles, 2003, 48 (9-10): 461-465.

[365] WADE T J, FULLER L, BRESNAN J, et al. Weight halo effects: Individual differences in personality evaluations and perceived life success of men as a function of weight? [J]. Personality and Individual Differences, 2001, 42 (2): 317-324.

[366] WAN H A. Opportunities to enhance a commercial website [J]. Information & Management, 2000, 38 (1): 15-21.

[367] WANG J C, CHANG C H. How online social ties and product-related risks influence purchase intentions: A Facebook experiment [J]. Electronic Commerce Research and Applications, 2013 (12): 337-346.

[368] WANG J, HAN W. The impact of perceived quality on online buying decisions: An event-related potentials perspective [J]. NeuroReport, 2014, 25 (14): 1091-1098.

[369] WANG Q, MENG L, LIU M, et al. How do social-based cues influence consumers' online purchase decisions? An event-related potentials study [J]. Electronic Commerce Research, 2016, 16 (1): 1-26.

[370] WANG X, BENDLE N T, MAI F, et al. The journal of consumer research at 40: A historical analysis [J]. Journal of Consumer Research, 2015, 42 (1): 5-18.

[371] WANG X, HUANG Y, MA Q, et al. Event-related potential P2 correlates of implicit aesthetic experience [J]. Neuroreport, 2012 (23): 862-866.

[372] WATSON J B. Behavior: A textbook of comparative psychology [Z]. New York: Henry Holt & Co, 1914.

[373] WEINBERG A, HAJCAK G. Beyond good and evil: The time-course of neural activity elicited by specific picture content [J]. Emotion, 2010, 10 (6): 767-782.

[374] WERHEID K, SCHACHT A, SOMMER W. Facial attractiveness modulates early and late event-related brain potentials [J]. Biological Psychology, 2007, 76 (1): 100-108.

[375] WESTBROOK R A, OLIVER R L. The dimensionality of consumption emotion patterns and customer satisfaction [J]. Journal of Consumer Research, 1991 (18): 84-91.

[376] WICKER B, KEYSERS C, PLAILY J, et al. Both of us disgusted in my insula: The common neural basis of seeing and feeling disgust [J]. Neuron, 2003, 40 (3): 655-664.

[377] WIENS S. Interoception in emotional experience [J]. Current Opinion in Neurology, 2005, 18 (4): 442-447.

[378] WINKIELMAN P, GOGOLUSHKO Y. Influence of suboptimally and optimally presented affective pictures and words on consumption-related behavior [J]. Frontiers in Psychology, 2018 (8).

[379] WINKIELMAN P, KNUTSON B, PAULUS M, et al. Affective influence on judgments and decisions: Moving towards core mechanisms [J]. Review of General Psychology, 2007, 11 (2): 179-192.

[380] WIRTZ J, MATTILA A D S, TAN R L P. The role of arousal congruency in influencing consumer satisfaction evaluations and in-store behaviors [J]. International Journal of Service Industry Management, 2007, 18 (1): 6-24.

[381] WONG J, LAW R. Analysing the intention to purchase on hotel websites: A study of travellers to Hong Kong [J]. International Journal of Hospitality Management, 2005, 24 (3): 311-329.

[382] WOODMAN G F. A brief introduction to the use of event-related po-

tentials (ERPs) in studies of perception and attention [J]. Attention Perception & Psychophysics, 2010, 72 (8): 2031-2046.

[383] WRIGHT J, MISCHEL W. Influence of affect on cognitive social learning person variables [J]. Journal of Personality and Social Psychology, 1982 (43): 901-914.

[384] WU Y, ZHOU X. The P300 and reward valence magnitude and expectancy in outcome evaluation [J]. Brain Research, 2009 (1286): 114-122.

[385] WU Y, HU J, VAN DIJK E, et al. Brain activity in fairness consideration during asset distribution: Does the initial ownership play a role? [J]. PLoS ONE, 2012 (7): 6.

[386] WU Y, LELIVELD M C, ZHOU X. Social distance modulates recipient's fairness consideration in the dictator game: An ERP study [J]. Biological Psychology, 2011, 88 (2-3): 253-262.

[387] XIE Y, CHEN M, ZHANG W, et al. Neural correlates of country-of-origin image (COI) stereotype [J]. Neuroscience Letters, 2018 (687): 164-168.

[388] XU J, HARVEY N. Carry on winning: The gamblers' fallacy creates hot hand effects in online gambling [J]. Cognition, 2014, 131 (2): 173-180.

[389] YAMAO Y, MATSUMOTO R, KUNIEDA T, et al. Neural correlates of mirth and laughter: A direct electrical cortical stimulation study [J]. Cortex: A Journal Devoted to the Study of the Nervous System and Behavior, 2015 (66): 134-140.

[390] YAN Q, ZHOU S, WU S. The influences of tourists' emotions on the selection of electronic word of mouth platforms [J]. Tourism Management, 2018 (66): 348-363.

[391] YEUNG N, SANFEY A G. Independent coding of reward magnitude and valence in the human brain [J]. Journal of Neuroscience, 2004, 24 (28): 6258-6264.

[392] YEUNG N, HOLROYD C B, COHEN J D. ERP correlates of feedback and reward processing in the presence and absence of response choice [J]. Cerebral Cortex, 2005, 15 (5): 535-544.

[393] YOKOYAMA R, NOZAWA T, SUGIURA M, et al. The neural bases underlying social risk perception in purchase decisions [J]. Neuroimage,

2014 (91): 120-128.

[394] YOON C, GONZALEZ R, BECHARA A, et al. Decision neuroscience and consumer decision making [J]. Marketing Letters, 2012 (23): 473-485.

[395] YU W, SUN Z, XU T, et al. Things become appealing when I win: Neural evidence of the influence of competition outcomes on brand preference [J]. Frontiers in Neuroscience, 2018 (12): 779.

[396] YU W, SUN Z, ZHOU J, et al. Humans conceptualize victory and defeat in body size [J]. Scientific Reports, 2017 (7): 44136.

[397] YUAN J, ZHANG Q, CHEN A, et al. Are we sensitive to valence differences in emotionally negative stimuli? Electrophysiological evidence from an ERP study [J]. Neuropsychologia, 2007 (45): 2764-2771.

[398] ZAIDEL D W, BAVA S, REIS V A. Relationship between facial asymmetry and judging trustworthiness in faces [J]. Laterality, 2003, 8 (3): 225-232.

[399] ZEBROWITZ L A, FRANKLIN R G. The attractiveness halo effect and the babyface stereotype in older and younger adults: Similarities, own-age accentuation, and older adult positivity effects [J]. Experimental Aging Research, 2014 (40): 375-393.

[400] ZEBROWITZ L A, FRANKLIN R G, HILLAMN S, et al. Older and younger adults' first impressions from faces: Similar in agreement but different in positivity [J]. Psychology and Aging, 2013 (28): 202-212.

[401] ZHANG W, LU J, FANG H, et al. Late positive potentials in affective picture processing during adolescence [J]. Neuroscience Letters, 2012, 510 (2): 88-92.

[402] ZHANG W, ZHOU R, WANG Q, et al. Progesterone mediates the late positive potentials evoked by affective pictures in high neuroticism females [J]. Psychoneuroendocrinology, 2015 (59): 49-58.

[403] ZHAO M, WANG J, HAN W. The impact of emotional involvement on online service buying decisions: An event-related potentials perspective [J]. Neuroreport, 2015, 26 (17): 995-1002.

[404] ZURAWICKI L. Neuromarketing: Exploring the brain of the consumer [Z]. Springer-Verlag, 2010.

[405] ZYSBERG L, KIMHI S. Winning or losing a bet and the perception of randomness [J]. Journal of Gambling Studies, 2013, 29 (1): 109-118.

[406] 艾春娣，汪宇，孟现鑫，等．消费者心理神经科学研究简介 [J]. 心理科学进展，2013，21 (11)：2006-2015.

[407] 艾黎．网络购物环境下推荐与促销对消费者购买意愿影响的对比研究 [D]. 武汉：武汉大学，2017.

[408] 菲利普·科特勒．营销管理（第 13 版·中国版）[M]. 北京：中国人民大学出版社，2009.

[409] 耿黎辉．产品消费情绪与购后行为关系的实证研究 [J]. 数理统计与管理，2008 (1)：1-9.

[410] 赖胜强．基于 SOR 模式的口碑效应研究 [D]. 成都：西南财经大学，2010.

[411] 李淼，赵平．快时尚品牌商店形象对冲动性购买的影响 [J]. 纺织学报，2014 (11)：163-168.

[412] 刘志远．连续风险决策情境下后悔情绪及其对后续行为影响的 fMRI 研究 [D]. 上海：华东师范大学，2018.

[413] 卢泰宏．消费者行为学 50 年：演化与颠覆 [J]. 外国经济与管理，2017，39 (6)：23-38.

[414] 罗跃嘉，黄宇霞，李新影，等．情绪对认知加工的影响：事件相关脑电位系列研究 [J]. 心理科学进展，2006，14 (4)：505-510.

[415] 罗跃嘉，吴建辉．情绪的心理控制与认知研究策略 [J]. 西南师范大学学报（社会科学版），2005，31 (2)：26-29.

[416] 马庆国，王小毅．从神经经济学和神经营销学到神经管理学 [J]. 管理工程学报，2006a (20)：129-132.

[417] 马庆国，王小毅．认知神经科学、神经经济学与神经管理学 [J]. 管理世界，2006b (10)：139-149.

[418] 孟亮．基于自我决定理论的任务设计与个体的内在动机：认知神经科学视角的实证研究 [D]. 杭州：浙江大学，2016.

[419] 沈强．基于决策神经科学的风险决策机理研究 [D]. 杭州：浙江大学，2011.

[420] 舒良超．基于决策神经科学的不确定决策机理研究 [D]. 杭州：浙江大学，2009.

［421］苏淞，唐红红．认知神经科学在神经营销中的应用［J］．北京工商大学学报（社会科学版），2017，32（4）：24-33.

［422］王小毅．基于脑电信号分析的消费者品牌延伸评估决策研究［D］．杭州：浙江大学，2008.

［423］姚琦，王佳丽．内部购物环境中员工制服颜色对消费者购买意愿的影响［J］．企业经济，2016（8）：54-62.

［424］张曦，王福玲，席国芳，等．基于消费者情绪的在线购买行为研究［J］．现代商贸工业，2018（3）：48-50.

［425］郑璞，刘聪慧，余国良．情绪诱发方法评述［J］．心理科学进展，2012，20（1）：45-55.